中文社会科学引文索引（CSSCI）来源集刊

中国人文社会科学期刊AMI综合评价核心集刊

"复印报刊资料"重要转载来源集刊

珞珈管理评论

LUOJIA MANAGEMENT REVIEW

2025年卷 第5辑（总第62辑）

武汉大学经济与管理学院

WUHAN UNIVERSITY PRESS

武汉大学出版社

图书在版编目（CIP）数据

珞珈管理评论. 2025 年卷. 第 5 辑：总第 62 辑 / 武汉大学经济与管理学院主办. -- 武汉：武汉大学出版社, 2025. 9. -- ISBN 978-7-307-25216-5

Ⅰ. F272-53

中国国家版本馆 CIP 数据核字第 2025VS0829 号

责任编辑:陈　红　　　责任校对:汪欣怡　　　版式设计:韩闻锦

出版发行: **武汉大学出版社** 　（430072　武昌　珞珈山）

（电子邮箱:cbs22@ whu. edu. cn 网址:www. wdp. com. cn）

印刷:武汉中科兴业印务有限公司

开本:880×1230　　1/16　　印张:10.75　　字数:263 千字

版次:2025 年 9 月第 1 版　　　2025 年 9 月第 1 次印刷

ISBN 978-7-307-25216-5　　　定价:48.00 元

珞珈 管理评论

LUOJIA MANAGEMENT REVIEW

中文社会科学引文索引（CSSCI）来源集刊
中国人文社会科学期刊AMI综合评价核心集刊

2025 年卷第 5 辑（总第 62 辑）

目　录

CONTENTS

珞珈管理评论
2025 年卷第 5 辑（总第 62 辑）

Luojia Management Review
No. 5, 2025 (Sum. 62)

供应链数字化促进企业高质量发展了吗？*
——基于企业动态能力视角的分析

● 黄　静　阎洪睿　向　旺　郑　婷
（四川大学公共管理学院　成都　610065）

【摘　要】供应链数字化的发展推动了链上企业的协同联动与价值延伸，逐渐成为企业转变生产方式和提升生产效率的重要动力。为探究供应链数字化是否真正促进了企业高质量发展，本文基于企业动态能力视角，选取 2013—2022 年中国沪深 A 股上市企业数据，采用双重差分法（DID）实证检验供应链数字化对企业高质量发展的影响及其异质性机制。研究发现：（1）供应链数字化能够显著促进企业高质量发展，且这一结论在多种稳健性检验下依然成立；（2）供应链数字化对企业高质量发展的促进作用在东部地区企业、高产业集聚水平地区企业和资本密集型企业中更显著；（3）企业适应能力、吸收能力和创新能力是供应链数字化驱动企业高质量发展的潜在机制，但在这一过程中企业普遍存在"短期主义"现象。具体表现为，企业更倾向于维护上游供应商关系网络，表现出对创新投入和技术吸收的阻碍，同时加强渐进性创新活动。本研究揭示了中国情境下，受"短期主义"影响的供应链数字化驱动企业高质量发展的内在机理，并为企业在动态环境中通过供应链数字化获取竞争优势、实现高质量发展提供了理论依据和决策参考。

【关键词】供应链数字化　企业高质量发展　动态能力　适应能力　吸收能力　创新能力
中图分类号：F270　　　文献标识码：A

1. 引言

当前，全球产业链供应链体系正经历深刻重构。作为全球最大的制造业基地与消费市场，中国在全球供应链中的地位仍不可动摇。然而，近年来受国际贸易摩擦频发、供应链本地化趋势加剧以及客户个性化需求增加等因素影响，中国传统供应链暴露出高复杂性、高成本和弱抗风险能力等问

＊ 基金项目：国家自然科学基金面上项目"'一网统管'如何统起来——基于数据融合的城市公共服务系统智慧转型研究"（项目批准号：72374150）。

通讯作者：阎洪睿，E-mail：catfish_yan@163.com。

题，难以满足社会发展需求(中国社会科学院工业经济研究所课题组，2021)。因此，推进产业链供应链优化升级、提升其现代化水平，对于提高我国产业发展效率和国际竞争力、构建内外双循环发展格局至关重要。与此同时，大数据、物联网和人工智能等数字技术的广泛应用推动着链上企业间的协同联动和价值延伸，重塑了传统业务流程和产业体系，为我国产业链供应链建设和企业生产率增长创造了有利条件。为顺应这一趋势、推动供应链高质量发展，2018 年 4 月，商务部联合其他 8 个部门启动了供应链创新与应用试点工作，旨在探索数字化与供应链深度融合的新路径，培育现代供应链领域增长的新动能。

供应链管理是企业管理的核心环节，其数字化转型不仅正加速成为业界共识，在企业战略规划中占据重要地位，同时也引起了学界的广泛关注。供应链数字化是指将大数据、云计算、物联网和人工智能等数字技术集成到供应链活动中，以形成"数据驱动决策"的运营过程。相关研究主要基于资源基础理论，分析了数字技术应用在供应链采购预测(Hallikas et al., 2021)、创新研发(Cong et al., 2021)、生产加工(Tziantopoulos et al., 2019)、销售售后(Li, 2020)等环节的赋能作用。研究发现，供应链数字化能够帮助企业在从上游供应商到下游客户的全流程中捕获广泛信息，使供应链节点企业更有效地规划与分配资源，从而推动供需两侧变革，提升供应链管理和运营效率(陈剑和刘运辉，2021)。尽管现有研究强调了供应链数字化在流程优化和环节再造中的重要性，但部分学者仍对其有效性提出了质疑。从投入和成本角度来看，供应链数字化是一个系统性革命，需在业务流程、模式、产品和服务创新等方面投入大量资本，在短期内难以提高产出和生产率，从而可能产生"生产率悖论"(Dolgui & Ivanov, 2022)。从数字化能力错位角度来看，供应商感知数字能力不对称可能导致其对更具数字能力的买家的依赖，从而更容易受到买家机会主义的操控(Son et al., 2021)。从风险角度看，供应链数字化重塑了链上企业的利益分配模式，可能会导致新的冲突(Wu et al., 2016)。鉴于当前关于供应链数字化效果的研究尚无统一结论，澄清供应链数字化对企业高质量发展的真实作用，成为亟待解决的重要理论问题。

根据资源基础理论，企业的竞争优势来源于人力、金融、知识等有价值、稀缺且难以模仿的资源。然而，依据资源基础观的企业竞争力模型是基于静态视角构建起来的。在数字技术融合、数据资源驱动的数字供应链中，结构和流程呈动态变化并具有自适应性(Ivanov et al., 2019)，静态资源不足以确保企业获得持续的竞争优势。因此，从本质上看，供应链数字化赋能企业高质量发展是一个获取动态竞争优势的过程。在数字时代，供应链数字化强化了链上企业间的信息流，显著提升了信息流动速度和共享水平(Zhang et al., 2022)，逐步颠覆了资源基础观中资源不完全流动的基本假设。作为解释竞争优势来源的经典理论，资源基础观在指导供应链数字化的研究中可能存在一定缺陷，而动态能力理论可以为其提供有益的理论补充。虽然当前已有研究表明企业通过供应链数字化能够在复杂的供应链网络中搜集和整合零散的资源信息，并作为静态竞争资源赋能企业绩效提升(Li et al., 2025)，但是供应链数字化是否真的帮助了企业在动态环境下有效管理和配置这些资源，从而获取竞争优势并推动生产效率增长和高质量发展，仍缺乏实证研究和可量化结果的验证。

综上，本研究基于企业动态能力视角，以 2018 年启动的供应链创新与应用试点工作作为一项准自然实验，选取了 2013—2022 年中国沪深 A 股上市企业作为研究样本，使用双重差分法(Difference-in-Differences, DID)实证检验了供应链数字化对于企业全要素生产率的影响作用、边界条件和机制路径，旨在为企业如何更好落实供应链数字化改革、发掘竞争优势、实现高质量发展提供理论参考和政策指导。

相比既有研究，本文可能的边际贡献如下：

第一，本文丰富了供应链数字化经济后果的相关文献。尽管现有研究已关注到供应链数字化对企业业务流程再造、财务绩效和生产创新的影响，但尚未形成一致结论。本文澄清了中国背景下供应链数字化对于企业高质量发展的真实作用，尤其关注到了这一过程在企业短期和长期发展中的影响差异，揭示了供应链数字化虽助力企业实现了短期的快速发展，但是在这一进程中普遍存在着"短期主义"现象，不利于企业长期高质量发展。这提供了来自中国这样的发展中国家在供应链数字化和企业发展方面更为复杂和生动的实证证据链。

第二，本文拓展了供应链数字化对企业高质量发展的研究视角与理论框架。现有研究多基于资源基础理论探讨供应链数字化对企业绩效和发展的作用。然而，在动态的数字供应链环境下，该理论无法满足"资源不完全流动"的基本假设。为此，本文采用动态能力理论，将企业适应、吸收与创新能力纳入研究框架，以探讨供应链数字化促进企业高质量发展的中介机制。这些证据不仅有助于研究人员深入理解这一过程的微观机理，还为企业在动态环境下挖掘并保持竞争优势、推动高质量发展提供了理论参考与实践指导。

第三，本文扩展了动态能力理论的适用范围，构建起受"短期主义"影响的供应链数字化驱动企业高质量发展的异质机制模型。为探究企业选择供应链数字化促进高质量发展路径的倾向，本文开展了机制解构和再分析。结果表明，在这一进程中，企业更倾向于维护上游供应商关系网络，表现出对创新投入和技术吸收的阻碍以及强化渐进性创新活动。这从机制路径层面证明了"短期主义"现象在企业供应链数字化过程中普遍存在，为我国企业更好通过供应链数字化驱动高质量发展提供了问题导向的见解和解决路径。

2. 理论分析和研究假设

2.1　供应链数字化与企业高质量发展

高质量发展要求坚持质量第一、效益优先。习近平总书记在高质量发展的论述中指出，高质量发展应该不断提高劳动效率、资本效率、土地效率、资源效率、环境效率，不断提升科技进步贡献率，不断提高全要素生产率。[①] 因此，提高全要素生产率是推动高质量发展的内在要求。现有研究表明，数字技术应用与数字化转型是提升企业全要素生产率的核心手段（赵宸宇等，2021；黄勃等，2023）。而供应链数字化作为数字技术应用的管理实践之一，应对企业全要素生产率产生积极促进作用。

首先，供应链数字化推动了业务流程的变革与再造，有助于提高供应链管理效率。传统供应链因缺乏有效的信息治理机制，企业难以及时做出精准决策和调整，导致资源浪费和效率低下。相比

[①]　习近平. 习近平著作选读：第二卷[M]. 北京：人民出版社，2023：67.

之下，供应链数字化以数据为核心驱动要素，嵌入数字化网络架构与生态系统，实现了供应链的实时监控和智能化决策（蒋为等，2024）。一方面，数字化供应链管理系统能够帮助企业高效管理供应商、生产库存和物流流程，加速采购与供应环节的沟通和反馈，降低中间品搜寻成本，从而优化供应链资源配置效率（蒋为等，2024）。另一方面，借助数据中台和人工智能技术，企业能够分析海量客户数据，精准识别不同客户群体的需求变化与行为趋势，从而优化资源配置并投入个性化产品与服务开发以及精准化营销活动，最终提升企业的客户管理效率。

其次，供应链数字化增强了供应链可见性和韧性，保障企业全要素生产率稳步提升。尤其是物联网、云计算等技术的应用，有助于企业从不同供应链成员提取运营信息和进行信息交换，提高供应链的效率和透明度，有效化解"牛鞭效应"。供应链的高可见性使企业能够及时了解市场需求变化，灵活调整销售流程与渠道，在面对高度不确定的市场时能够更好地应对潜在的业务中断（Tseng et al.，2022）。此外，数字供应链强大的集成能力提高了对供应链系统的控制程度（Ali et al.，2018），使得诸如库存冗余和多样化采购等风险被有效内化吸收，降低风险成本。这种高韧性供应链不仅有助于降低生产率波动，还能够对企业经营效率的提升产生积极影响。

最后，供应链数字化促进了链上企业的协同合作，强化了网络效应。相较于传统信息网络，供应链数字化构建的信息网络优化了链上企业的互动模式，实现了信息资源的快速、同步传输（Paolucci et al.，2021）。链上企业协同开展数字化转型，有助于缓解供应链管理中的信息不对称问题，优化买方与供应商的伙伴关系，从而构建强大的供应链合作网络。信息的开放共享帮助企业间建立异质性资源互补池，使链上企业乃至跨链企业能够吸取优质资源，开展更广泛、更深入的协同合作，从而实现全链条效率与效益的系统化提升，赋能企业高质量发展。

综上分析，本文提出以下假设：

H1：供应链数字化能够促进企业高质量发展。

2.2 企业动态能力视角下的中介机制假设

伴随着数字化转型和数据驱动发展的浪潮，企业供应链环境中的资源流通、业务流程、竞合关系等均经历了破坏性重构。这种环境的动态变化致使企业仅凭现有资源的标准能力难以在市场中保持竞争力并应对挑战。因此，开发企业的动态能力，是在全球供应链处于数字化战略转型过程中，企业探寻高质量发展新路径的题中应有之义。动态能力指的是企业整合、构建并重新配置内外部资源，以适应快速变化外部环境的能力。具体而言，Teece（2007）指出动态能力包括感知机会和威胁、抓住机会的能力。Wang 和 Ahemd（2007）以等级顺序进行划分，认为动态能力包括吸收能力、适应能力和创新能力。Wilhelm 等（2015）则从资源编排的角度，认为动态能力包括企业及时感知能力、学习能力和资源重新配置能力。在自适应且动态的数字供应链环境中，企业的战略调整与能力配置也受到显著影响。数字技术应用与数据信息分析可以增强企业的洞察力与预测能力，帮助其快速适应供应链环境的变化。进一步，在给定路径依赖和既定市场地位背景下，企业依靠数字化智能化的交互协同技术能够吸收整合链上有效信息，重新配置内外部资源并将其转化为自身发展优势，最终摆脱同质化的发展模式，实现产品、服务、工艺的创新，确立供应链与市场竞争中的优势地位，推动高质量发展。由此可知，动态能力是企业感知并适应外部环境、吸收与配置企业资源并实现创新变革发展的综合能力，能够为供应链数字化促进企业高质量发展的影响机制提供新的解释。因此，本文借鉴 Wang 和 Ahmed（2007）及杨林等（2020）的研究，将动态能力划分为适应能力、吸收能力与创新能力，并进而分析其中介机制作用。

2.2.1 适应能力的中介机制

适应能力是指企业在复杂多变的市场竞争环境下扫描和辨别市场机会或者威胁的能力，体现的是企业的风险感知能力。从供应链上游视角看，企业能够依靠数字中台和大数据分析技术，实现上游供应商信息和数据的采集储存、智能分析，通过挖掘深层次的供应商数据来挑选更为优质的供应商（Wu et al.，2016）。此外，区块链技术的分布式交叉验证方式以及信息的不可篡改性提高了供应商提供信息的真实性（Queiroz et al.，2019）。这有助于提高下游企业与供应商之间的信息共享水平和关系透明度，减少供应商的机会主义和不道德行为，维护供应商网络，降低企业在动态市场中的经营风险（Zhang et al.，2022）。从供应链下游视角看，供应商决策方式从依赖管理者经验和直觉的模糊决策转向大数据辅助经验的科学决策，从而降低企业在不确定市场环境下与客户开展交易的风险成本，并提高交易效率。"数据驱动决策"的过程一方面能够减少高层管理人员由于信息处理能力不足和惯性而产生的经验偏误（焦豪等，2021），帮助企业通过数据挖掘和信息反馈预测客户的真实需求。这不仅能够规避由于"牛鞭效应"带来的生产风险，还能够识别动态市场中的增长潜力和发展机遇。另一方面，供应商决策过程可免去大量中介干预，智能合约技术能够自动推进供应链中所有权转移和交付进程（Chang et al.，2019），帮助供应商企业避免因决策环节冗余与流程烦琐导致的资源配置扭曲及全要素生产率损失。总之，供应链数字化能够通过新一代信息技术，为企业建立一个机动、高效的信息处理、交流和反馈系统，不仅能使核心企业与少数供应链伙伴建立信任的供应链协作网络，筛选优质供应商与稳定客户；还能使链上企业快速响应市场变化，灵活调整资源配置，制定有助于竞争地位确立与生产效率提升的战略部署。由此，本文提出以下假设：

H2：供应链数字化能够通过强化企业适应能力来促进企业高质量发展。

2.2.2 吸收能力的中介机制

吸收能力是指企业识别并吸收供应链系统内外部有价值的知识和技术，并将其应用于商业实践与企业发展的能力，强调企业把握市场机遇的能力。首先，链上企业的数字化转型使供应链每个节点都成为"数据生成器"（赵丽和胡植尧，2024），生成大量有价值的信息与资源，为企业开展资源吸收与成果转化提供了基础条件。其次，大数据时代使信息空前透明化，链上企业间的资源流动更加频繁。大数据技术可以降低企业吸收外部知识的成本（张振刚等，2021），使企业更易从不同供应链成员获取大量数据与信息。海量的数据从认知层面重构了企业管理人员的数字化思维，提升管理层在动态环境下进行信息价值挖掘与吸收的意识，进而更积极地开展前瞻性战略部署与生产效率改进。此外，供应链数字化通过强化"数据+算力+算法"的技术支撑，使企业更易与集群外组织建立知识联系，协同处理、加工与分析信息，从而敏锐洞察环境变化并更准确地预测市场需求（赵丽和胡植尧，2024），进一步提升企业把握市场机遇的敏感性。链上企业一旦感知到新的需求增长点与市场机遇，便会提升技术、产品与服务的更新意愿，并有针对性地加大研发力度，最终推动成果转化与生产效率提升。综上，本文提出以下假设：

H3：供应链数字化能够通过强化企业吸收能力来促进企业高质量发展。

2.2.3 创新能力的中介机制

创新能力是指企业充分利用供应链系统中的资源与信息开发新技术、新产品、新业态的能力，体现企业应对市场变化的变革与重构能力。首先，通过应用大数据、云计算与物联网等信息技术，企业能够以近乎零成本从市场、产品与消费者中识别并整合零散信息，增强数据捕获、存储与整合能力，拓宽创新资源获取范围。其次，供应链数字化为链上企业提供了智能交互和云端协同的环境，使得创新资源能够在供应链上下游企业间流动和配置，推动了以共同知识框架为基础的虚拟交流（李长英和王曼，2024）。企业之间能够开展更紧密的研发合作，从而提升协同创新的可能性。在此基础上，供应链数字化驱动企业开展两种模式的动态创新。一方面是渐进性创新，即企业基于已有技术和数据，对产品、服务、模式等进行微小和简单的改进，以此使得客户的消费习惯和消费偏好不断延续，实现企业的短期发展（胡山和余泳泽，2022；赵丽和胡植尧，2024）。另一方面，在充足知识存量和紧密协同创新的数字供应链中，企业会进一步开展突破性创新。随着客户端需求呈现多样化与个性化趋势，企业依托数字孪生、人工智能等新技术，能够提炼并洞察需求信息，摆脱原有工艺与产品的路径依赖，开展前沿技术的突破性创新，推动新技术、新产品与新业态的开发，破坏和再塑客户的习惯和偏好，从而满足用户未来需求，助力企业获取长期市场竞争优势。总体而言，供应链数字化能够强化企业创新资源的整合与优化配置，助力企业实现渐进性创新与突破性创新的二元耦合，推动企业创新产出增长与生产方式变革，最终实现生产效率的内生增长。因此，本文提出以下假设：

H4：供应链数字化能够通过强化企业创新能力来促进企业高质量发展。

本文的理论机制如图 1 所示。

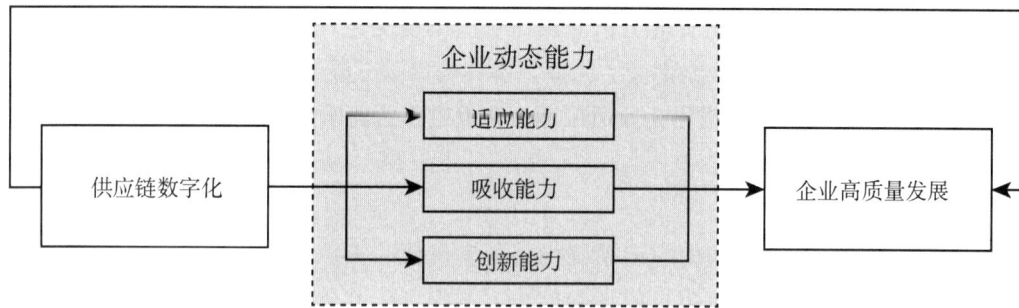

图 1　理论机制图

3. 研究设计

3.1　变量定义

3.1.1　被解释变量

全要素生产率（TFP）。党的二十大报告提出，着力提高全要素生产率，并将其作为推动高质量发展这一重大主题内涵的任务之一。新时代背景下，企业若要实现高质量发展并确立市场优势地位，必须优化生产资源与要素的投入和配置，提高全要素生产率。因此，本研究参考胡海峰等（2024）的研究，选取全要素生产率作为衡量企业高质量发展的代理变量。为使测量结果更加准确，本研究选择 Levinsohn-Petrin 法（LP 法）进行测量。该方法的优势在于能够较好解决传统测量方法的内生性和样本选择偏差问题，并且相比同为半参数方法的 Olley-Pakes 法（OP 法），LP 法使用中间投入作为代理变量。这放宽了 OP 法"要求企业真实投资额必须大于 0"的前提条件，减少了样本量的损失。因此，本研究采用 LP 法来测量企业全要素生产率，并使用 OP 法、广义矩估计法（GMM）、固定效应方法（FE）测量的 TFP 进行稳健性检验。

3.1.2 解释变量

供应链数字化（SCD）。为推动供应链数字化发展，商务部等 8 部门于 2018 年在部分城市和企业中开展供应链创新与应用试点工作，其核心任务是应用数字化与智能化技术，促进传统供应链转型升级，从而提升产业链供应链的现代化水平。这不仅契合供应链数字化的发展需要，并且在国家级试点政策支持下，供应链数字化的推进路径也更为清晰。因此，本研究参考刘海建等（2023）的研究，将"供应链创新与应用试点工作"视为一项准自然实验，并构建供应链数字化的代理变量 SCD。具体而言，如果企业 i 在第 t 年开展了供应链创新与试点工作，则第 t 年及以后年份的 SCD 取值为 1，否则为 0。

3.1.3 机制变量

（1）适应能力（Ada）。当前研究主要使用企业研发、资本以及广告这三种企业主要支出的变异系数来衡量企业资源分配的灵活程度，进而指代企业的适应能力（杨林等，2020；李晓翔和张树含，2023）。然而，该指标难以适用于供应链管理领域，无法准确反映企业在供应链变化中的适应能力。因此，本研究将供应链集中度作为企业适应能力的代理变量，具体衡量方式为向前五大供应商和客户采购销售比例之和的均值。集中度越高，代表企业在供应链中具有更稳定的合作对象，其应对产业链不确定风险的能力就更强。本文还将供应链集中度分解为供应商集中度（Sup）和客户集中度（Cus），计算方式分别为前五大供应商和客户销售额占总销售额比率平方之和，用以探讨企业在产业链上下游的适应能力差异。考虑到适应能力具有一定滞后性，本文对所有适应能力变量进行滞后一期处理。

（2）吸收能力（Abs）。吸收能力是企业识别、吸收以及开发环境中的知识的能力。企业对知识溢出的利用程度取决于其吸收能力，而吸收能力与企业自身的知识存量和研发投入正相关。本研究参照杨林等（2020）的研究，选取创新投入强度作为企业吸收能力的代理变量。考虑到企业在吸收知识并将其转化为成果之间可能存在一定时间差，因此本文采用企业当年研发支出占上年营业收入的比例作为吸收能力的衡量指标。

（3）创新能力（Inno）。专利是企业创新能力与核心竞争力的体现，而授权专利因经由相关部门认证并受到专利法保护，更能反映企业在动态市场中的创新优势地位。因此，本研究参考陈昆玉（2015）的研究，采用企业专利总授权数加 1 的自然对数作为企业创新能力的代理变量。此外，本文参考胡山和余泳泽(2022)的研究，将创新能力进一步解构为突破性创新(Inv)与渐进性创新(Non_Inv)，分别以发明专利总授权数加 1 的自然对数，以及实用新型与外观专利总授权数加 1 的自然对数作为衡量指标，用以探讨企业在供应链数字化过程中的创新模式倾向。同样，考虑到创新能力可能存在一定的滞后性，本文对所有创新能力变量作滞后一期处理。

3.1.4 控制变量

根据研究内容的性质，本研究从三个维度(财务维度、管理维度、政策维度)选取了七个可能影响企业高质量发展的控制变量。具体变量含义和衡量方法如表 1 所示：

表 1   控制变量含义及测量方法

维度	变量符号	变量含义	变量衡量方法
财务维度	Lev	企业偿债能力	企业当年负债总额与资产总额的比例
	Liq	企业变现能力	企业当年流动资产与流动负债的比例
	Roe	企业盈利能力	企业当年税后利润与净资产的比例
管理维度	Size	企业规模	企业当年员工数量的自然对数
	Shr	企业管控能力	企业当年前五大股东持股比例
	Tobin	企业成长能力	企业当年股票市值对股票所代表的资产重置成本的比值
政策维度	Sub	政府补贴支持	企业当年收到的政府补助占营业收入的比例

3.2   模型设定

本研究将"供应链创新与应用试点工作"视为"准自然实验"，进而采用双重差分模型来检验供应链数字化对企业全要素生产率的影响。计量模型如公式(1)所示：

$$\mathrm{TFP}_{i,t} = \alpha_0 + \alpha_1 \mathrm{SCD}_{i,t} + \sum_{j=2}^{8} \alpha_j X_{i,t,j} + \mu_i + \lambda_t + \varepsilon_{i,t} \tag{1}$$

其中，$\mathrm{TFP}_{i,t}$ 表示企业 i 在第 t 年的全要素生产率。$\mathrm{SCD}_{i,t}$ 代表企业 i 在第 t 年的供应链数字化水平。该变量是分组虚拟变量 Treat 和时间虚拟变量 Time 的交互项。$X_{i,t,j}$ 是本研究中使用的控制变量集合。μ_i 代表企业固定效应，λ_t 代表时间固定效应。$\varepsilon_{i,t}$ 代表随机扰动项。

3.3   数据说明

本文选取了 2013—2022 年的沪深 A 股上市企业作为研究样本。鉴于 2012 年中国证券监督管理委员会修订了上市企业行业分类，本研究选取 2013 年作为研究起始年份，以避免因企业所在行业变动导致的估计偏误。此外，考虑到 2023 年初中国全面实行股票发行注册制，无论是新上市企业数量、企业股价，还是股市供需均发生了革命性变化。这种剧烈的内外部环境波动不利于准确估计供应链数字化对企业高质量发展的影响。为确保研究的有效性，本研究将 2022 年设定为研究结束年份。

本文除解释变量的数据为根据商务部于 2018 年发布的《全国供应链创新与应用试点企业名单》进行手动配对整理，其余被解释变量、机制变量及控制变量相关数据均来源于上市企业年报。此外，根据以往研究处理方法，本文在样本期内剔除了金融类企业和 ST 股、＊ST 股及 PT 股。同时，为避免异常值干扰研究结果，本文对所有连续控制变量进行了双边 2% 的缩尾处理。主要变量的描述性统计结果如表 2 所示。

表 2　　　　　　　　　　　　　　　　　　　　描述性统计

变量	（1）	（2）	（3）	（4）	（5）
	样本数	平均数	标准差	最小值	最大值
SCD	14930	0.0097	0.0981	0.0000	1.0000
TFP	14930	8.4006	1.0840	4.6157	13.0961
Lev	14930	0.4358	0.2039	0.0845	0.8704
Liq	14930	2.1716	1.7347	0.3889	8.7874
Roe	14930	0.0417	0.1373	−0.5631	0.2730
Size	14930	7.8160	1.1895	5.2832	10.8340
Shr	14930	50.1140	14.6850	21.9660	83.4928
Tobin	14930	2.0770	1.2522	0.8657	6.8065
Sub	14930	0.0120	0.1374	0.0000	16.4695

4. 实证结果与分析

4.1　平行趋势与动态效应

在进行双重差分分析之前，实验组与对照组需要满足平行趋势假设，这是排除事前趋势对因果关系替代性解释的重要前提条件。为此，本文构建动态双重差分模型，如公式（2）所示，而后采用事件分析法对平行趋势假设进行检验。

$$\text{TFP}_{i,t} = \alpha_0 + \sum_{m=-4}^{4} \beta_m \text{SCD}_{i,t-m} + \sum_{j=1}^{7} \alpha_j X_{i,t,j} + \mu_i + \lambda_t + \varepsilon_{i,t} \qquad （2）$$

公式（2）中，β_m 代表第 m 期的供应链创新与应用试点的平均处理效应。本文将事前 5 期及更早均合并到第（−5）期，事后 4 期及更晚均合并到第 4 期，以第（−1）期为基期。为了防止多重共线性，基期将被删除，因此得到 m 的范围是 [−4，4]。其余变量与基准回归模型保持一致。图 2 报告了四种 TFP 测量方法下的平行趋势检验结果。

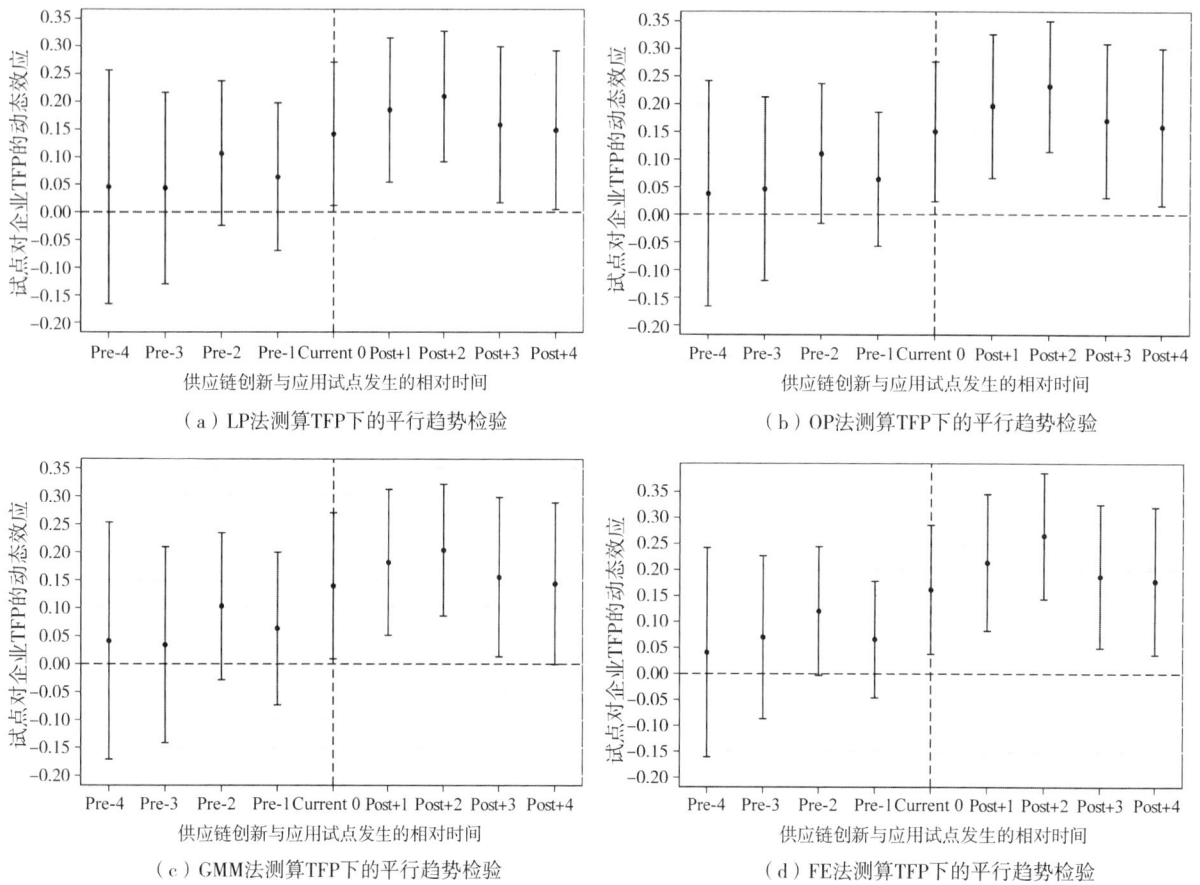

（a）LP法测算TFP下的平行趋势检验

（b）OP法测算TFP下的平行趋势检验

（c）GMM法测算TFP下的平行趋势检验

（d）FE法测算TFP下的平行趋势检验

图 2　平行趋势检验

　　图 2 四个子图的横轴代表供应链创新与应用试点工作发生的相对时间，纵轴代表试点在不同时间节点上对 TFP 的赋能作用。可以看出，无论采用哪种 TFP 的测量方法，试点前所有时期的系数置信区间均包含 0，即系数均不显著。试点后的一段时间内，估计系数呈现明显上升趋势，且置信区间不包含 0，因此通过了平行趋势检验。值得注意的是，事后第三期与第四期的系数出现一定程度的小幅下降，且显著性水平有所降低。这可能与 2020 年新冠疫情的全面暴发有关，该事件对企业的生产与发展造成了巨大冲击。在动态冲击下，企业的供应链数字化似乎未能展现出对生产效率的有效支撑与持久增长的作用。考虑到国家大力推行供应链数字化的目标，以及疫情背景下企业发展暴露出的短板，供应链数字化在促进企业高质量发展中的真实效应与现实问题仍需进一步探讨。

4.2　基准回归

　　表 3 报告了基准回归的结果。可以看出，无论第（1）列未加入控制变量的结果，还是第（2）列加入控制变量的结果，SCD 在至少 1% 的显著性水平上均表现显著。第（2）列表明，绝大部分控制变量均显著且呈现向优趋势，这在一定程度上说明企业的供应链数字化改革显著提升了公司在财务、管理等方面的绩效，从而推动企业全要素生产率的提升。

表3　　　　　　　　　　　　　　　　基准回归结果

变量	（1）	（2）
	TFP	TFP
SCD	0.1266***	0.1226***
	（0.0388）	（0.0352）
Size		0.3947***
		（0.0129）
Lev		0.6634***
		（0.0576）
Liq		0.0160***
		（0.0048）
Shr		0.0019***
		（0.0007）
Roe		0.9869***
		（0.0423）
Tobin		−0.0225***
		（0.0056）
Sub		−0.1829***
		（0.0679）
常量	8.3994***	4.9057***
	（0.0034）	（0.1090）
时间固定效应	YES	YES
个体固定效应	YES	YES
N	14930	14930
R^2	0.869	0.903

注：***代表 $p<0.01$，**代表 $p<0.05$，*代表 $p<0.1$。括号内为稳健标准误差。下同。

就经济意义而言，第（2）列中，SCD 的系数为 0.1226，这表明供应链数字化使得试点企业的全要素生产率平均提高了 1.22%①。2024 年，中国全要素生产率增速仅为 1.8%。在我国急需将全要素生产率增速恢复至 2%以上的背景下，供应链数字化展现出对提升企业全要素生产率的重要驱动作用，因此该结论具有显著的经济意义。H1 得到验证。

---

① 样本中处理组企业全要素生产率的均值为 10.0466，回归系数的经济含义为：0.1226/10.0466，约为 1.22%。

4.3 稳健性检验

4.3.1 更换被解释变量

本文分别采用 OP 法、GMM 法与 FE 法重新测算企业全要素生产率，而后重新进行回归分析。表 4 第（1）至（3）列的结果显示，更换被解释变量后，SCD 系数依然显著为正，表明基准回归结果具有稳健性。

4.3.2 倾向得分匹配的双重差分法

倾向得分匹配的双重差分法（PSM-DID）能够有效减少因"样本选择偏差"导致的回归结果偏误。因此，本文采用近邻匹配（1∶5）、半径匹配（0.01）和马氏距离匹配三种方式进行分析。

图 3 中的三个子图分别展示了采用三种匹配方式后的协变量平衡性检验结果。所有协变量的标准化偏差均小于 10%，且低于匹配前的标准化偏差，这表明各匹配变量不存在系统性偏差。回归结果如表 4 第（4）至（6）列所示。在三种不同匹配方式下，SCD 估计系数依然显著为正，这验证了本文结论的稳健性。

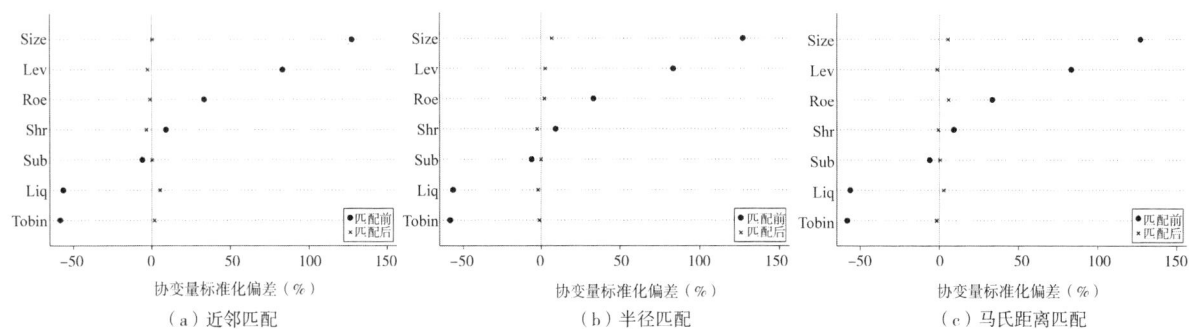

图 3　协变量平衡性检验结果

4.3.3 剔除预期效应的影响

在 2018 年公布企业供应链数字化试点名单之前，国务院办公厅于 2017 年发布了《关于积极推进供应链创新与应用的指导意见》，这可能导致试点改革产生预期效应，从而干扰基准回归结果。因此，本文删除了 2017 年的样本，并重新进行回归分析。结果如表 4 第（7）列所示。处理后的回归结果依然显著为正，这表明不存在改革预期效应，基准回归结果具有稳健性。

4.3.4 剔除其他政策的影响

在本研究的样本期内，国家实施了诸如"宽带中国""智慧城市"等基于城市层面的试点政策。这些政策旨在提升城市信息化水平，推动产业转型升级，实现经济高质量发展，可能会对供应链数字化改革试点的效果产生干扰。因此，本文借鉴交叠双重差分法的思路，构建了 Smart_City 和 Broadband_China 的虚拟变量，并将其纳入回归模型。表4第(8)列的结果显示，在排除其他外生政策冲击的影响后，SCD 系数依然显著为正，说明本文的结果是稳健的。

表4　　　　　　　　　　　　　　　稳健性检验结果

变量	（1）	（2）	（3）	（4）	（5）	（6）	（7）	（8）
	OP 法	GMM 法	FE 法	近邻 PSM	半径 PSM	马氏 PSM	剔除预期效应	剔除其他政策
	TFP_OP	TFP_GMM	TFP_FE	TFP	TFP	TFP	TFP	TFP
SCD	0.1358***	0.1219***	0.1486***	0.0977**	0.1263***	0.1279**	0.1420***	0.1229***
	(0.0343)	(0.0355)	(0.0341)	(0.0464)	(0.0345)	(0.0542)	(0.0390)	(0.0352)
Smart_City								−0.0400
								(0.0639)
Broadband_China								0.0065
								(0.0166)
时间固定效应	YES	YES	YES	YES	YES	YES	YES	YES
个体固定效应	YES	YES	YES	YES	YES	YES	YES	YES
N	14930	14930	14930	1125	13787	799	13437	14930
R^2	0.870	0.853	0.939	0.948	0.912	0.950	0.904	0.903

4.3.5　安慰剂检验

为进一步验证本研究是否存在因其他混杂、不可观测或遗漏因素导致的内生性问题，本文采用基于"伪处理时间"的时间安慰剂检验、基于"伪处理单位"的空间安慰剂检验，以及二者结合的混合安慰剂检验进行分析与判断。

首先进行时间安慰剂检验，具体方法为将试点时间分别前置1至4期，并依次进行 DID 估计。图4展示了时间安慰剂检验中4个时间节点的可视化结果。图4中横轴从左至右表示试点时间提前1至4期，纵轴表示相应时期的平均处理效应。可以看出，所有时间节点的估计结果的置信区间均包含0，因此可以接受"安慰剂效应为0"的原假设，这表明基准回归结果不存在时间趋势相关因素的潜在影响。

接着进行空间安慰剂检验，从样本企业中随机抽取试点企业构成"伪处理组"，其余企业构成"伪控制组"，随后进行 DID 估计，并重复模拟1000次。结果如表5所示，右侧检验的 p 值小于0.1，因此在10%的显著性水平下通过了空间安慰剂检验。

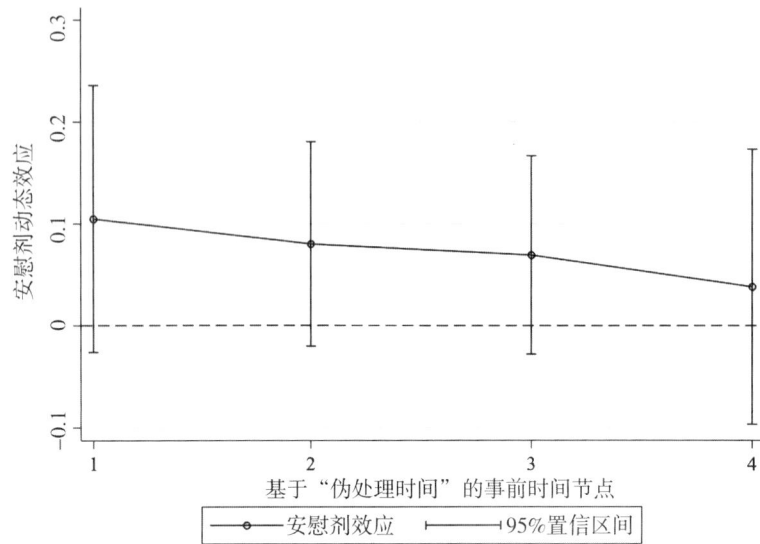

图 4　可视化时间安慰剂检验结果

表 5　　　　　　　　　　　　　　空间安慰剂和混合安慰剂检验结果

检　　验	空间安慰剂检验	混合安慰剂检验
单边(左侧)	0.9480	0.9250
单边(右侧)	0.0520	0.0750

从空间安慰剂检验的核密度图和直方图(见图 5)可以看出，真实处理效应估计值(0.1226)位于安慰剂效应分布的右侧尾部，为极端值。真实效应左侧分布的面积表示空间安慰剂效应小于真实效应的概率，其值为 0.9250。因此，这表明基准回归结果不存在个体相关因素的潜在影响。

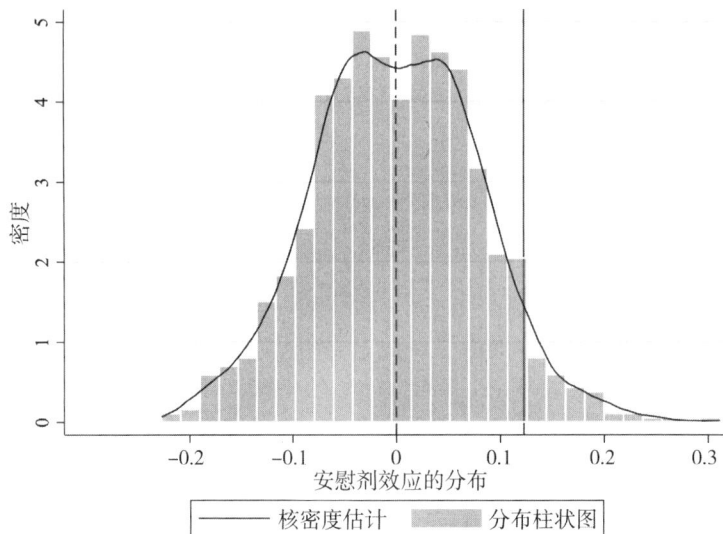

图 5　可视化空间安慰剂检验结果

最后进行结合时间和空间安慰剂检验的混合安慰剂检验。具体检验结果如表 5 和图 6 所示。检验结果的解释与上文一致，表明通过了混合安慰剂检验，进一步证实了本文研究结果的稳健性。

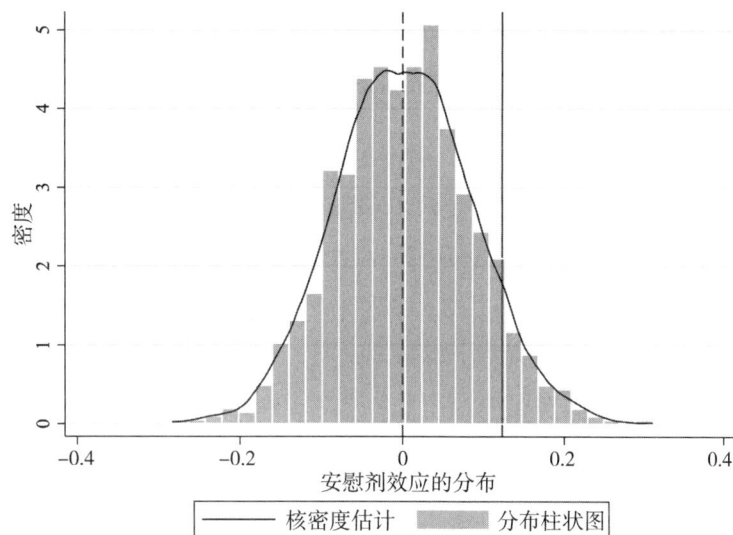

图 6　可视化混合安慰剂检验结果

4.4　异质性分析

4.4.1　地理位置异质性

中国地域辽阔，东部、中部和西部地区在经济规模、要素利用、产业结构和制度安排等方面均表现出显著差异。因此，供应链数字化的实施效果因地区差异而存在不同表现，进而对企业的全要素生产率产生异质性影响。为探究地理位置因素导致的异质性作用，本文将企业实际经营地与城市进行匹配，并依据国家统计局的分类标准，将样本划分为东部地区企业、中部地区企业和西部地区企业，随后进行分样本回归分析。分组回归结果如表 6 列（1）至（3）所示。

结果显示，SCD 的系数仅在东部地区的子样本中显著为正，而在其余地区的回归结果均不显著。这表明，供应链数字化仅对东部地区企业的全要素生产率产生了显著的促进效应。出现这一结果的原因可能在于，东部地区的诸多城市经常作为各类改革与试点的先行区，诸如融资水平、技术发展水平、人才集聚水平、基础设施水平等适宜推进供应链数字化改革的外部环境更优质。对于中西部企业，除供应链数字化改革过程中可能面临的资金门槛、技术门槛、人才门槛等困难，还可能存在由于长期开放程度较低、营商环境较差、行政单位不协同所造成的信息闭塞现象，因而无法有效将其转化为企业发展的优势。

4.4.2　产业集聚水平异质性

产业集聚理论指出，集聚行为会产生更加完善、专业的服务，使劳动分工精细化以及更具有针对性，并且会通过资源溢出产生"一加一大于二"的规模效应。因此，地区产业集聚水平越高，企业间的信息交流和合作活动就越频繁，这有助于激活信息流、物流和资金流等供应链活动，从而增强供应链数字化对企业全要素生产率的影响。本文采用区位熵构建指标 IA 来衡量城市产业集聚水平，见公式（3），并基于该指标将样本企业二等分为高水平组和低水平组，而后通过分组回归分析供应链数字化在不同产业集聚水平下对企业高质量发展影响的差异。

$$
\mathrm{IA}_{i,\,t} = \frac{\mathrm{IND}_i \Big/ \sum_{i=1}^{207} \mathrm{IND}_i}{\mathrm{GDP}_i \Big/ \sum_{i=1}^{207} \mathrm{GDP}_i} \tag{3}
$$

其中，分子为城市 i 的工业增加值占工业增加值总额的比重，而分母为城市 i 的生产总值占生产总值总额的比重。IA 值越大，产业集聚水平越高。

回归结果如表 6 列（4）至（5）所示。在高产业集聚水平地区，供应链数字化能够显著促进企业高质量发展，而在低产业集聚水平地区，则可能产生负向的抑制作用。这可能是因为供应链管理高度依赖上中下游企业之间的协同配合，而供应链数字化细化了管理流程，对企业间的信息互通与协同联动提出了更高要求。这可以解释为何低产业集聚水平地区的企业在推进供应链数字化改革时反而可能产生适得其反的效果，并进一步凸显了协同联动在这一进程中的重要作用。

4.4.3 行业性质异质性

不同行业企业在生产过程中对生产要素的依赖程度存在差异，因此行业异质性可能是造成供应链数字化赋能效果差异化的重要因素之一。本文依据国家统计局公布的国民经济行业分类标准，将样本划分为劳动密集型、资本密集型和技术密集型企业①，而后进行分组回归。

表 6 第（6）至（8）列展示了同归结果，供应链数字化对企业全要素生产率的提升作用在劳动密集型和技术密集型企业中不显著，仅在资本密集型企业中显著。这可能因为供应链数字化是一项长期性、系统性、革命性的工程，需依赖大量且持续的资本投入作为支撑。此外，资本密集型企业多为钢铁、冶金、石油、化工等重工业企业，为顺应传统产业转型升级的趋势，这些企业基本实现一定程度的数字化转型。因此，供应链数字化对资本密集型企业的全要素生产率提升效果最为显著。

对于另外两类企业，劳动密集型企业承载着"稳就业"的重要使命，其员工准入的技术门槛较低，同时企业对技术增长的需求也相对较低；而技术密集型企业则因其已具备较高的技术水平，供应链数字化对其技术增长率的边际贡献较为有限。因此，供应链数字化对这两类企业的全要素生产率提升作用不显著。

---

① 将行业门类代码为"A、B、D、E、F、G、H、O、P、S"和行业大类代码为"C13-C21"的归为劳动密集型企业；行业门类代码为"K、L、N、Q、R"和行业大类代码为"C22-C26、C28-C33"的归为资本密集型企业；行业门类代码为"I、M"和行业大类代码为"C27、C34-C42"的归为技术密集型企业。

表6   异质性分析结果

变量	(1)	(2)	(3)	(4)	(5)	(6)	(7)	(8)
	东部地区	中部地区	西部地区	高产业集聚	低产业集聚	技术密集型	资本密集型	劳动密集型
	TFP	TFP	TFP	TFP	TFP	TFP	TFP	TFP
SCD	0.2107***	0.0655	−0.0272	0.2445***	−0.0994***	0.1000	0.2658***	0.0397
	(0.0561)	(0.0521)	(0.0476)	(0.0875)	(0.0304)	(0.0706)	(0.0546)	(0.0340)
控制变量	YES	YES	YES	YES	YES	YES	YES	YES
时间固定效应	YES	YES	YES	YES	YES	YES	YES	YES
个体固定效应	YES	YES	YES	YES	YES	YES	YES	YES
N	10557	2368	1990	7399	7328	3437	4299	7181
R^2	0.906	0.913	0.906	0.918	0.919	0.931	0.906	0.908

5. 进一步分析：企业动态能力视角下的中介机制检验

为验证供应链数字化能够通过企业适应能力、吸收能力、创新能力来提高企业全要素生产率，进而促进企业高质量发展，本研究构建了公式(4)至(6)的中介机制模型进行检验。

$$\text{TFP}_{i,t} = \alpha_0 + \alpha_1 \text{SCD}_{i,t} + \sum_{j=2}^{8} \alpha_j X_{i,t,j} + \mu_i + \lambda_t + \varepsilon_{i,t} \tag{4}$$

$$\text{Mechanism}_{i,t} = \beta_0 + \beta_1 \text{SCD}_{i,t} + \sum_{j=2}^{8} \beta_j X_{i,t,j} + \mu_i + \lambda_t + \varepsilon_{i,t} \tag{5}$$

$$\text{TFP}_{i,t} = \delta_0 + \delta_1 \text{SCD}_{i,t} + \delta_2 \text{Mechanism}_{i,t} + \sum_{j=3}^{9} \delta_j X_{i,t,j} + \mu_i + \lambda_t + \varepsilon_{i,t} \tag{6}$$

其中 $\text{Mechanism}_{i,t}$ 代表本文选择的中介变量。其余变量和系数含义与公式(1)保持一致。

5.1 适应能力的中介机制分析

为验证企业适应能力的中介机制作用，本文首先采用基于供应链集中度衡量的适应能力作为中介变量(Ada)进行检验。回归结果如表7所示。第(2)列的结果显示，SCD 对 Ada 的回归系数不显著。在控制 Ada 后的列(3)中，SCD 和 Ada 的回归系数均显著为正。从统计学角度来看，这表明在全链视角下，适应能力似乎并非供应链数字化驱动企业高质量发展的中介机制。但是，鉴于企业开展的供应链管理面向供应商和客户两个群体，其适应能力应当分别在上游和下游两个方向上体现。因此，需对适应能力进行解构并开展进一步分析。

表 7　　　　　　　　　　　适应能力的机制分析结果

变量	（1）	（2）	（3）
	TFP	Ada	TFP
SCD	0.1226***	0.5744	0.1215***
	(0.0352)	(0.6178)	(0.0350)
Ada			0.0018***
			(0.0005)
控制变量	YES	YES	YES
时间固定效应	YES	YES	YES
个体固定效应	YES	YES	YES
N	14930	14930	14930
R^2	0.903	0.714	0.903

　　将供应链集中度分解为供应商集中度（Sup）和客户集中度（Cus），而后进行中介作用再检验，结果如表 8 所示。第（1）列和第（2）列结果表明，供应商集中度在供应链数字化促进企业全要素生产率提升过程中发挥了部分中介作用。而第（3）列和第（4）列的结果显示，客户集中度未表现出显著的中介效应，H2 仅得到了部分验证。这表明，供应链数字化仅能通过增强企业应对供应商变动的适应能力来促进企业高质量发展。进一步说明，供应链数字化构建的市场信息流通通道依然呈现自上而下的特征：下游客户能够从上游供应商获取更多信息，从而筛选并稳固供应商网络，但自下而上的信息反馈仍不显著，供应链管理中长期存在的"牛鞭效应"尚未完全解决。

表 8　　　　　　　　　　　适应能力的异质性机制分析结果

变量	（1）	（2）	（3）	（4）
	Sup	TFP	Cus	TFP
SCD	0.5789**	0.1216***	0.5252	0.1226***
	(0.2862)	(0.0354)	(0.3804)	(0.0352)
Sup		0.0017**		
		(0.0007)		
Cus				−0.0001
				(0.0004)
控制变量	YES	YES	YES	YES
时间固定效应	YES	YES	YES	YES
个体固定效应	YES	YES	YES	YES
N	14930	14930	14930	14930
R^2	0.626	0.903	0.707	0.903

5.2　吸收能力的中介机制分析

为验证吸收能力的中介机制作用，本文采用研发投入强度作为吸收能力的代理变量（Abs）进行检验，表9报告了检验结果。第（2）列结果显示，SCD对Abs的回归系数在5%的水平上显著为负，说明供应链数字化削弱了企业吸收能力。在将Abs引入基准回归方程后，SCD的回归系数显著为正且有所降低，而Abs的回归系数仍显著为负。这从统计学意义上表明，吸收能力在其中发挥了部分正向中介效应，即供应链数字化通过削弱抑制TFP提升的吸收能力，促进了TFP的提高。尽管实证结果表明，供应链数字化能够通过企业吸收能力促进高质量发展，但这一结果与前文的理论分析存在一定偏差。

出现该结果的原因可能在于，数字化对创新具有"创新潜力滞后-创新融合释放-创新绩效牵制"的非线性效应（唐要家等，2022）。尤其是在供应链数字化这样的新兴数字化领域，存在显著的滞后效应和挤出效应。企业在探索和吸收新知识过程中，需要投入大量时间和资金成本，而这些投入无法在当期及短期内转化为实际的发展绩效。企业在这一过程中面临巨大的技术转化风险，甚至可能导致生产率下降。因此，企业对供应链数字化的长期研发投入意愿较低，最终表现出对技术吸收与转化的抑制和阻碍。

表9　　　　　　　　　　　　　吸收能力的机制分析结果

变量	(1)	(2)	(3)
	TFP	Abs	TFP
SCD	0.1226***	−0.0080**	0.1220***
	(0.0352)	(0.0032)	(0.0352)
Abs			−0.0747**
			(0.0331)
控制变量	YES	YES	YES
时间固定效应	YES	YES	YES
个体固定效应	YES	YES	YES
N	14930	14930	14930
R^2	0.903	0.200	0.903

5.3　创新能力的中介机制分析

为验证创新能力的中介机制作用，本文首先采用基于专利授权总数计算的创新能力（Inno）作为机制变量进行分析。表10第（2）列的结果显示，SCD对Inno的回归系数为正，且在1%的水平上显著，表明供应链数字化显著促进了创新产出，从而提高了企业的创新能力。然而，第（3）列结果显示，在控制Inno后，SCD的回归系数仍显著为正，Inno的回归系数却不显著。这可能是由于企业在供应链数字化驱动高质量发展的过程中采取的不同创新模式的贡献存在差异，仅考虑总体创新产出无法准确识别异质性创新能力的中介作用。

表 10 　　　　　　　　　　　创新能力的机制分析结果

变量	（1）	（2）	（3）
	TFP	Inno	TFP
SCD	0.1226***	0.2592***	0.1209***
	（0.0352）	（0.0959）	（0.0353）
Inno			0.0064
			（0.0053）
控制变量	YES	YES	YES
时间固定效应	YES	YES	YES
个体固定效应	YES	YES	YES
N	14930	14930	14930
R^2	0.903	0.783	0.903

为此，本文将企业创新能力解构为突破性创新（Inv）和渐进性创新（Non_Inv），而后开展中介作用再检验，结果如表 11 所示。在第（1）列和第（3）列中，SCD 对突破性创新和渐进性创新均有显著正向影响，但结合第（2）列和第（4）列结果分析，突破性创新的中介作用不显著，而渐进性创新在其中发挥负向中介作用。这表明，供应链数字化可以通过促进企业渐进性创新推动企业高质量发展。H4 因此得到了部分验证。

该结论有着可解释的经济意义，尽管发明专利授权更能代表企业长期的战略创新能力，但是在面对供应链数字化改革时，企业可能放弃突破性创新而转向渐进性创新，具体表现为追求短期内更为实用但是创新性较低的实用新型专利和外观专利，而非发明专利（胡山和余泳泽，2022）。此外，第（4）列的结果表明，渐进性创新对企业高质量发展影响为负，这说明虽然渐进性创新短期内是供应链数字化驱动企业高质量发展的重要机制，但是该模式难以支撑企业在动态环境下实现持续的高质量发展。从长期来看，这种创新模式甚至可能对企业的全要素生产率产生负面影响。

表 11 　　　　　　　　　　　创新能力的异质性机制分析结果

变量	（1）	（2）	（3）	（4）
	Inv	TFP	Non_Inv	TFP
SCD	0.1964***	0.1219***	0.1578*	0.1247***
	（0.0711）	（0.0352）	（0.0873）	（0.0352）
Inv		0.0022		
		（0.0051）		

续表

变量	（1）	（2）	（3）	（4）
	Inv	TFP	Non_Inv	TFP
Non_Inv				-0.0135^{***}
				（0.0043）
控制变量	YES	YES	YES	YES
时间固定效应	YES	YES	YES	YES
个体固定效应	YES	YES	YES	YES
N	14930	14930	14930	14930
R^2	0.739	0.903	0.763	0.903

对动态能力机制的解构与再分析发现，不同于前文理论分析中阐述的供应链数字化能够通过增强企业适应能力、吸收能力和创新能力促进企业高质量发展的简单假设，后续的实证经验证据发现，在中国现实情境下，供应链数字化驱动企业高质量发展的机制表现出复杂的异质性。从适应能力角度看，企业更多侧重于面向供应商而非客户塑造市场适应能力；从吸收能力角度看，企业对新知识的吸收与新技术的转化表现出一定的排斥和抑制；从创新能力角度看，企业倾向于开展实用性高但创新性低的渐进性创新活动。这些均一定程度上反映出中国企业在这一进程中受到"短期主义"思维的影响。因此，基于上述实证结论，本研究进一步细化并提出了更贴近中国实际情境的理论模型，即受"短期主义"影响的供应链数字化驱动企业高质量发展的异质机制模型，如图7所示。

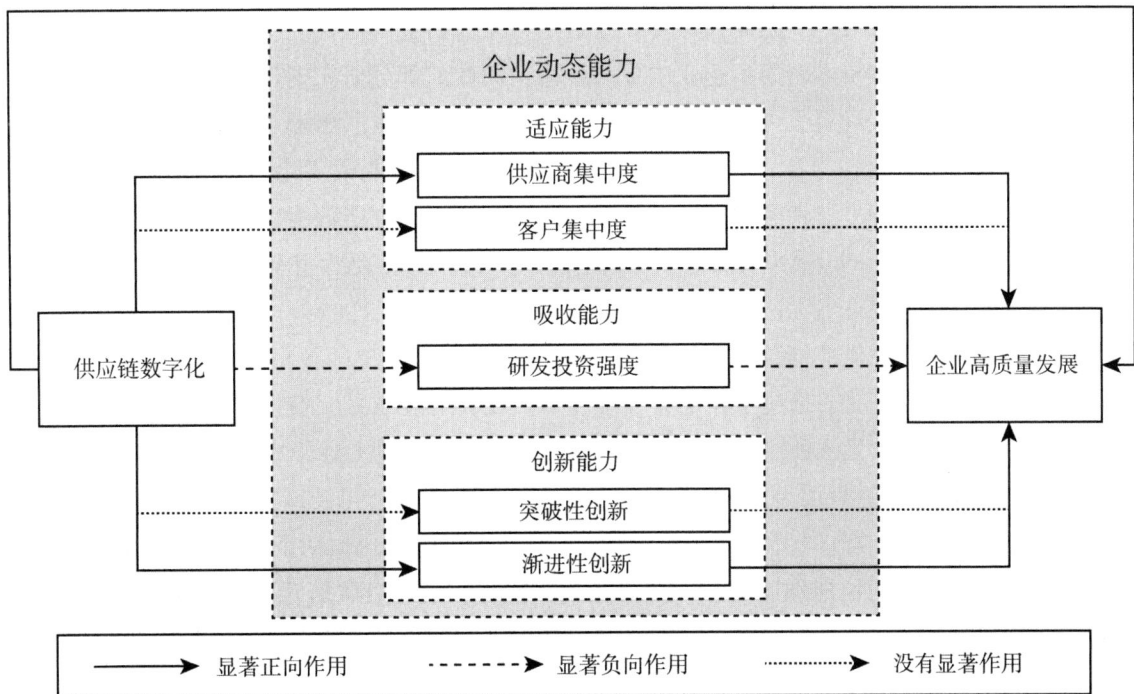

图7　受"短期主义"影响的供应链数字化驱动企业高质量发展的异质机制模型

6. 总结性评论

6.1 研究结论与讨论

现代企业间的竞争本质上是供应链之间的竞争。数字化作为战略手段，供应链作为战略阵地，二者的耦合对中国企业在市场竞争中获取优势地位、促进可持续发展以及实现全球价值链攀升具有重要现实意义。因此，将供应链数字化置于企业数字化的核心位置，并分析其后续的真实经济影响尤为必要。本文基于企业动态能力的理论视角，构建了一个涵盖供应链数字化、企业动态能力（适应能力、吸收能力、创新能力）以及企业高质量发展的理论模型。在此基础上，本文选取 2013—2022 年中国沪深 A 股上市企业作为研究样本，构建了一个平衡面板数据集，并采用双重差分法（DID）进行了实证检验，阐述了以下几个发现：

本文的实证结果表明，供应链数字化能够促进企业高质量发展，使试点企业的 TFP 提高了约 1.22%；并且这种促进作用在东部地区企业、高产业集聚水平地区企业和资本密集型企业中更为显著。这一方面阐明了供应链数字化在促进企业高质量发展中的巨大潜力，从供应链领域的数字化验证了先前众多学者得出的数字化转型能够促进企业高质量发展的观点（赵宸宇等，2021；黄勃等，2023）。另一方面强调了供应链数字化发展过程中必须考虑地区特性、企业特性等内外部因素的影响，切忌"一刀切"。因地制宜、精准施策等数字化转型推进战略在供应链数字化进程中依然适用（陶锋等，2023；胡海峰等，2024）。然而，本文部分结论与先前研究观点存在差异。例如，本文发现供应链数字化的赋能效应在资本密集型企业中更为显著，而此前部分研究则认为企业数字化的赋能作用在技术密集型企业中表现得更为突出（黄大禹等，2021；杨大山等，2023）。可能是由于供应链数字化相对于传统企业数字化转型具有一定的特殊性。作为建立在企业数字化基础上的进阶管理实践，供应链数字化具有更强的专业性和目标导向性。因此，在考察供应链数字化的异质性作用时，应充分考虑企业供应链数字化的开发基础以及可能带来的边际收益。在数字化转型趋同背景下，数字技术的表面推广和浅层应用可能无法促进企业高质量发展（苏启林等，2024）。本文的结论同样强调了深层次的数字技术融合在供应链数字化转型过程中的重要性。

本文的另一重要结论是，通过考察企业动态能力发现，适应能力、吸收能力和创新能力是供应链数字化促进企业高质量发展的关键中介机制，但这一过程中表现出显著的"短期主义"特征。短期主义（short-termism）是指管理层为追求自身利益最大化，而以牺牲公司长远发展为代价，优先实现短期目标的行为（Laverty，1996）。本文实证研究发现，在供应链数字化推动企业高质量发展的过程中，企业并未注重培养有助于长期发展的客户挖掘和维系能力、资源吸收转化能力及突破性创新能力，而是倾向于稳固上游供应商关系网络，表现出对创新投入和技术吸收的阻碍并开展渐进性创新活动以追求短期利益。这些短期行为出现的根本原因在于信息的不对称（Schipper，1989）。尽管数字化和数字经济通过新一代通信技术和高流动性数据要素创造了相对透明的信息交流空间，但随着转型系统复杂性提高、引入的数字技术更加专业、数据体量急剧增加，管理层操纵信息披露的可能性也随之提升，从而强化风险规避行为，并进一步增加自身及系统中其他企业实施短期行为的可能性(张天宇和徐向艺，2023)。供应链数字化本质上是一种更高层次的产业数字化实践，具有系统性、复杂性和专业性等特点，任何节点企业或流程环节的数字能力差异与信息不透明，都可能引发短期主义行为。尤其是在供应链数字化发展的初期，企业更倾向于仅针对供应链某一环节(如库存管理、订单处理)实施单点技术升级，导致端到端之间数字能力差异扩大、信息标准不协同，这进一步加剧了信息孤岛问题。第一，这导致了企业在决策中追求局部最优而非全局最优。一方面，客户的公开信息披露是供应商生产决策的重要信息来源。但是有研究表明，我国资本市场上企业层面的特质信息释放并不充分，客户企业公开信息披露质量较低(Piotroski & Wong，2012)。即使在使用数字化手段的条件下，供应商仍需付出较高的搜索成本和分析成本。另一方面，数字技术增强了下游客户企业的议价能力，降低了客户更换供应商的成本。在这种情况下，上游供应商需要更主动地披露信息，以赢得客户青睐(Crawford et al.，2020)。因此，对于链上某一节点的企业而言，优选上游供应商的信息成本低于洞察下游客户特质需求的信息成本，这使企业在供应链数字化过程中更倾向于维护上游供应商网络。第二，信息不足使得企业难以全面掌握市场需求、竞争对手动态或前沿技术发展的潜力，导致企业可能高估现有技术的价值，同时低估技术吸收转化的潜力与突破性创新的机会。企业因此不愿在高投入、长周期和高不确定性的长期项目上冒险，表现出较低的创新投入强度以及对渐进性创新模式的倾向。基于上述实证结论和分析，本文提出了中国情境下，受"短期主义"影响的供应链数字化驱动企业高质量发展的异质机制模型。如何依托这一问题导向的机制模型，克服现有缺陷、发挥内在优势，从而有效推进供应链数字化与企业高质量发展，成为政府和企业亟待解决的关键难题与挑战。

6.2　管理启示

根据上述研究结论和讨论，本文提出以下管理启示和建议：

首先，企业不仅应积极拥抱供应链数字化转型，更应将改革持续向纵深推进。一是加快推进新兴数字技术在设计研发、生产制造、储存管理、运输配送以及销售售后等全供应链业务流程中的深度融合，以数字化全面驱动供应链转型升级和企业高质量发展；二是建立健全数字资产核算制度，并制定科学完善的供应链数字化评估体系，以绩效为导向，约束企业在供应链数字化过程中出现"重建轻用"的现象。

其次，在推进供应链数字化的过程中，应充分考虑其异质性影响，通过分类施策与精准施策，提高供应链数字化对企业高质量发展的促进效率。一方面，处于优势地位的企业应继续发挥自身优势，并充分利用区域资源，进一步加强产业链的协同联动与技术创新，不断提升市场竞争力；另一方面，相对落后的企业应借鉴优势企业的供应链数字化经验，抓住改革机遇，充分发挥"次动优势"，实现供应链的转型升级与企业高质量发展。

最后，加强与下游企业的联络、鼓励技术吸收和科技成果转化以及开展突破性创新活动，应成为当前供应链数字化政策的重要着力点。第一，要鼓励下游企业积极进行供应链数字化转型，由链上数字化龙头企业和政府牵头建设数字驱动的供应链生态系统，充分发挥数字协同治理功能，优化供应链上下游企业的信息交流与反馈机制，打通传统供应链中的堵点和痛点，促进企业间协同发展，构建稳定持久的供应链关系网络，最终实现全供应链高质量发展。第二，应在推进产学研一体化的同时，扩大供应链网络的主体范围，将高校、科研机构以及科技成果转化服务机构纳入供应链合作网络，降低技术吸收与转化的环节成本、信息成本，增强企业对先进知识吸收、转化和利用的信心与意愿。第三，政府可通过财政激励、税收减免、金融贴息等方式，支持企业开展核心技术创新，实现供应链突破性创新与渐进性创新并驾齐驱，助力企业在动态市场中建立长期竞争优势。

6.3 研究不足与未来展望

尽管本文得出了若干重要结论和启示，但仍存在一定的局限性和尚未解决的问题，未来研究可在此基础上减少这些不足，从而取得更显著的边际贡献：

第一，受制于数字资产化数据的披露和收集，本文在衡量企业供应链数字化程度时仅参考了供应链创新工作的试点情况，未能使用能够反映供应链数字化差异的财务数据作为衡量标准。未来，随着数字资产披露制度的逐步完善，研究人员可以开发更综合化、更标准化的指标体系来衡量企业供应链数字化程度，从而更加准确地评估其对企业高质量发展的影响。

第二，现有研究已开始探讨数字化的外部性作用(赵滨元，2021；丁松和李若瑾，2022)。供应链数字化通过其协同治理功能，强化企业间的交流与协作，链上节点企业的数字化转型可能对其他企业产生溢出效应。然而，由于供应链合作网络的动态变化频繁，静态矩阵难以准确衡量企业间的业务联系；此外，链上企业的合作对象可能包含非上市企业，数据收集面临阻碍，本文未能考察这一溢出效应。未来，研究人员可在数据收集更加完备的基础上，开发用于衡量链上企业业务联系的关系矩阵，并结合空间溢出的计量方法，探讨供应链数字化对企业全要素生产率提升的溢出效应。

◎ 参考文献

[1] 陈剑，刘运辉.数智化使能运营管理变革：从供应链到供应链生态系统[J].管理世界，2021，37（11）.

[2] 陈昆玉.上市公司技术创新、融资与成长[J].科研管理，2015，36(3).

[3] 丁松，李若瑾.数字经济、资源配置效率与城市高质量发展[J].浙江社会科学，2022(8).

[4] 胡海峰，白宗航，王爱萍.供应链持股与企业高质量发展——基于全要素生产率视角[J].中国工业经济，2024(9).

[5] 胡山，余泳泽.数字经济与企业创新：突破性创新还是渐进性创新？[J].财经问题研究，2022（1）.

[6] 黄勃，李海彤，刘俊岐，等.数字技术创新与中国企业高质量发展——来自企业数字专利的证据[J].经济研究，2023，58(3).

[7] 黄大禹，谢获宝，孟祥瑜，等.数字化转型与企业价值——基于文本分析方法的经验证据[J].经

济学家，2021(12).

[8] 蒋为，倪诗程，彭淼.数字科技企业赋能实体经济发展的效率变革——基于数字化供应链视角的理论与经验证据[J/OL].数量经济技术经济研究，https：//doi. org/10. 13653/j. cnki. jqte. 20241118. 001.

[9] 焦豪，杨季枫，王培暖，等.数据驱动的企业动态能力作用机制研究——基于数据全生命周期管理的数字化转型过程分析[J].中国工业经济，2021(11).

[10] 李晓翔，张树含.数字化转型如何影响企业融通创新？[J].经济管理，2023，45(4).

[11] 李长英，王曼.供应链数字化能否提高企业全要素生产率？[J].财经问题研究，2024(5).

[12] 刘海建，胡化广，张树山，等.供应链数字化与企业绩效——机制与经验证据[J].经济管理，2023，45(5).

[13] 苏启林，伍静，苏晓华.数字技术采纳策略、技术差距与企业高质量发展——基于最优区分理论视角[J/OL].南方经济，https：//doi. org/10. 19592/j. cnki. scje. 411135.

[14] 唐要家，王钰，唐春晖.数字经济、市场结构与创新绩效[J].中国工业经济，2022(10).

[15] 陶锋，王欣然，徐扬，等.数字化转型、产业链供应链韧性与企业生产率[J].中国工业经济，2023(5).

[16] 杨林，和欣，顾红芳.高管团队经验、动态能力与企业战略突变：管理自主权的调节效应[J].管理世界，2020，36(6).

[17] 杨天山，袁功林，武可栋.数字化转型、劳动力技能结构与企业全要素生产率[J].统计与决策，2023，39(15).

[18] 张天宇，徐向艺.企业应用数字技术能缓解管理层短期主义吗？[J].经济与管理研究，2023，44(12).

[19] 张振刚，许亚敏，罗泰晔.大数据时代企业动态能力对价值链重构路径的影响——基于格力电器的案例研究[J].管理评论，2021，33(3).

[20] 赵滨元.数字经济对区域创新绩效及其空间溢出效应的影响[J].科技进步与对策，2021，38(14).

[21] 赵宸宇，王文春，李雪松.数字化转型如何影响企业全要素生产率[J].财贸经济，2021，42(7).

[22] 赵丽，胡植尧.数据要素、动态能力与企业全要素生产率——破解"数据生产率悖论"之谜[J].经济管理，2024，46(7).

[23] 中国社会科学院工业经济研究所课题组.提升产业链供应链现代化水平路径研究[J].中国工业经济，2021(2).

[24] Ali, Z., Bi, G. B., Mehreen, A. Does supply chain finance improve SMEs performance? The moderating role of trade digitization[J]. Business Process Management Journal, 2018, 26(1).

[25] Chang, S. E., Chen, Y. C., Lu, M. F. Supply chain re-engineering using blockchain technology：A case of smart contract based tracking process[J]. Technological Forecasting and Social Change, 2019, 144.

［26］ Cong, L. W., Xie, D., Zhang, L. Knowledge accumulation, privacy, and growth in a data economy ［J］. Management Science, 2021, 67(10).

［27］ Crawford, S., Huang, Y., Li, N., et al. Customer concentration and public disclosure：Evidence from management earnings and sales forecasts［J］. Contemporary Accounting Research, 2020, 37(1).

［28］ Dolgui, A., Ivanov, D. 5G in digital supply chain and operations management：Fostering flexibility, end-to-end connectivity and real-time visibility through internet-of-everything［J］. International Journal of Production Research, 2022, 60(2).

［29］ Hallikas, J., Immonen, M., Brax, S. Digitalizing procurement：The impact of data analytics on supply chain performance［J］. Supply Chain Management：An International Journal, 2021, 26(5).

［30］ Ivanov, D., Dolgui, A., Sokolov, B. The impact of digital technology and Industry 4.0 on the ripple effect and supply chain risk analytics［J］. International Journal of Production Research, 2019, 57(3).

［31］ Laverty, K. J. Economic "short-termism"：The debate, the unresolved issues, and the implications for management practice and research［J］. Academy of Management Review, 1996, 21(3).

［32］ Li, N., Yao, Q., Tang, H., et al. Is digitalization necessary? Configuration of supply chain capabilities for improving enterprise competitive performance［J］. Journal of Business Research, 2025, 186.

［33］ Li, X. Reducing channel costs by investing in smart supply chain technologies［J］. Transportation Research Part E：Logistics and Transportation Review, 2020, 137.

［34］ Paolucci, E., Pessot, E., Ricci, R. The interplay between digital transformation and governance mechanisms in supply chains：Evidence from the italian automotive industry［J］. International Journal of Operations & Production Management, 2021, 41(7).

［35］ Piotroski, J. D., Wong, T. J. Institutions and information environment of Chinese listed firms［J］. Capitalizing China, 2012, 2.

［36］ Queiroz, M. M., Telles, R., Bonilla, S. H. Blockchain and supply chain management integration：A systematic review of the literature［J］. Supply Chain Management：An International Journal, 2019, 25(2).

［37］ Schipper, K. Commentary on earnings management［J］. Accounting Horizons, 1989, 3(4).

［38］ Son, B. G., Kim, H., Hur, D., et al. The dark side of supply chain digitalisation：Supplier-perceived digital capability asymmetry, buyer opportunism and governance［J］. International Journal of Operations & Production Management, 2021, 41(7).

［39］ Teece, D. J. Explicating dynamic capabilities：The nature and microfoundations of (sustainable) enterprise performance［J］. Strategic Management Journal, 2007, 28(13).

［40］ Tseng, M. L., Bui, T. D., Lim, M. K., et al. Assessing data-driven sustainable supply chain management indicators for the textile industry under industrial disruption and ambidexterity［J］. International Journal of Production Economics, 2022, 245.

［41］Tziantopoulos, K. , Tsolakis, N. , Vlachos, D. , et al. Supply chain reconfiguration opportunities arising from additive manufacturing technologies in the digital era［J］. Production Planning & Control, 2019, 30(7).

［42］Wang, C. L. , Ahmed, P. K. Dynamic capabilities: A review and research agenda［J］. International Journal of Management Reviews, 2007, 9(1).

［43］Wilhelm, H. , Schlömer, M. , Maurer, I. How dynamic capabilities affect the effectiveness and efficiency of operating routines under high and low levels of environmental dynamism［J］. British Journal of Management, 2015, 26(2).

［44］Wu, L. , Yue, X. , Jin, A. , et al. Smart supply chain management: A review and implications for future research［J］. The International Journal of Logistics Management, 2016, 27(2).

［45］Zhang, Y. , Huo, B. , Haney, M. H. , et al. The effect of buyer digital capability advantage on supplier unethical behavior: A moderated mediation model of relationship transparency and relational capital ［J］. International Journal of Production Economics, 2022, 253.

Can Supply Chain Digitalization Promote High-quality Development of Enterprises?
—An Analysis Based on the Perspective of Enterprises Dynamic Capabilities

Huang Jing　Yan Hongrui　Xiang　Wang　Zheng Ting

(School of Public Administration, Sichuan University, Chengdu, 610065)

Abstract: The advancement of supply chain digitalization fosters synergy and value creation among enterprises within the chain, gradually becoming a crucial driver for transforming production methods and enhancing productivity. This study empirically explores whether supply chain digitalization facilitates high-quality enterprise development by analyzing data from Chinese Shanghai and Shenzhen A-share-listed firms (2013-2022) through a dynamic capability perspective and a difference-in-differences approach. The findings indicate that supply chain digitalization enhances high-quality development of enterprises, and this conclusion still holds after a series of robustness tests. The impact of supply chain digitalization on high-quality development is more pronounced in eastern enterprises, regions with high industrial agglomeration, and capital-intensive enterprises. Mechanism testing reveals that dynamic innovative, absorptive, and adaptive capacities serve as key mechanisms through which supply chain digitalization drives high-quality enterprise development, but "short-termism" remains prevalent in this process. This is reflected in the fact that enterprises tend to sustain upstream supplier networks and show resistance to innovation investment and technology adoption, while prioritizing incremental innovation activities. This study reveals the intrinsic mechanism of supply chain digitization driving high-quality development of enterprises affected by "short-termism" in the Chinese context, offering theoretical insights and practical guidance for enterprises to leverage digitalization for competitive advantage in dynamic environments.

Key words：Supply chain digitalization；High-quality development；Dynamic capability；Innovative capability；Absorptive capability；Adaptive capability

专业主编：陈立敏

珞珈管理评论
2025 年卷第 5 辑（总第 62 辑）

Luojia Management Review
No. 5，2025（Sum. 62）

两权分离度对中国企业海外进入模式
选择的非线性影响

● 吴先明　徐　婧

（武汉大学经济与管理学院　武汉　430072）

【摘　要】实际控制人的战略行为对企业国际化战略有重大影响。本文以此为切入点，利用 2008—2021 年发生过对外直接投资的沪深两市 A 股上市公司为研究对象，从掏空与支持理论视角探讨了两权分离度对中国企业海外进入模式选择的影响。研究结果显示：两权分离度与进入模式选择之间呈现 U 形关系，即当两权分离程度较小时，支持效应的减弱占据主导地位，实际控制人倾向于选择合资模式；当两权分离超过一定程度后，掏空效应的增加占据主导地位，实际控制人倾向于选择独资模式。薄弱的制度环境为实际控制人掏空企业创造了条件，也抑制了实际控制人支持企业的意愿，故东道国制度风险越高，两权分离度与进入模式选择之间的 U 形关系越陡峭；独立董事对实际控制人的掏空行为具有监督效应，同时也会激励实际控制人支持企业的长期发展，因此董事会独立性越强，两权分离度与进入模式选择之间的 U 形关系越平坦。本文为理解新兴市场企业海外进入模式选择提供了新的理论视角，为政府有效监管实际控制人战略行为提供了一定的理论依据。

【关键词】两权分离度　进入模式选择　东道国制度风险　董事会独立性　实际控制人

中图分类号：F272　　　　文献标识码：A

1. 引言

中国政府先后出台了多项政策鼓励中国企业"走出去"到海外投资。海外投资为中国企业的快速发展和产业链升级带来了机遇。进入模式选择作为企业进行海外投资面临的首要问题一直备受学者们的关注。

现有研究主要是从交易成本理论和制度理论视角来探究新兴市场企业海外进入模式选择（Dong et al.，2023；Jain et al.，2024；Li et al，2022）。交易成本理论认为企业选择何种进入模式会受到因

通讯作者：徐婧，E-mail：xjalisa@126.com。

监控、谈判和执行等产生的交易成本影响，强调交易成本的最小化，即企业倾向于选择交易成本最小的模式进入东道国以期实现利益的最大化（Li et al.，2022）；制度理论关注东道国制度环境以及母国与东道国之间的制度差异，强调适应制度规制以获得合法性，并认为合法性获取是企业选择进入模式的前提条件。这些理论关注了交易成本最小化和合法性的获取，却忽视了无论是依据交易成本最小化还是依据合法性获取难易程度来选择进入模式，都是由企业战略决策所决定的。战略决策是由决策者的意识、动机和能力驱动的（Yi et al.，2021），集中体现了企业内部各利益集团之间的利益博弈。在中国，企业股权集中度普遍较高，战略决策通常由实际控制人主导（宋渊洋和李元旭，2010）。因此，企业选择何种进入模式会受到实际控制人战略行为的影响，反映了实际控制人的利益和需求，然而鲜少有文献关注到这一点。

支持行为和掏空行为是实际控制人在企业经营和治理中采取的两种截然相反的战略行为（Friedman et al.，2003；Peng et al.，2011），也是近年来社会各界广泛讨论的行动议题。中国政府先后发布了多项政策来引导和规范实际控制人的行为，如在 2020 年《国务院关于进一步提高上市公司质量的意见》中明确规定严禁实际控制人以任何方式侵占上市公司利益。现有文献证实，实际控制人作为经济人，无论选择支持企业还是掏空企业都是权衡利弊后的结果，很大程度上取决于实际控制人拥有的控制权与所有权之间分离的程度（Caixe et al.，2019；Tong et al.，2025）。一般来说，两权分离程度越大，企业从上市公司转移资产和利润掏空上市公司的动机越强烈，反之，实际控制人越有可能利用自己的私人资源支持企业的发展（吴国鼎，2019；Li et al.，2020）。为此，本文推测两权分离度与企业海外进入模式选择存在一定的内在联系。

为了检验这一推测，本文从掏空理论和支持理论的视角出发探讨了两权分离度对企业海外进入模式选择的影响，并将其置于东道国制度风险和董事会独立性的内外部情境因素中进行了进一步讨论。因为 Yi 等（2021）指出新兴市场企业作为全球市场的后来者，在研究其国际化决策时应综合考虑公司治理结构和外部环境的影响。东道国制度风险作为外部环境，较低时会抑制实际控制人的掏空行为，较高时会为实际控制人掏空企业提供隐蔽环境；而独立董事作为公司治理结构的重要组成部分，被期望代表中小股东的利益，会对实际控制人的战略行为起到监督作用（Su et al.，2015；Cheng et al.，2022）。本文的探讨将有助于深刻理解两权分离度与企业海外进入模式选择之间的内在联系，从而为在对外投资中更好地引导和约束实际控制人的战略行为提供有力依据。

事实上，两权分离度对企业国际化战略的影响已经引起了一部分学者的注意。现有研究认为拥有决策控制权的实际控制人更倾向于采取国际化战略（宋渊洋和李元旭，2010），而潘镇等（2021）则认为较高的两权分离度会加重企业的融资成本从而不利于企业采取国际化战略。家族企业的跨国并购具有强烈的掏空动机，两权分离程度越高，实施跨国并购的可能性越大（孙轻宇等，2022）。上述文献主要侧重于讨论企业是否采取国际化战略以及是否进行海外并购，没有涉及对进入模式选择问题的讨论。

本文的研究可能存在以下几个方面的贡献：

第一，本文拓展了关于两权分离度经济后果的相关研究。现有文献关注了两权分离度对企业国际化及海外并购概率的影响（潘镇等，2021；孙轻宇等，2022），却没有进一步探讨其如何影响企业海外进入模式选择。本文通过探讨两权分离度与进入模式选择之间的关系，将两权分离度的经济后果延伸到具体的国际化战略上，弥补了现有文献研究的不足。

第二，现有文献多从制度理论和交易成本理论等视角研究新兴市场企业海外进入模式选择，而本文从掏空与支持理论出发为研究海外进入模式提供了新的研究视角。

第三，本研究强调两权分离度对进入模式选择的影响中既存在掏空效应也存在支持效应，并探索了组织内外部情境因素对两者之间关系的影响。本文的研究结论揭示了两权分离度与进入模式之间关系的复杂性，使我们对企业海外进入模式选择背后实际控制人复杂的动机有了更深刻的理解。

2. 文献综述与理论假说

2.1 文献综述

实际控制人位于控制链顶层，通过金字塔、交叉持股和双重持股等股权制度安排强化自身控制权，实现以较少的所有权直接或间接控制目标公司。这种股权制度安排导致了两权分离，即实际控制人控制权与所有权之间的分离。其中，控制权又称为投票权，拥有控制权的实际控制人可以通过投票权支配公司的资源、影响公司的经营决策，也可以通过委派董事或影响董事提名来参与公司治理。所有权又称为现金流权，是实际控制人根据所持股份享有的利润分配权。

两权分离度加剧了实际控制人与中小股东之间的利益冲突，为实际控制人攫取控制权私利、侵害中小股权利益从而掏空企业创造了空间（Friedman et al.，2003；Richardson et al.，2016）。实际控制人的掏空行为对企业的长期可持续发展造成了不良影响。也有学者提出了不同的看法，认为实际控制人并不总是在掏空企业，也存在将私人资源转移到企业支持企业经营的行为，而且这种行为很常见（Cheung et al.，2009；Friedman et al.，2003；Bae et al.，2002；李增泉等，2005）。支持行为反映了实际控制人对企业的长期战略支撑，传递出长期看好企业发展的信号，这增强了中小股东投资企业的信心，为中小股东提供了一种保险机制（马金城和王磊，2009）。通常来说，两权分离程度越小，实际控制人与中小股东利益越趋于一致，实际控制人越愿意支持企业；两权分离程度越大，实际控制人越倾向于掏空企业、侵占中小股东利益。有学者认为支持是掏空的下限，实际控制人最终会从企业攫取不低于支持上市公司的资源（Liu et al.，2007）。从资源流动的方向来看，掏空和支持利益输送方向完全相反，但其最终目的都是使实际控制人利益最大化（李常青等，2021）。掏空理论和支持理论是研究两权分离度最常见的视角之一。

近年来，两权分离作用于微观企业的经济后果逐渐受到越来越多学者的关注。现有研究发现，控制权超过所有权部分的超额控制权会赋予实际控制人侵占中小股东的权力，两权分离程度的增加会对企业治理产生不良影响（Kim et al.，2014），危及银行等外部投资者的利益，从而导致更高的债务成本和更大的外部融资约束（Li et al.，2020），进而对企业绩效和绿色创新产生负面影响（Torres et al.，2017；Zhao et al.，2024）。而与进入模式密切相关的企业国际化战略，现有研究结论似乎颇有争议。一方面，潘镇等（2021）认为国际化战略需要充沛的现金支持，而两权分离加重了企业的财务负担，导致现金资源配置效率低下，从而不利于企业实施国际化战略。另一方面，孙轻宇等

（2022）将跨国并购视为实际控制人掏空企业的工具，认为两权分离提高了企业实施跨国并购的可能性。看似矛盾的结论实则是由于研究视角的不一致，前者倾向于支持视角，而后者倾向于掏空视角。这两种视角并非相互排斥的，会同时影响实际控制人的战略意图和战略决策。鉴于企业国际化过程的复杂性，本文认为有必要将两种视角结合起来形成一个整合的框架来探讨两权分离度对企业海外进入模式选择的影响。

海外进入模式选择直接关乎企业能否在全球市场上取得成功（Jain et al.，2024），因此，其驱动因素一直备受学者们的关注。从外部环境来看，母国政府压力（Chung et al.，2016）、东道国政治经济的不确定性（Zhou et al.，2021）以及东道国商业环境（Xie et al.，2024）等都会对进入模式选择产生影响；从内部因素来看，Sestu 等（2020）和 Musteen 等（2008）认为企业规模、机构投资者、内部董事以及 CEO 薪酬等会显著影响企业选择何种模式进入东道国。还有部分学者讨论了不同的进入模式对企业绩效和逆向知识转移的影响（Brouthers，2012；陶哲雄等，2023）。

基于以上文献，本文以两权分离度为切入点，重点考察了其与企业海外进入模式选择之间的关系，并将这一关系纳入企业内外部环境的研究框架进行讨论。

2.2　研究假设

2.2.1　两权分离度对企业海外进入模式选择的非线性影响

根据股权控制与否，海外进入模式可以划分为股权进入模式和非股权进入模式。非股权进入模式包括出口、战略联盟、许可证经营等，通常不涉及持股控制海外资产。联系到本文的研究范畴为股权制度安排，故本文的研究重点更倾向于股权进入模式。因此，本文根据股权控制程度将进入模式进一步划分为合资模式和独资模式。这种划分方式更能体现实际控制人对海外子公司的控制程度和背后的战略意图。两权分离度可以通过影响实际控制人的战略行为进而对企业海外进入模式选择产生重大影响，具体表现在以下两个方面：

从掏空理论的视角来看，两权分离程度越大，实际控制人越倾向于选择独资模式。实际控制人的收益包括两部分，源自控制权的私人收益和源自所有权的共享收益（Luo et al.，2010）。两权分离使实际控制人享受的收益与承担的风险不对等。两权分离程度越高，实际控制人通过控制权可以获得的私利越多，而获取私利的成本却由全体股东承担（Brandao et al.，2024），因此有强烈的动机通过关联交易、资金担保、并购和股份减持等手段掏空企业（Johnson et al.，2000；Jiang et al，2010；Peng et al.，2011；孙轻宇等，2022）。相比合资模式，独资模式不仅涉及资金量大而且对海外子公司拥有绝对的控制权，为实际控制人掏空企业创造了有利条件，因此两权分离条件下，实际控制人更倾向于选择独资模式。首先，绝对的控制权意味着实际控制人的行为不会受到当地合作伙伴的监督和制约，增加了资产转移的隐蔽性。其次，独资模式涉及资金量更大，实际控制人只需根据持有的所有权承担较小的投资成本，而且无须与合作伙伴分享利润。这不仅为实际控制人掏空企业侵占中小股东利益提供了充足的现金流，还方便实际控制人通过直接占用企业非经营性资金掏空企业。最后，具有强烈掏空动机的实际控制人也更青睐独资模式，因为独资模式增加了实际控制人手中的资源和权力，使其更容易获得控制权私利。杜建华（2014）就曾指出通过超额控制权攫取的控制权私利是企业做出过度投资的根源。

从支持理论的视角来看，两权分离程度越大，企业越倾向于选择合资模式，反之，则倾向于选择独资模式。资源的积累是对外直接投资的前提（Yi et al.，2021），企业选择何种模式进入东道国很大程度上依赖企业资源的存有量和可获取性。具体而言，第一，两权分离度反映了实际控制人与中小股东的利益趋同性。两权分离程度越小，实际控制人与中小股东利益越趋于一致，攫取控制权私利的成本大大增加，因此更倾向于支持企业的长远发展获取共享收益。相比合资模式，独资模式需要投入更多的资源，对实际控制人的支持依赖度更高。因此两权分离程度越小，实际控制人的支持力度越大，越有利于企业选择独资模式。第二，较小的两权分离度缓解了外部投资者关于掏空企业侵占其利益的担忧，而实际控制人的支持行为则给予了外部投资者信心，从而缓解了企业的外部融资约束（张莹和李健，2019；孙轻宇等，2022）。外部融资约束的缓解有利于实际控制人选择独资模式来保持控制权。对外直接投资是一个长期的过程，随着两权分离程度的增加，实际控制人支持意愿逐渐下降，受限于外部融资约束的恶化以及支持意愿的降低，企业可用资源减少，合资模式似乎是更合理的选择。

综上所述，两权分离度对进入模式的影响机制存在两个方向截然相反的效应，即掏空效应和支持效应。随着两权分离程度的加大，增加的掏空效应使实际控制人倾向于选择独资模式，而减少的支持效应则使实际控制人倾向于选择合资模式。实际控制人选择何种战略行为产生何种效应是理性博弈后的结果，其目的都是自身利益的最大化。

在同时考虑两个效应的方向后，参考 Haans 等（2016）的研究，本文有理由怀疑两权分离度与进入模式选择之间存在非线性影响。具体而言，在两权分离度较小的情况下，掏空动机受到了抑制，实际控制人很难将对外直接投资的成本转嫁给中小股东，这在一定程度上限制了实际控制人选择独资模式进入东道国；而随着两权分离超过一定程度后，支持效应进一步减弱，实际控制人很容易将对外直接投资的成本转嫁给中小股东，因此更倾向于选择拥有完全控制权的独资模式伺机攫取控制权私利掏空企业。

综上所述，本文提出以下假设：

H1：两权分离度与企业海外进入模式选择之间呈 U 形关系。

2.2.2 外部环境约束：东道国制度风险

由于涉及境外投资，东道国制度风险是探究两权分离对进入模式选择影响时不可忽略的情境因素。

首先，东道国制度风险越高，越会强化两权分离对进入模式选择的掏空效应。东道国制度风险是东道国制度环境不够完善带来的约束。一般来说，制度风险较低的国家政治、经济和法律体系都比较完善，投资者保护制度也比较成熟，实际控制人在这些国家攫取控制权私利将面临高昂的成本，包括但不限于法律成本和经济成本，因此实际控制人试图通过独资模式侵占中小股东利益的行为并不可行。良好的制度环境会抑制实际控制人的掏空动机，而不完善的制度环境则容易滋生控制权私利（Friedman et al.，2003；Dyck and Zingales，2004）。随着东道国制度风险的增加，投资者保护制度变得非常薄弱，东道国缺乏有效的法律法规来约束实际控制人的掏空行为（Jiang et al.，2010），而且由于跨越国界，中小股东很难有效地监督实际控制人的行为，因此实际控制人更倾向于选择独资模式攫取控制权私利，侵占本该属于中小股东的利益（Nenova，2003；Johnson et al.，2000；Friedman et al.，2003）。换言之，较高的东道国制度风险为实际控制人隐蔽地掏空企业创造了机会，选择独资模式更有利于实际控制人攫取控制权私利，特别是在两权分离程度较高的情况下。

其次，东道国制度风险越高，越会降低两权分离对进入模式选择的支持效应。在制度风险较低的东道国投资时，完善的制度环境降低了企业的进入成本，进而提高了企业的绩效（Xie et al.，2024；李梅和余天骄，2016）。实际控制人可以从企业绩效的提升中获得更多共享收益，比放弃掏空损失的控制权私利更加显著，因此更倾向于选择支持企业从而有利于选择独资模式。随着东道国制度风险的增加，企业维持和获取合法性需要投入更多的成本，因此会引起实际控制人对企业盈利的担忧，且现有文献也已经证实东道国制度环境的不完善会对企业短期绩效和长期绩效都产生负向影响（胡杰武和韩丽，2017），此时减少对企业的支持似乎更符合实际控制人的利益。故当东道国制度风险高时，由于支持意愿的下降，实际控制人会更倾向于放弃部分控制权选择合资模式降低投资风险，特别是在两权分离程度较低的情况下。

然而，东道国制度风险对两种效应的影响应该存在主次之分。有学者认为实际控制人之所以支持企业是为了继续控制企业并保持控制权私利（Peng et al.，2011），故随着两权分离程度的加大，高东道国制度风险对支持效应减弱的影响会逐渐由主要地位转为次要地位，而对掏空效应增加的影响会逐渐由次要地位转为主要地位。具体而言，当两权分离程度较小时，高制度风险对支持效应的抑制作用占据主导地位，因而东道国制度风险强化了两权分离度对进入模式选择的负向影响。当两权分离超过一定程度时，高东道国制度风险对掏空效应的激励作用会逐渐占据主导，因而东道国制度风险会强化两权分离度对进入模式选择的正向影响。为此，本文提出了以下假设：

H2：两权分离度与进入模式选择之间的 U 形关系在东道国制度风险越高时越陡峭。

2.2.3　企业内部治理结构：董事会独立性

董事会独立性与独立董事制度的引入有关，一般来说，独立董事占比越高，董事会独立性越强，越有利于发挥监督作用（李维安和徐建，2014）。而独立董事制度引入的核心目的就是保护中小股东的合法权益及提升企业决策的科学性和透明性，因此董事会独立性对于研究两权分离度与进入模式选择之间的关系具有十分关键的作用。

一方面，独立董事可以有效地监督实际控制人的掏空行为（Cheng et al.，2022），缓解两权分离度对进入模式选择的掏空效应。第一，虽然掏空行为具有多样性和隐蔽性等特点（Johnson et al.，2000），但是独立董事多由享有一定社会地位和声望的人担任，具有丰富的专业知识、商业经验和实践经验，能有效识别实际控制人的自利行为。第二，为了自身的声誉着想，独立董事具有较强的动机监督实际控制人的行为，从而限制其为了个人利益而非法转移企业资产和利润（Chou et al.，2018；Kilincarslan，2021）。另一方面，独立董事可以提高实际控制人支持企业长期发展的意愿，从而强化两权分离度对进入模式选择的支持效应。现有研究表明，独立董事具备良好的职业背景和教育背景，其专业的建议和有效的监督可以优化企业的战略决策、提高会计信息质量和改善企业绩效

（李维安和徐建，2014；Chou et al.，2018；武立东等，2019），这可以改善实际控制人的短视行为，增强其提供资源支持企业的意愿。

因此，董事会独立性限制掏空效应的同时还增强了支持效应。具体而言，当两权分离度较小时，高董事会独立性对支持效应的增强作用要大于对掏空效应的抑制作用，导致实际控制人会放缓采取合资模式进入东道国，即董事会独立性弱化了两权分离度对进入模式选择的负向影响；当两权分离超过一定程度时，高董事会独立性对掏空效应的抑制作用逐渐超过对支持效应的增强作用，导致实际控制人会倾向于放缓采取独资模式攫取控制权私利，即董事会独立性弱化了两权分离度对进入模式选择的正向影响。

综上所述，本文提出了以下假设：

H3：两权分离度与进入模式选择之间的 U 形关系在董事会独立性越高时越平坦。

3. 研究设计

3.1 研究样本与数据来源

本文以 2008—2021 年发生过对外直接投资的中国 A 股上市公司为初始样本，并对数据做了以下处理：（1）剔除注册地为港澳台的境外子公司；（2）删除在开曼群岛、维尔京群岛等避税天堂投资的境外子公司；（3）删除母公司行业为金融行业的样本；（4）删除进入模式等关键变量数据缺失的样本。经过处理后，本文最终得到来自 735 家企业的 5292 个样本。

3.2 变量定义

3.2.1 被解释变量：企业海外进入模式选择（Mode）

借鉴 Sestu 等（2020）的研究，本文将海外进入模式划分为独资模式和合资模式。当母公司对海外子公司的持股比例大于或等于 95%时，本文称之为独资模式，取值为 1，否则为合资模式，取值为 0。

3.2.2 解释变量：两权分离度（Sep）

参照孙轻宇等（2022）的做法，本文采用实际控制人拥有的控制权比例与所有权比例之间的差值来衡量两权分离度，差值越大，控制权与所有权之间的分歧越大，两权分离程度越严重。

3.2.3 调节变量：东道国制度风险和董事会独立性

（1）东道国制度风险（Risk）。参考 Slangen 等（2010）的研究，本文选取世界银行全球治理指数中与制度风险相关的五项指数来衡量，即政治稳定性（PSA）、政府效率（GOE）、监管质量（REQ）、法治水平（LAW）和控制腐败（CCO）。该指数涵盖了 214 个国家和地区 1996—2021 年的评估得分情况。由于这五项指标得分都在 $-2.5 \sim 2.5$，且得分越高制度风险越低，没有形成趋同趋势，故本文对指标得分进行了反转，使得分与制度风险形成了趋同趋势，即分数越低制度风险越低，分数越高制度风险越高。

（2）董事会独立性（Indep）。李维安和徐建（2014）认为让董事会保持独立性最简单的方法就是让独立董事在董事会中拥有更多的席位，因此采用独立董事人数占董事会成员总人数之比来衡量董事会独立性，本文借鉴了此做法。

3.2.4 控制变量

借鉴已有研究（Xie et al., 2024；吴先明和张玉梅，2020；Sestu et al., 2020；杜晓君等，2017），本文从东道国特征和企业内部特征中选取了以下可能影响企业海外进入模式选择的因素作为控制变量：（1）东道国投资开放度（Open），采用东道国吸引外商投资的存量占国内生产总值的比例来衡量。数据来源于 UNCTAD 数据库。（2）东道国自然资源丰富度（Nature），采用东道国燃料、矿石和金属出口占商品出口的百分比来衡量。数据来源于 WDI 数据库。（3）东道国市场规模（GDP），采用东道国 GDP 取自然对数来衡量。数据来源于 WDI 数据库。（4）东道国与母国之间的地理距离（GDT），采用中国与东道国之间的首都距离取自然对数来衡量。数据来源于 CEPII 数据库。（5）企业规模（Size），采用资产总额取自然对数来衡量。（6）劳动生产率（Lab），采用主营业务收入与员工人数之比来衡量。（7）第一大股东持股比例（Top），采用第一大股东持股数量占股权总数的比例来衡量。（8）CEO 是否拥有海外背景（Sea），如果 CEO 拥有海外背景取值为 1，否则取值为 0。此外，本文还控制了时间虚拟变量和行业虚拟变量。除特别说明外，本文余下变量数据全来自 CSMAR 数据库。表 1 展示了各变量的定义。

表 1　　　　　　　　　　　　　　　　　　　变量的定义

变量类型	变量名称	符号	变量说明
因变量	进入模式	Mode	独资取值为 1，合资取值为 0
自变量	两权分离度	Sep	实际控制人拥有的控制权比例与所有权比例之间的差值
调节变量	东道国制度风险	Risk	采用 Slangen 等（2010）的方法
	董事会独立性	Indep	独立董事人数/董事会成员总人数
控制变量	东道国投资开放度	Open	东道国吸引外商投资的存量占国内生产总值的比例
	东道国自然资源丰富度	Nature	东道国燃料、矿石和金属出口占商品出口的百分比
	东道国市场规模	GDP	东道国 GDP 取自然对数
	地理距离	GDT	中国与东道国之间的首都距离取自然对数
	企业规模	Size	资产总额取自然对数
	劳动生产率	Lab	主营业务收入/员工人数
	第一大股东持股比例	Top	第一大股东持股数量/股权总数
	CEO 是否拥有海外背景	Sea	CEO 拥有海外背景取值为 1，否则为 0

3.3 模型设定

本文构建了以下回归模型来实证检验上文提出的假设：

$$\text{Logit}\left[P(\text{Mode}_{ijt}=1)\right] = \alpha_0 + \alpha_1 \text{Sep}_{it} + \alpha_2 \text{Sep}_{it}^2 + \sum \text{Controls} + \text{Year} + \text{Industry} + \varepsilon_{ijt} \quad (1)$$

$$\text{Logit}\left[P(\text{Mode}_{ijt}=1)\right] = \beta_0 + \beta_1 \text{Sep}_{it} + \beta_2 \text{Sep}_{it}^2 + \beta_3 \text{Risk}_{jt} + \beta_4 \text{Risk}_{jt} \times \text{Sep}_{it} + \beta_5 \text{Risk}_{jt} \times \text{Sep}_{it}^2$$
$$+ \sum \text{Controls} + \text{Year} + \text{Industry} + \delta_{ijt} \quad (2)$$

$$\text{Logit}\left[P(\text{Mode}_{ijt}=1)\right] = \gamma_0 + \gamma_1 \text{Sep}_{it} + \gamma_2 \text{Sep}_{it}^2 + \gamma_3 \text{Indep}_{it} + \gamma_4 \text{Indep}_{it} \times \text{Sep}_{it} + \gamma_5 \text{Indep}_{it} \times \text{Sep}_{it}^2$$
$$+ \sum \text{Controls} + \text{Year} + \text{Industry} + \lambda_{ijt} \quad (3)$$

其中，i、j 和 t 分别表示上市公司、东道国和年份；Mode_{ijt} 为虚拟变量，如果企业以独资模式进入东道国则取值为 1，否则取值为 0；Sep_{it} 代表两权分离度；Risk_{jt} 表示东道国制度风险；Indep_{it} 表示董事会独立性；Controls 代表控制变量；ε、δ 和 λ 为随机扰动项；Year 和 Industry 表示年份虚拟变量和行业虚拟变量。公式（1）为本文的基准回归模型，公式（2）和公式（3）分别为东道国制度风险和董事会独立性的调节模型。

4. 实证结果与分析

4.1 描述性统计和相关性分析

表 2 报告了变量的描述性统计分析的结果，进入模式的平均值为 0.738，这意味着有 73.8% 的样本选择独资模式进入东道国，与《2022 年中国对外直接投资统计公报》中约 70% 的中国企业采取独资模式在海外设立子公司的统计结论基本一致，证实了本文样本的可靠性。两权分离度的均值和方差分别为 6.334 和 8.225，这说明不同的企业两权分离度存在较大的差异。其余变量分布合理，与既有研究基本保持一致。

表 2 描述性统计分析

变量	样本数	均值	方差	最小值	最大值
Mode	5292	0.738	0.440	0.000	1.000
Sep	5292	6.334	8.225	0.000	39.58
Risk	5292	-1.010	0.860	-2.270	1.445
Indep	5292	0.374	0.055	0.182	0.800
Open	5292	0.930	1.612	0.033	19.678
Nature	5292	0.187	0.190	0.000	0.988

续表

变量	样本数	均值	方差	最小值	最大值
GDP	5292	27.829	1.836	20.428	30.780
GDT	5292	8.825	0.560	6.862	9.868
Size	5292	23.640	1.476	19.867	27.961
Lab	5292	14.222	0.909	11.682	18.684
Top	5292	0.378	0.158	0.064	0.894
Sea	5292	0.743	0.437	0.000	1.000

表 3 报告了皮尔逊相关性分析的结果，各变量之间的相关系数不超过 0.4。同时，本文还进行了方差膨胀因子（VIF）检验，VIF 的最大值为 1.61，最小值为 1.23，均小于 10。因此，变量之间的共线性问题并不严重。

表 3 相关性分析

	Mode	Sep	Risk	Indep	Open	Nature	GDP	GDT	Size	Lab	Top
Mode	1										
Sep	-0.056***	1									
Risk	-0.049***	-0.059***	1								
Indep	-0.034**	-0.082***	-0.054***	1							
Open	0.052***	0.026*	-0.333***	0.010	1						
Nature	0.006	-0.053***	0.118***	-0.019	-0.082***	1					
GDP	0.025*	0.023	-0.304***	-0.003	-0.334***	-0.136***	1				
GDT	-0.008	0.003	-0.103***	0.011	-0.126***	0.178***	0.275***	1			
Size	-0.020	0.089***	-0.049***	-0.006	0.098***	0.105***	-0.121***	-0.003	1		
Lab	0.013	-0.053***	-0.059***	-0.027**	0.145***	0.099***	-0.091***	-0.011	0.339***	1	
Top	0.012	0.147***	-0.026*	0.039***	0.005	0.067***	-0.047***	-0.050***	0.067***	0.199***	1
Sea	-0.065***	0.007	-0.038***	0.036***	0.012	-0.043***	0.011	0.023*	0.146***	-0.046***	0.033**

注：*、**、***分别表示在 0.1、0.05、0.01 的显著性水平，后同。

4.2　实证回归分析

由于被解释变量是 0-1 变量，本文构建了 logit 模型来检验上文提出的假设。

表 4 报告了三个假设的回归分析结果。列（1）仅引入两权分离度一次项和二次项，列（2）在列（1）的基础上加入了控制变量，加入后 R^2 变大，说明模型的解释力度得到加强。列（1）和列（2）的结果显示，两权分离度一次项回归系数在 1%的水平上显著为负，而二次项回归系数分别在

10%和5%的水平上显著为正，两权分离度与进入模式之间的 U 形关系得到证实，假设 H1 得到了支持。此外，本文还进一步对列（2）进行了 U 检验，检验结果显示，U 形关系的拐点值为 18.78，位于样本区间；两权分离度取最小值时，曲线斜率在1%水平上显著为负（$\beta=-0.391$，$p<1\%$）；两权分离度取最大值时，曲线斜率在 10% 的水平上显著为正（$\beta=0.043$，$p<10\%$），进一步证实了假设 H1。最后，本文绘制了两权分离度与进入模式选择之间的 U 形关系图，见图 1。从图 1 可知，随着两权分离程度的增加，海外进入模式选择呈现出先下降后上升的趋势，与假设 H1 的预期一致。

表 4 回归模型分析

	logit 模型			
	（1）	（2）	（3）	（4）
Sep	-0.034^{***}	-0.039^{***}	-0.066^{***}	-0.236^{***}
	(-3.00)	(-3.37)	(-3.69)	(-2.78)
Sep^2	0.001^{*}	0.001^{**}	0.003^{***}	0.007^{**}
	(1.90)	(2.16)	(3.21)	(1.99)
Open		0.107^{***}	0.078^{***}	0.107^{***}
		(4.06)	(2.62)	(4.05)
Nature		0.144	0.171	0.144
		(0.80)	(0.95)	(0.80)
GDP		0.068^{***}	0.048^{**}	0.069^{***}
		(3.59)	(2.19)	(3.60)
GDT		-0.039	-0.039	-0.032
		(-0.64)	(-0.64)	(-0.52)
Size		-0.013	-0.018	-0.011
		(-0.54)	(-0.71)	(-0.46)
Lab		-0.040	-0.043	-0.047
		(-1.01)	(-1.07)	(-1.18)
Top		0.386^{*}	0.378^{*}	0.418^{*}
		(1.80)	(1.76)	(1.95)
Sea		-0.359^{***}	-0.363^{***}	-0.353^{***}
		(-4.63)	(-4.67)	(-4.54)
Risk			-0.069	
			(-1.16)	
Risk×Sep			-0.027^{**}	
			(-1.99)	
Risk×Sep^2			0.001^{**}	
			(2.48)	

续表

	logit 模型			
	（1）	（2）	（3）	（4）
Indep				-2.864^{***}
				(-3.94)
Indep×Sep				0.529^{**}
				(2.29)
Indep×Sep^2				-0.016^{*}
				(-1.68)
Year FE	yes	yes	yes	yes
Industry FE	yes	yes	yes	yes
N	5292	5292	5292	5292
pseudo R^2	0.013	0.021	0.023	0.024

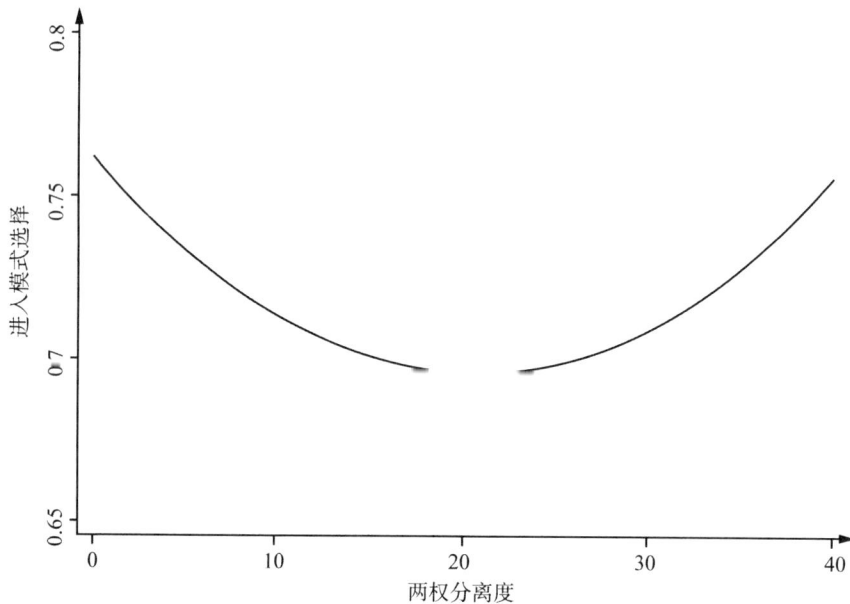

图 1　两权分离度与进入模式选择：U 形关系

　　为了检验东道国制度风险的调节效应，列（3）在列（2）的基础上同时加入了东道国制度风险与两权分离度一次项以及二次项的交互项。结果显示东道国制度风险与两权分离度二次项的交互项系数在 5% 水平上显著为正（$\beta=0.001$，$p<5\%$），假设 H2 得到验证。图 2 描绘了这一关系的变化，相比较低的东道国制度风险，较高的东道国制度风险使两权分离度与进入模式之间的 U 形关系更加陡峭。

　　列（4）报告了董事会独立性的调节效应，在列（2）的基础上加入了董事会独立性与两权分离度一次项以及二次项的交互项。结果显示董事会独立性与两权分离度二次项的交互项系数在 10% 水

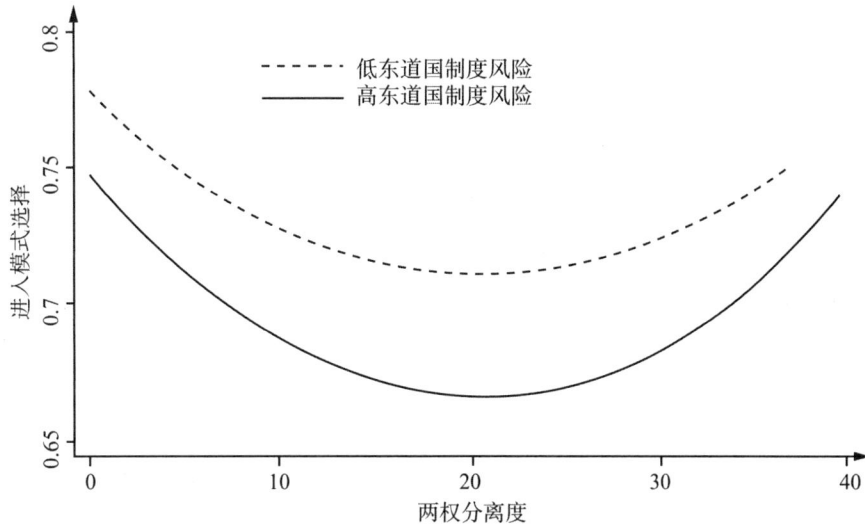

图 2　东道国制度风险的调节作用

平上显著为负（$\beta = -0.016$，$p < 10\%$），假设 H3 得到了支持。图 3 描绘了这一关系的变化，相比较低董事会独立性，较高董事会独立性使两权分离度与进入模式之间的 U 形关系更加平坦。

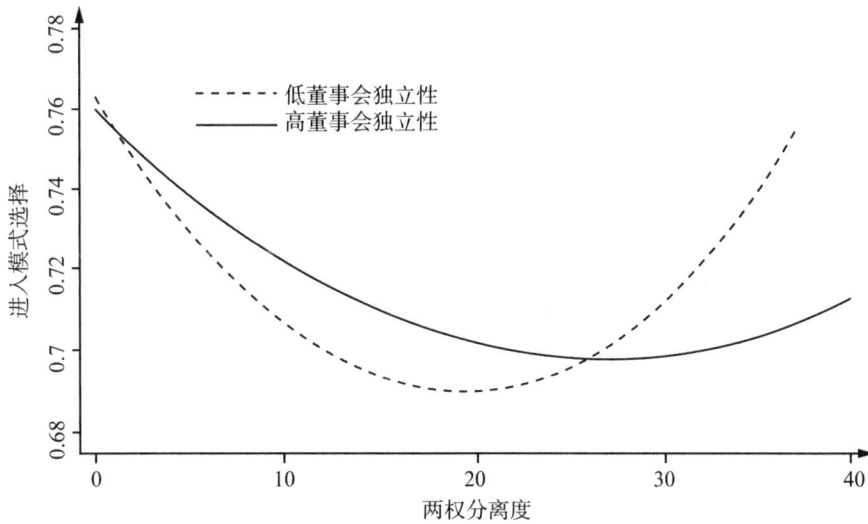

图 3　董事会独立性的调节作用

4.3　稳健性检验

4.3.1　probit 模型

本文采用 probit 模型重新进行回归检验，检验结果见表 5 列（1）至（3），回归结果与前文保持一致，说明本文的结论具有较强的可靠性。

4.3.2 替换重要变量

替换重要变量可以降低测量带来的估计偏误，是进行稳健性检验的有效手段之一。本文对被解释变量进入模式进行了重新测量。借鉴已有研究（Demirbag et al., 2007），选取母公司持股 90% 作为临界值来区分独资模式和合资模式，即将持股 90% 及以上视为独资模式，取值为 1，否则视为合资，取值为 0。表 5 列（4）至（6）为替换测量方式后的回归结果，与前文结论一致，本文提出的假设再次得到了验证。

4.3.3 加入省份固定效应

在控制了行业固定效应和时间固定效应的基础上，本文进一步控制了省份固定效应，以捕捉所有不随时间变化的省份层面特征。回归结果见表 5 列（7）至（9），与前文的回归结果保持一致，进一步说明了本文研究结论的稳健性。

表 5 稳健性检验

	probit 模型			替换重要变量			加入省份固定效应		
	（1）	（2）	（3）	（4）	（5）	（6）	（7）	（8）	（9）
Sep	-0.022***	-0.038***	-0.140***	-0.050***	-0.069***	-0.255***	-0.052***	-0.074***	-0.271***
	(-3.23)	(-3.64)	(-2.77)	(-4.28)	(-3.83)	(-2.97)	(-4.05)	(-3.89)	(-2.95)
Sep^2	0.001**	0.001***	0.004**	0.001***	0.003***	0.008**	0.001***	0.003***	0.009**
	(2.06)	(3.20)	(2.00)	(2.65)	(3.19)	(2.10)	(2.58)	(3.13)	(2.36)
Risk		0.043			-0.147**			-0.074	
		(-1.25)			(-2.40)			(-1.20)	
Risk×Sep		-0.016**			-0.018			-0.022	
		(-2.01)			(-1.34)			(-1.60)	
Risk×Sep^2		0.001**			0.001**			0.001**	
		(2.49)			(2.01)			(2.01)	
Indep			-1.677***			-3.015***			-2.849***
			(-3.86)			(-4.06)			(-3.76)
Indep×Sep			0.317**			0.548**			0.592**
			(2.31)			(2.35)			(2.38)
Indep×Sep^2			-0.010*			-0.017*			-0.021**
			(-1.71)			(-1.71)			(-2.02)
Controls	yes	yes	yes	yes	yes	yes	yes	yes	yes
Year FE	yes	yes	yes	yes	yes	yes	yes	yes	yes

续表

	probit 模型			替换重要变量			加入省份固定效应		
	（1）	（2）	（3）	（4）	（5）	（6）	（7）	（8）	（9）
Industry FE	yes	yes	yes	yes	yes	yes	yes	yes	yes
Province FE	no	no	no	no	no	no	yes	yes	yes
N	5292	5292	5292	5292	5292	5292	5292	5292	5292
pseudo R^2	0.021	0.022	0.023	0.022	0.024	0.025	0.065	0.067	0.068

4.3.4 Heckman 两阶段模型

本文关注的两权分离视角下中国企业海外进入模式选择问题，可能是因为实施对外直接投资的企业本身就与不实施对外直接投资的企业存在明显区别，而非实际控制人两权分离程度不同导致，因而可能存在样本选择偏差导致的内生性问题。为此，有必要采取 Heckman 两阶段模型来排除这一问题对回归结果的干扰。

在第一阶段，本文将企业是否实施对外直接投资（OFDI_DUM）设定为被解释变量，并选择企业总部所在省份出口额（Export）作为排他性约束变量。省份出口额可能会影响企业是否实施对外直接投资，但是不太可能会对具体企业选择何种模式进入东道国产生影响，满足排他性约束变量的条件。在第二阶段，将第一阶段采用 probit 模型计算得到的逆米尔斯比率（IMR）代入原模型作为控制变量重新进行回归检验。表6报告了 Heckman 两阶段模型的回归结果。列（1）报告了第一阶段的结果，显示省份出口额的回归系数显著为正，即企业总部所在省份出口额越多，企业越倾向于实施对外直接投资；列（2）至（4）报告了第二阶段的结果，逆米尔斯比率的系数均不显著，可见样本选择偏差引起的内生问题并不严重，回归结果仍然支持了本文提出的几个假设，这进一步说明本文的研究结论是稳健的。

表6   **Heckman 两阶段法**

	第一阶段 OFDI_DUM	第二阶段 Mode		
	（1）	（2）	（3）	（4）
Sep		-0.039^{***}	-0.066^{***}	-0.239^{***}
		(-3.36)	(-3.69)	(-2.80)
Sep^2		0.001^{**}	0.003^{***}	0.007^{**}
		(2.16)	(3.20)	(2.01)
Risk			-0.069	
			(-1.16)	
Risk×Sep			-0.027^{**}	
			(-2.00)	

续表

	第一阶段 OFDI_DUM	第二阶段 Mode		
	（1）	（2）	（3）	（4）
Risk×Sep^2			0.001**	
			(2.48)	
Indep				−0.281***
				(−3.95)
Indep×Sep				0.536**
				(2.32)
Indep×Sep^2				−0.017*
				(−1.70)
Export	0.203***			
	(3.89)			
IMR		−0.005	−0.01	−0.023
		(−0.07)	(−0.16)	(−0.36)
Controls(Firm-level)	yes	yes	yes	yes
Controls(Host country-level)	no	yes	yes	yes
Year FE	yes	yes	yes	yes
Industry FE	yes	yes	yes	yes
Log Likelihood	−3116.1809	−2980.2	−2974.74	−2972.39
N	20573	5292	5292	5292

4.3.5 工具变量法

为了进一步解决潜在的内生性问题，本文选择企业所在省同行业同年其他企业两权分离度的平均值（Sep_aver）作为工具变量。首先，企业处于同一省同一行业方便实际控制人之间相互交流与学习，很有可能导致同群效应，因而会对该企业的两权分离度产生影响，因此同省同行业同年其他企业两权分离度的平均值与该企业的两权分离度强相关。其次，同省同行业同年其他企业两权分离度的平均值不会直接影响该企业的海外进入模式，满足外生性条件。最后，由于进入模式选择为 0-1 变量，故采用 IVprobit 对两权分离度与进入模式选择之间的关系进行重新检验，回归结果见表 7。列（1）至（2）第一阶段回归结果显示工具变量 Sep_aver 和 Sep_aver^2 均通过了显著性检验；列（3）第二阶段回归结果显示两权分离度一次项回归系数显著为负，二次项回归系数显著为正。即考虑潜在的内生性问题后，两权分离度与进入模式选择之间仍然呈 U 形关系。另外，弱工具变量识别检验 AR 和 Wald 统计值均显著，拒绝了弱工具变量的原假设，这说明本文选择的工具变量是合理的，也进一步说明本文的研究结果是稳健的。

表 7   **IVProbit** 回归分析结果

	第一阶段		第二阶段
	Sep	Sep^2	Mode
	（1）	（2）	（3）
Sep			−0.203*
			（−1.84）
Sep^2			0.014**
			（2.16）
Sep_aver	0.376***	5.361***	
	（6.87）	（4.05）	
Sep_aver^2	−0.014***	−0.140**	
	（−5.33）	（−2.26）	
Controls	yes	yes	yes
Year FE	yes	yes	yes
Industry FE	yes	yes	yes
N	4561	4561	4561
Adj R^2	0.112	0.089	—

5. 研究结论和政策启示

实际控制人控制权与所有权之间的分歧对其战略行为产生了重大影响，而海外进入模式选择服务于战略行为（Cui and Jiang, 2009），因此两权分离度可能会对进入模式选择产生影响。为了探索两者之间的关系，本文以2008—2021年发生过对外直接投资的沪深两市A股上市公司为研究对象进行实证检验，检验结果如下：

首先，由于实际控制人既有可能掏空企业，又有可能支持企业，增加的掏空效应使实际控制人倾向于选择独资模式，而减少的支持效应使实际控制人倾向于合资模式，这导致两权分离度与进入模式之间并不是简单的线性关系，而是呈现U形关系。当两权分离度较小时，减弱的支持效应占据主导地位，使实际控制人倾向于选择合资模式；随着两权分离超过一定程度，增强的掏空效应占据主导地位，使实际控制人倾向于选择独资模式。

其次，东道国制度风险是重要的外部环境因素，高制度风险在鼓励实际控制人掏空企业的同时也会限制实际控制人支持企业，故高东道国制度风险会使两权分离度与进入模式选择之间的U形关系变得更加陡峭。

最后，董事会独立性是企业重要的内部治理因素，董事会独立性越强，独立董事监督实际控制人的掏空行为越有效率，同时其专业性也会使实际控制人更加信服从而更愿意支持企业的长远发展，因此高董事会独立性会使两权分离度与进入模式之间的 U 形关系变得更加平坦。

基于上述研究，本文提出了以下政策建议：

第一，鉴于实际控制人除了掏空企业外，还有可能支持企业的发展，政府在出台各种政策限制实际控制人掏空企业的同时，还要注意出台政策保护实际控制人支持企业的积极性，如对实际控制人支持企业发展的行为予以物质或荣誉上的奖励，适当放开特殊行业同股不同权的股权限制等，从而促进中国企业的高质量发展。

第二，海外投资具有资金量大、隐蔽性和复杂性等特点，企业进行海外投资时，特别是在制度风险较高的国家进行投资时，单边监管很难对实际控制人的掏空行为进行有效监督，这是国际性难题。政府一方面应该加强与新加坡、瑞士等主要金融中心的合作，另一方面应该强制要求企业定期披露全球资金流向。

第三，与发达国家相比，中国企业董事会的独立性有待加强。在中国，独立董事花瓶现象严重，表现为出席董事会会议次数多但发言字数不足，重大事项反对率远低于发达国家等。政府应该从独立董事的聘任渠道、消极履职等方面着手解决这一问题，使独立董事成为真正的治理卫士。

◎ **参考文献**

[1] 杜建华. 终极股东两权分离、投资者保护与过度投资[J]. 软科学，2014，28（7）.

[2] 胡杰武，韩丽. 东道国国家风险对我国上市公司跨国并购绩效的影响[J]. 外国经济与管理，2017，39（9）.

[3] 李常青，曾敏，陈泽艺. 大股东会支持上市公司吗？——基于大股东股权质押的视角[J]. 厦门大学学报(哲学社会科学版)，2021（4）.

[4] 李梅，余天骄. 东道国制度环境与海外并购企业的创新绩效[J]. 中国软科学，2016(11).

[5] 李维安，徐建. 董事会独立性、总经理继任与战略变化幅度——独立董事有效性的实证研究[J]. 南开管理评论，2014，17（1）.

[6] 马金城，王磊. 系族控制人掏空与支持上市公司的博弈——基于复星系的案例研究[J]. 管理世界，2009（12）.

[7] 潘扬，张文龙. 独立董事网络影响公司资本结构吗？——基于同伴效应的理论分析与实证检验[J]. 济南大学学报(社会科学版)，2023，33(2).

[8] 潘镇，崔雪，李健. CEO 创始人身份、终极控股股东两权分离与企业国际化——基于控制权配置理论的研究[J]. 南大商学评论，2021（3）.

[9] 宋渊洋，李元旭. 控股股东决策控制、CEO 激励与企业国际化战略[J]. 南开管理评论，2010，13（4）.

[10] 孙轻宇，王云开，张峰，杜国臣. 家族企业两权分离与跨国并购——基于"掏空"行为视角的机制解释[J]. 南开经济研究，2022（11）.

[11] 陶哲雄，张文新，魏千芝.中国跨国公司海外进入模式与逆向知识转移[J].科学学研究，2023，42.

[12] 王如玉，柴忠东，林家兴.全球供应链空间重构下的中国外贸"三新"：新格局、新动能与新质生产力[J].重庆大学学报(社会科学版)，2024，30(3).

[13] 吴国鼎.两权分离与企业价值：支持效应还是掏空效应[J].中央财经大学学报，2019(9).

[14] 武立东，王振宇，薛坤坤，王凯.独立董事的执业身份与关联交易中的私有信息[J].南开管理评论，2019，22(4).

[15] 张质彬，张涵，熊爱华.董事高管背景与公司竞争战略发展——企业数字化转型的调节效应[J].科学管理研究，2024，42(3).

[16] 赵景艳，邓敏，徐政.异地子公司的设立能否提升母公司创新水平——来自A股上市公司异地投资的经验证据[J].广东财经大学学报，2023，38(2).

[17] Brandao, I. D., Crisóstomo, V. L. Shareholding control, ownership concentration, and the value of the Brazilian firm[J]. Borsa Istanbul Review, 2024, 24 (5).

[18] Brouthers, K. D. Institutional, cultural and transaction cost influences on entry mode choice and performance[J]. Journal of International Business Studies, 2012, 44 (1).

[19] Cheng, H., Wang, J., Xing, M. How does independent director affect tunneling? Evidence from social networks[J]. Front Psychol, 2022 (13).

[20] Chou, H. I., Hamill, P. A., Yeh, Y. H. Are all regulatory compliant independent director appointments the same? An analysis of Taiwanese board appointments [J]. Journal of Corporate Finance, 2018 (50).

[21] Chung, C. C., Xiao, S. S., Lee, J. Y., Kang, J. The interplay of top-down institutional pressures and bottom-up responses of transition economy firms on FDI entry mode choices [J]. Management International Review, 2016, 56 (5).

[22] Cui, L., Jiang, F. FDI entry mode choice of Chinese firms: A strategic behavior perspective[J]. Journal of World Business, 2009, 44 (4).

[23] Demirbag, M., Glaister, K. W., Tatoglu, E. Institutional and transaction cost influences on MNEs' ownership strategies of their affiliates: Evidence from an emerging market [J]. Journal of World Business, 2007, 42 (4).

[24] Dyck, A., Zingales, L. Private benefits of control: An international comparison[J]. The Journal of Finance, 2004, 59 (2).

[25] Friedman, E., Johnson, S., Mitton, T. Propping and tunneling [J]. Journal of Comparative Economics, 2003 (31).

[26] Haans, R. F. J., Pieters, C., He, Z. L. Thinking about U: Theorizing and testing U-and inverted U-shaped relationships in strategy research[J]. Strategic Management Journal, 2016, 37 (7).

[27] Jain, A., Thukral, S., Paul, J. Foreign market entry modes of family firms: A review and research agenda[J]. Journal of Business Research, 2024 (172).

［28］ Jiang, G., Lee, C. M. C., Yue, H. Tunneling through intercorporate loans: The China experience［J］. Journal of Financial Economics, 2010, 98（1）.

［29］ Johnson, S., La Porta, R., Lopez-De-Silanes, F., Shleifer, A. Tunneling［J］. American Economic Review, 2000, 90（2）.

［30］ Kim, M. I., Sonu, C. H., Choi, J. H. Separation of corporate ownership and control and accounting conservatism: Evidence from Korea［J］. Asia-Pacific Journal of Accounting & Economics, 2014, 22（2）.

［31］ Li, K. S., Xiong, Y. Q. Host country's environmental uncertainty, technological capability, and foreign market entry mode: Evidence from high-end equipment manufacturing MNEs in emerging markets［J］. International Business Review, 2022, 31（1）.

［32］ Li, S., Fu, H., Wen, J., Chang, C. P. Separation of ownership and control for Chinese listed firms: Effect on the cost of debt and the moderating role of bank competition［J］. Journal of Asian Economics, 2020（67）.

［33］ Liu, Q., Lu, Z. Corporate governance and earnings management in the Chinese listed companies: A tunneling perspective［J］. Journal of Corporate Finance, 2007, 13（5）.

［34］ Luo, J. H., Wan, D. F., Cai, D. The private benefits of control in Chinese listed firms: Do cash flow rights always reduce controlling shareholders' tunneling?［J］. Asia Pacific Journal of Management, 2010, 29（2）.

［35］ Musteen, M., Datta, D. K., Herrmann, P. Ownership structure and CEO compensation: Implications for the choice of foreign market entry modes［J］. Journal of International Business Studies, 2008, 40（2）.

［36］ Nenova, T. The value of corporate voting rights and control: A cross-country analysis［J］. Journal of Financial Economics, 2003, 68（3）.

［37］ Peng, W. Q., Wei, K. C. J., Yang, Z. Tunneling or propping: Evidence from connected transactions in China［J］. Journal of Corporate Finance, 2011, 17（2）.

［38］ Sestu, M. C., D'angelo, A., Majocchi, A. SMEs prefer JVs: Why SMEs' equity entry mode choices are different from those of large firms［J］. European Journal of International Management, 2020, 1（1）.

［39］ Slangen, A. H. L., Beugelsdijk, S. The impact of institutional hazards on foreign multinational activity: A contingency perspective［J］. Journal of International Business Studies, 2010, 41（6）.

［40］ Torres, J. P., Jara Bertín, M., López-Iturriaga, F. J. Corporate control and firm value: The bright side of business groups［J］. Journal of Family Business Strategy, 2017, 8（2）.

［41］ Xie, Q., Yin, H. Business environment and the choice of entry mode of OFDI: Evidence from China［J］. Journal of Asian Economics, 2024（92）.

［42］ Yi, C., Zhan, Y., Zhang, J., Zhao, X. Ownership structure and OFDI by EMNES: The moderating effects of international experience and migrant networks［J］. International Journal of Emerging Markets, 2021, 17（10）.

[43] Zhao, Z., Zhao, Y., Lv, X., Li, X., Zheng, L., Fan, S., Zuo, S. Environmental regulation and green innovation：Does state ownership matter？ [J]. Energy Economics, 2024（136）.

[44] Zhou, K., Kumar, S., Yu, L., Jiang, X. The economic policy uncertainty and the choice of entry mode of outward foreign direct investment：Cross-border M&A or greenfield Investment[J]. Journal of Asian Economics, 2021（74）.

The Curvilinear Impact of the Degree of Separation of Ownership and Control on Foreign Market Entry Mode Choice of Chinese Firms

Wu Xianming　Xu Jing

（Economics and Management School, Wuhan University, Wuhan, 430072）

Abstract：The strategic behavior of actual controller has a significant impact on firms' international strategy. Based on this, this paper takes Chinese A-listed firms on the Shanghai and Shenzhen Stock Exchanges that undertake outward foreign direct investment as the sample and explores the relationship between the degree of the separation of ownership and control and foreign market entry mode choice from the perspective of tunneling and propping theory. The results show that there is a U-shaped relationship between the degree of the separation of ownership and control and entry mode choice, that is, when the degree of separation of ownership and control is low, the decrease of propping effect dominates and actual controllers tend to choose the joint venture；when the separation of ownership and control exceeds a certain degree, the increase of tunneling effect dominates and actual controllers tend to choose the wholly-owned subsidiary. The weak institutional environment creates conditions for actual controllers to tunnel firms and also inhibits their willingness to prop up firms. Therefore, the higher the host country institutional risk the steeper the U-shaped relationship. Independent directors have a supervisory effect on the tunneling behaviors of actual controllers and also encourage them to support firms' long-term development. Therefore, board independence can flatten the U-shaped relationship. This paper provides a new theoretical perspective for understanding the entry mode choice of emerging market firms, and a certain theoretical basis for the government to effectively supervise the strategic behavior of actual controller.

Key words：Separation of ownership and control；Entry mode choice；Host country institutional risk；Board independence；Actual controller

专业主编：陈立敏

珞珈管理评论

2025 年卷第 5 辑（总第 62 辑）

Luojia Management Review

No. 5, 2025（Sum. 62）

客户集中度对企业财务绩效的影响研究[*]
——基于元分析技术的探索

● 魏朝阳[1]　沈　璐[2]　冯云焕[1]　李艳玲[1]

（1　大连海事大学航运经济与管理学院　大连　116026；

2　大连理工大学经济管理学院　大连　116024）

【摘　要】企业究竟应该追求集中还是分散的客户群以提高财务绩效？国内外对此问题的研究尚未达成共识。采用元分析方法，对发表于 2012—2023 年的 101 篇实证文献进行定量综合研究。将企业财务绩效划分为会计绩效和市场价值两个维度，结合资源依赖理论和信号理论，探究客户集中度对它们的差异化影响。研究结果表明，客户集中度与企业会计绩效显著负相关，但与市场价值显著正相关。企业的规模、年龄、产权性质和财务政策均显著地调节客户集中度对企业财务绩效的影响：在中小型企业、初创企业和民营企业中，客户集中度对企业会计绩效的抑制作用增强，同时其对市场价值的促进作用也增强；然而，在奉行稳健型财务政策的企业中，客户集中度对会计绩效的负面影响增强而其对市场价值的正面影响减弱。上述结论为企业有效管理客户结构和应对关键客户依赖提供了理论指导和实践启示。

【关键词】客户集中度　企业财务绩效　资源依赖理论　信号理论　元分析

中图分类号：F272.3；F274　　　文献标识码：A

1. 引言

作为世界制造工厂，我国企业普遍存在客户集中度较高的情况，有近一半的上市企业与前五大客户的交易比例超过 30%（Cao et al., 2021）。客户集中度（customer concentration），指企业的销售收入集中于少数关键客户的程度（赵珊和李桂华，2023；包晓岚等，2020）。近年来，因拥有少数关键客户而获益的企业并不鲜见，例如，随着第一大客户华为公司（销售占比约 20%）对 5G 产品原

───────────────

* 基金项目：国家自然科学基金委面上项目"客户集中度与企业二元突破式创新：影响机理、权变因素和应对策略"（72272021）；辽宁省"兴辽英才"文化名家暨"四个一批"青年英才项目（XLYC2210033）。

通讯作者：沈璐，E-mail：shl925@foxmail.com。

材料需求的上涨，飞荣达的市场份额及行业地位不断攀升（滕飞等，2020）。然而，较高的客户集中度也被视为一种风险信号，因为它意味着企业的实际收益很大程度上由关键客户主导。例如，"果链"企业欧菲光、立讯精密、歌尔股份等均因为被关键客户"砍单"而招致巨额资产减值。基于此，企业究竟应该收缩还是分散客户群以及该如何依据自身属性决定其客户集中度，成为管理者关心的问题。

回答此问题的关键在于明确客户集中度对企业财务绩效的影响。然而，遗憾的是，学界对此存在明显的争议：运营学派认为，客户集中意味着客户数量的减少和需求多样性的下降，而服务更少、更同质的客户可以提升运营效率，进而提高企业财务绩效（Dhaliwal et al.，2016；刘端等，2018）；战略学派则担心客户集中会导致议价能力的不均衡，产生关键客户盘剥的风险，进而损害企业财务绩效（Chang et al.，2021；Irvine et al.，2015）；财务学派则认为较高的客户集中度为企业带来稳定的现金流，同时，与关键客户的合作关系作为企业质量的第三方背书和资源的蓄水池可以减轻投资者担忧，进而提高企业财务绩效（Saboo et al.，2017）。正因如此，现有关于客户集中度与企业财务绩效的实证研究呈现出正相关（Patatoukas，2011；刘端等，2018）、负相关（Hui et al.，2018；Saboo et al.，2017）、U 形（Irvine et al.，2015）以及倒 U 形（Gao et al.，2021）等多种结果。

尽管上述研究帮助管理者从不同的视角深入理解了客户集中度对企业财务绩效的多维影响，然而也令管理者陷入了更深的困惑：企业究竟应该追求集中还是分散的客户群呢？为此，有必要采用元分析的方法对现有研究进行定量整合，以厘清客户集中度对企业财务绩效的影响。仔细研究现有文献，不难发现，导致上述争议的主要原因可能包括两方面：

第一，根据全面绩效观，企业财务绩效是一个多维度的概念，包括会计绩效（accounting performance）和市场价值（market value）两个维度，而现有研究对其的界定和衡量存在明显差异。其中，会计绩效常由资产收益率、利润率和销售毛利率等指标衡量，反映企业使用单位资产获得收益的能力（即企业盈利能力），是一个回顾性绩效（backward-looking-performance）指标；市场价值则由 Tobin's Q、市盈率作为衡量指标，反映企业在资本市场上的表现，反映了投资者对企业未来收入和现金流的判断，是一个远期绩效（forward-looking-performance）指标（Luo & Donthu，2006）。企业的盈利能力不仅与价值创造（value creation）有关，更涉及交易双方的价值分割（value capture），而后者通常由双方的权力-依赖关系（即议价权）决定，因此资源依赖理论为探讨客户集中度对会计绩效的影响提供了较适配的理论框架（田志龙和刘昌华，2015）；鉴于未来收入和现金流需要投资者依据市场信号来判断，信号理论成为探讨客户集中度对企业市场价值影响的适恰理论（石芯瑜和张先治，2021）。为此，本文区分会计绩效和市场价值，分别选用资源依赖理论和信号理论，探讨客户集中度对企业会计绩效与市场价值的影响。

第二，现有文献的研究情景不同，包括样本企业所处的制度环境及其自身属性（如规模、年龄、产权性质、战略风格等）存在显著差异，因此，客户集中度对企业财务绩效的影响可能存在权变条件。相较于厘清二者的主效应，进一步识别客户集中度在何种情境下促进（或抑制）企业会计绩效（或市场价值）具有更突出的意义。根据资源依赖理论，企业受交易伙伴掣肘的程度与企业对交易伙伴所提供资源的需求程度有关（Pfeffer & Salancik，2003），而企业的规模、年龄与产权性质是反映企业内部资源储备和外部资源获取途径的重要变量（Gao et al.，2021；黄勃等，2022；胡平等，

2013）。根据信号理论，投资者需要借助间接信号来判断企业市场价值的程度与信息不对称程度有关，并且其对这些信号的解读会受其他直接线索（如企业的战略倾向）的影响（Spence，1978；Ross，1977；Jensen & Meckling，1976），而企业财务政策是重要的战略倾向指标、对投资者的预期管理具有重要影响（Malmendier et al.，2011；Minton & Wruck，2001）。因此，本文选择企业规模、企业年龄、产权性质和企业财务政策作为调节变量，分别探讨它们如何调节客户集中度对会计绩效和市场价值的影响。

综上，本文将探讨如下两个问题：（1）客户集中度如何影响企业的会计绩效和市场价值？（2）客户集中度对企业会计绩效和市场价值的影响如何随企业规模、企业年龄、产权性质和财务政策的变化而变化？本文有三方面的理论贡献：第一，本文调和了客户集中度与企业财务绩效之间关系的争议；第二，本文揭示了企业规模、企业年龄、产权性质是客户集中度对企业发挥双刃剑作用的边界条件；第三，本文识别了企业财务政策是导致客户集中度桎梏企业发展的重要因素。此外，本文还为企业管理者和政策制定者正确认识、应对关键客户集中的风险提供了重要启示，对维护我国工业安全和经济稳定具有一定借鉴意义。

2. 理论基础与研究假设

2.1 客户集中度与企业财务绩效

2.1.1 客户集中度与企业会计绩效

会计绩效反映交易活动的结果，受交易过程中的价值创造和价值分割共同影响（Chang et al.，2021；刘端等，2018）。在价值创造方面，学者们基于交易成本理论认为，与客户集中度低的企业相比，客户集中度高的企业与有限数量的客户进行多频次、大规模的交易，提升了资产利用效率（Wang et al.，2020；殷枫等，2019）、降低了交易成本（石芯瑜和张先治，2021；田志龙和刘昌华，2015），具有较高的运营效率和价值创造潜能（Jin et al.，2021；Kwak & Kim，2020）。然而，在高度依赖关键客户的组织情境中，由于关键客户具有优势地位，企业能够从双方合作所创造的价值中获得的份额构成了影响企业会计绩效的核心问题。因此，交易成本理论不能完全解释客户集中度对企业会计绩效的影响。资源依赖理论则通过解析"企业-客户"的依赖关系，为客户集中度对企业会计绩效的影响研究提供了补充性的理论视角，即企业对关键客户的依赖限制了它从增加的运营效率中获益的能力（Saboo et al.，2017）。首先，关键客户将利用较强的议价能力与企业讨价还价，压低产品价格，挤占企业的利润空间（Zhang et al.，2020；李欢等，2018）。其次，关键客户会对产品或服务提出定制化的要求，如要求超额备货、即时补货、快速响应或拓展的售后服务等（Wang et al.，2020），导致企业成本增加、利润摊薄（黄晓波等，2015）。最后，为了维护客户关系，企业将向关键客户提供更具吸引力的贸易信贷（Ma et al.，2020；宛晴等，2017），导致企业资金成本增加，进一步削弱其价值分割能力。综上所述，当客户集中度较高时，关键客户通过向企业转移成本和榨取联合创造的价值，将削弱企业的会计绩效。因此，本文提出：

H1：客户集中度与企业的会计绩效之间存在负相关关系。

2.1.2　客户集中度与企业市场价值

根据信号理论，企业的客户集中度可被资本市场理解为关于企业发展前景的有效信号（石芯瑜和张先治，2021）。客户是企业重要的外部资源提供者，当客户集中度较高时，企业与关键客户所建立的稳定的客户关系将作为其客户资本的一种信号被资本市场识别，帮助其提升市场价值（Wen et al.，2020；包晓岚等，2020）。首先，关键客户持续的采购行为能给企业带来稳定的需求和销量，使企业的收益预期更加稳定，进而吸引资本市场上的投资者购入企业股票（Rehman et al.，2022）。其次，与关键客户建立稳定的交易关系，体现了关键客户对企业所提供产品或服务的认可，这有助于提高企业声誉，向承销商和投资者释放有关其能力和可靠性的积极信号（彭旋和张昊，2022）。这些信号会促使投资人继续保留甚至增持企业股票，并以此促进企业股价上涨（顾雷雷和黄欣桐，2020）。最后，客户集中度较高的企业往往与关键客户存在较密切的信息交换与资源共享，有望借此获得更丰富的市场需求信息和行业技术知识，进而提高其核心竞争力（Patatoukas，2011；石芯瑜和张先治，2021）。这同样有助于增强企业的发展潜力，使其获得资本市场的认可和青睐（陈峻等，2015）。因此，本文提出：

H2：客户集中度与企业的市场价值之间存在正相关关系。

2.2　调节效应假设

资源依赖理论认为，当企业内部资源充足时，企业对外部资源（如客户资源）的依赖程度降低，使得外部资源拥有者对企业战略决策的影响随之降低（Pfeffer & Salancik，2003）。根据信号理论，公司内部管理者和外部投资者之间存在信息不对称，当企业通过更多直接信号传递信息时，间接信号（如客户关系）的重要性将相应降低（石芯瑜和张先治，2021）。首先，企业规模是反映企业内部资源丰度的重要指标（胡平等，2013），同时，大型企业往往在资本市场享有更高的知名度和声誉（于国红，2011）；其次，企业成立的时间越长，资源储备可能越多（Gao et al.，2021），其经营信息也更容易被投资者广泛获取（Baum & Silverman，2004）；再次，相比民营企业，国有企业具有更多获取稀缺资源的渠道（黄勃等，2022；吴非等，2021），同时因其公共服务和信息公开的政治属性，信息披露程度更高（陈芳等，2020）；最后，企业财务政策反映企业现金流状况（张兆国等，2009），也是投资者关注的重点（Malmendier，2011；Minton & Wruck，2001）。因此，下文将分别探讨企业规模、企业年龄、产权性质和财务政策的调节作用。

2.2.1　企业规模的调节作用

企业规模在一定程度上反映了企业资源的丰富程度（胡平等，2013）。首先，中小型企业拥有的可自由支配的资源较为有限，因此，高昂的新客户获取成本会促使其更加重视客户维系（Bamiatzi & Kirchmaier，2014），尤其是维系与关键客户的关系。所以，相较于大型企业，中小型企业更加依赖关键客户，更容易遭受关键客户盘剥。其次，在其他条件相同的情况下，中小型企业的市场地位通常较低，讨价还价的能力相对薄弱（Tong et al.，2022），因此，在与关键客户博弈时的话语权更低，这也加剧了客户集中度对其会计绩效的负面影响。

与此同时，相较于大型企业，中小企业与关键客户签订的合作协议对于其股价的提振效应更为明显。一方面，中小企业在资本市场上的知名度和声誉较弱，投资者对其尚不熟悉、不信任，愈发需要外部线索来判断其发展潜力，而客户集中度恰好提供了这样的线索（Paruchuri et al.，2021）。另一方面，中小企业的实力相对较弱，因此，从关键客户那里习得的技术知识对其长期发展助力较大（Fang et al.，2008），这也越发有助于增加投资者对其发展前景的积极预期。综上，本文提出如下假设：

H3a：相比规模较大的企业，在规模较小的企业中客户集中度对会计绩效的负向影响更强。

H3b：相比规模较大的企业，在规模较小的企业中客户集中度对市场价值的正向影响更强。

2.2.2 企业年龄的调节作用

企业年龄是企业资源储备积累程度的重要指示器。相较于成熟企业，初创企业的资源和能力都相对有限（Gao et al.，2021），需要积极利用外部关系获取关键资源（Hite，2005）。通过与关键客户开展密切合作，初创企业可以从中获取许多宝贵的资源，包括长期稳定的订单、市场情报、技术资源、管理知识甚至财务支持等（林艳等，2018）。不仅如此，企业还能利用与关键客户的合作关系提升企业形象和声誉，借以开拓市场和获取新客户（Lee et al.，2011）。因此，相对于成熟企业，初创企业对关键客户具有更强的依赖（Yli-renko et al.，2020），加之它们在市场地位与商务谈判经验等方面的劣势（陈浩和刘春林，2018），更加容易遭受关键客户的盘剥（Fischer & Reuber，2004）。因此，客户集中度对会计绩效的"挤压效应"在初创企业中更加突出。

客户集中度作为传递企业前景和发展潜力的积极信号的作用也在初创企业中更加明显。由于初创企业在公开市场上披露的信息相对较少，投资者需要寻找能够反映企业资质和成长性的替代信号以降低投资风险（Baum & Silverman，2004）。根据现有文献，企业是否拥有稳定的客户群体和亲密的客户关系恰恰是投资者用于判断初创企业市场前景和未来业绩的有效预测指标（Evers，2003）。因此，相较于成熟企业，客户集中度作为判断企业成长性的间接线索将在初创企业中更加容易被投资者识别。此外，鉴于客户在选择供应商时会严格考查供应商资质（柳卸林等，2018），而初创企业作为市场上的"后来者"能获得关键客户的青睐，更加说明其企业实力，这更有助于增强投资者信心（刘志阳等，2019）。综上，本文提出如下假设：

H4a：相比成熟企业，在初创企业中客户集中度对会计绩效的负向影响更强。

H4b：相比成熟企业，在初创企业中客户集中度对市场价值的正向影响更强。

2.2.3 企业产权性质的调节作用

不同产权性质的企业在资源禀赋上存在一定的差异。通常情况下，国有企业具有更丰富的资源获取途径，能够更容易地获取土地、资金、信息、原材料等稀缺资源（黄勃等，2022；吴非等，2021）。同时，借助其较高的政治合法性（political legitimacy），国有企业在市场开拓和新客户获取方面也更具有优势，因此，对关键客户的依赖程度相对较低（赵兴庐等，2014）。不仅如此，鉴于其与政府天然的联系，国有企业面临关键客户盘剥的风险也较小（张敏等，2012）。与之相比，民营企业获取市场资源的渠道和能力相对有限，其生存与发展更多地依赖市场竞争机制，这促使其更加注重对关键客户资源的有效争夺（赵秀云和单文涛，2018）。因而，与关键客户交易谈判时，民营企业更容易做出让步和示好，通过让渡部分权益稳定销售渠道（冯展斌，2021）。综上，相较于国有企业，客户集中度对会计绩效的消极影响在民营企业中更加突出。

客户集中度对企业市场价值的正向影响也在民营企业中更加突出。国有企业有政府信用背书，市场认可度高、预期稳，并且发生财务危机或陷入财务困境的风险较小（陈芳等，2020），因此，市场投资者并不太需要借助间接线索来增加投资信心。相对而言，民营企业的经营受市场基本面的影响较大（潘红波和韩芳芳，2016），且缺乏如国有企业一般强有力的政府监管，因此，股价波动性和投资风险相对较高（彭旋和张昊，2022）。所以，在投资民营企业时，投资者需要更多的外部线索来为自己注入强大的信心，而客户集中度的提高意味着民营企业得到了关键客户的支持，将进一步吸引投资者增持这些企业的股票。综上，本文提出如下假设：

H5a：相比国有企业，民营企业中客户集中度对会计绩效的负向影响更强。

H5b：相比国有企业，民营企业中客户集中度对市场价值的正向影响更强。

2.2.4 企业财务政策的调节作用

企业的财务政策指企业在经营活动中所制定的关于财务管理、资金使用、投资决策等方面的战略准则（张兆国等，2009），可分为稳健型和进取型两种，前者表现为较强的风险规避和现状导向，后者表现为较强的风险偏好和增长导向（Malmendier et al.，2011；Minton & Wruck，2001）。本文预期，对于奉行稳健型财务政策的企业而言，客户集中度对会计绩效的负面影响更加显著。首先，主张稳健型财务政策的企业可能具有更强烈的客户维护意愿（Silva & Da，2022）。因为关键客户为它们带来了稳定、可靠的收入来源，因此，在维持现状导向的作用下，它们更愿意留住老客户而非开发新客户（Zhong et al.，2021），这也使得它们更容易受关键客户掣肘。其次，主张稳健型财务政策的企业的风险规避倾向更高，因此，为了防止关键客户流失，这些企业往往会投入更多的专有资产以满足关键客户需求，导致其关系转换成本增高，形成关系锁定效应（relational lock-in）。这赋予了关键客户更多的投机权力，愈发容易出现关键客户盘剥的现象。

与此同时，稳健型财务政策也反映了企业在开拓市场、研发创新等方面的乏力，会引致投资者对企业发展前景的负面预期（Abdurakhmonov et al.，2021），削弱客户集中度对企业市场价值的正向影响。当奉行稳健型财务政策时，企业通常会保持高流动性、减少债务风险和降低财务杠杆等，如规避风险性投资、增加现金持有量，以确保在经济不稳定时期降低企业财务风险（高文静等，2022）。然而，降低的投资额和过高的流动性会被投资者视为企业缺乏增长潜力的表现，引发对企业未来业绩和股票投资价值的担忧，进而会减持股票，导致市场价值降低（于国红，2011）。这说明企业所展现出的稳健型财务政策作为判断企业成长性的直接线索会引发投资者对客户集中度这一间接线索的负面解读，即认为较高的客户集中度滋长了企业的惰性，导致企业的业务投资和市场拓展的乏力。这种负面解读将抵消客户集中度在传递企业实力和发展前景方面的积极作用，导致其对企业市场价值的正面作用降低。基于以上分析，本文提出如下假设：

H6a：稳健型财务政策强化客户集中度对会计绩效的负向影响。

H6b：稳健型财务政策削弱客户集中度对市场价值的正向影响。

本文的研究模型如图 1 所示：

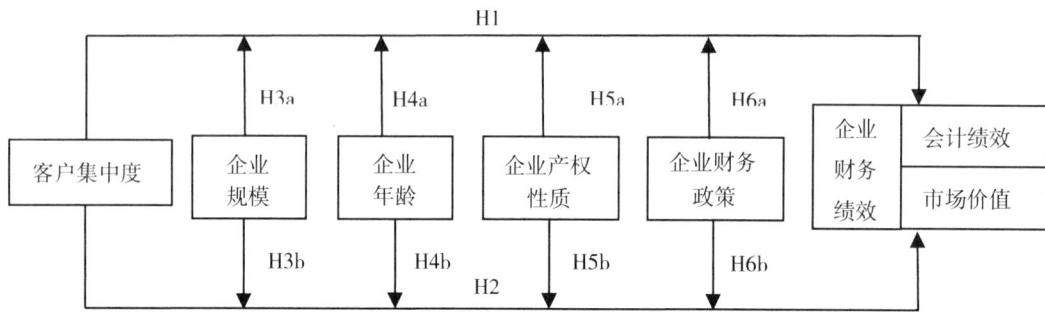

图 1　研究模型

3. 研究方法

3.1　文献检索

为了确保样本文献的全面、完整和多样，本研究采取以下步骤进行文献检索。首先，在 Web of Science、EBSCO 和中国知网等数据库，以"客户集中度""客户依赖""大客户""customer concentration""customer dependence""major customer"，结合"企业绩效""财务绩效""会计绩效""市场价值""市场绩效""盈利能力""firm performance""performance""financial performance""market value""market performance""profitability"为关键词，收集发表在 SSCI、SCI 和 CSSCI 来源期刊上的实证文献。其次，人工查阅有关客户集中度的文献综述和已得实证文献的参考文献，以获取遗漏文献。

为了保证样本文献含有分析计算所需的数据信息，本文采取以下标准进行文献筛选：（1）必须是使用实证方法的论文；（2）必须同时包含客户集中度和企业财务绩效（或其维度）的任一变量，获得 282 篇文献；（3）必须包含样本数量和相关系数（或其他可转换的统计量，如 t-value、F-value、β-value 等），得到 209 篇文献；（4）研究样本必须相互独立，若多篇文献采用同一样本，则取最早发表的文章，最终获得 101 篇有效文献。其中，中文文献 49 篇、英文文献 52 篇，覆盖中文期刊 32 本、英文期刊 42 本[①]，样本的时间跨度为 2012—2023 年。表 1 汇报了样本文献的基本信息。图 2

[①]　国内外样本文献发文量排名前十的期刊：《会计研究》《管理评论》《审计与经济研究》《山西财经大学学报》《研究与发展管理》《广东财经大学学报》《软科学》《审计研究》《商业研究》《中国流通经济》；*Academy of Management Journal*，*Journal of Marketing*，*The Accounting Review*，*Frontiers in Psychology*，*Production and Operations Management*，*Sustainability*，*Journal of Corporate Finance*，*Journal of Business Research*，*Industrial Marketing Management*，*International Journal of Production Economics*。

汇报了年度样本文献发表数量走势图，可见近年来针对客户集中度与企业财务绩效的研究热度呈递增趋势。

表1 样本文献的基本信息

序号	第一作者	发表年份	样本地区	独立样本量	序号	第一作者	发表年份	样本地区	独立样本量
1	陈瑜阳	2023	中国	23129	52	Wei	2023	中国	2527
2	赵珊	2023	中国	14553	53	Ren	2023	中国	19571
3	曹少鹏	2023	中国	24750	54	Rehman	2023	美国	102807
4	陈峻	2022	中国	18190	55	Liu	2023	中国	9375
5	滕飞	2022	中国	2052	56	Li	2023	中国	15002
6	王玉龙	2022	中国	23962	57	Hu	2023	中国	7245
7	罗栋梁	2022	中国	14081	58	He	2023	中国	7272
8	李姝	2021	中国	13156	59	He	2023	中国	17600
9	武晨	2021	中国	19710	60	Han	2023	中国	3664
10	翟伟峰	2021	中国	544	61	Fu	2023	中国	23619
11	洪金明	2021	中国	18215	62	Fan	2023	中国	11547
12	石芯瑜	2021	中国	844	63	Cui	2023	中国	6991
13	肖忞	2021	中国	14321	64	Chen	2023	中国	336
14	杨亦民	2020	中国	474	65	Cao	2023	中国	12251
15	尹金梅	2020	中国	7771	66	Ahsan	2023	中国	14232
16	包晓岚	2020	中国	17114	67	Zhu	2022	中国	11888
17	李健	2020	中国	8580	68	Liu	2022	中国	12351
18	吴兴宇	2020	中国	12971	69	Liu	2022	中国	11560
19	徐瑶之	2020	中国	21826	70	Jin	2022	中国	19953
20	殷枫	2019	中国	1825	71	Cheng	2022	美国	108430
21	金静	2019	中国	11595	72	Gu	2022	中国	18446
22	张晔	2019	中国	8728	73	Zhao	2021	中国	776
23	贾军	2019	中国	105	74	Zhong	2021	美国	19101
24	黄千员	2019	中国	3096	75	Peng	2021	中国	1358
25	程敏英	2019	中国	6274	76	Liu	2021	中国	7817
26	李翠芝	2019	中国	3098	77	Gao	2021	中国	10754
27	王爱群	2019	中国	7927	78	Zhu	2021	中国	17132
28	周冬华	2018	中国	7967	79	Wen	2021	中国	10170

续表

序号	第一作者	发表年份	样本地区	独立样本量	序号	第一作者	发表年份	样本地区	独立样本量
29	许江波	2018	中国	567	80	Wang	2021	中国	10835
30	李欢	2018	中国	9827	81	Liu	2021	中国	4679
31	刘端	2018	中国	12405	82	Chen	2021	美国	15603
32	王田力	2018	中国	2941	83	Leung	2021	美国	122082
33	史金艳	2018	中国	9211	84	Kim	2020	美国	16404
34	彭博	2018	中国	11403	85	Cohen	2020	美国	50296
35	焦小静	2018	中国	17299	86	Cao	2020	中国	8642
36	吴祖光	2017	中国	3451	87	Sharma	2020	美国	201
37	刘昌华	2017	中国	1345	88	Ma	2020	美国	97793
38	李艳平	2017	中国	9063	89	Crawford	2020	美国	8484
39	周冬华	2017	中国	6029	90	Hui	2019	美国	73856
40	焦小静	2017	中国	5052	91	Josephson	2019	美国	1360
41	黄新建	2017	中国	2503	92	Zhou	2019	中国	8229
42	李艳平	2016	中国	6892	93	Tan	2019	中国	1984
43	王俊秋	2016	中国	4489	94	Peng	2019	中国	7244
44	褚剑	2016	中国	7250	95	Shen	2018	中国	6165
45	陈正林	2016	中国	602	96	Saboo	2017	美国	7008
46	陈峻	2016	中国	4990	97	Kim	2017	美国	717
47	田志龙	2015	中国	613	98	Irvine	2016	美国	22311
48	黄晓波	2015	中国	2843	99	Ak	2016	美国	7893
49	王雄元	2014	中国	3987	100	Huang	2016	美国	48386
50	Zou	2023	中国	43596	101	Patatoukas	2012	美国	25389
51	Zheng	2023	中国	18094					

3.2 文献编码

为确保所得数据的可靠性和独立性，本研究由两位硕士研究生分别进行编码。编码的内容包括作者、发表年份、期刊、样本大小等特征描述信息以及客户集中度与企业财务绩效的测量维度、相关系数和其他可转化为相关系数的效应统计值。编码遵循两个规则：（1）以独立研究为单位，观察其效应值并进行编码；（2）若文献报告了客户集中度与企业财务绩效不同维度的效应值，则根据实际情况对多个效应值取均值或者分别纳入。各变量的测量或编码标准如表 2 所示。

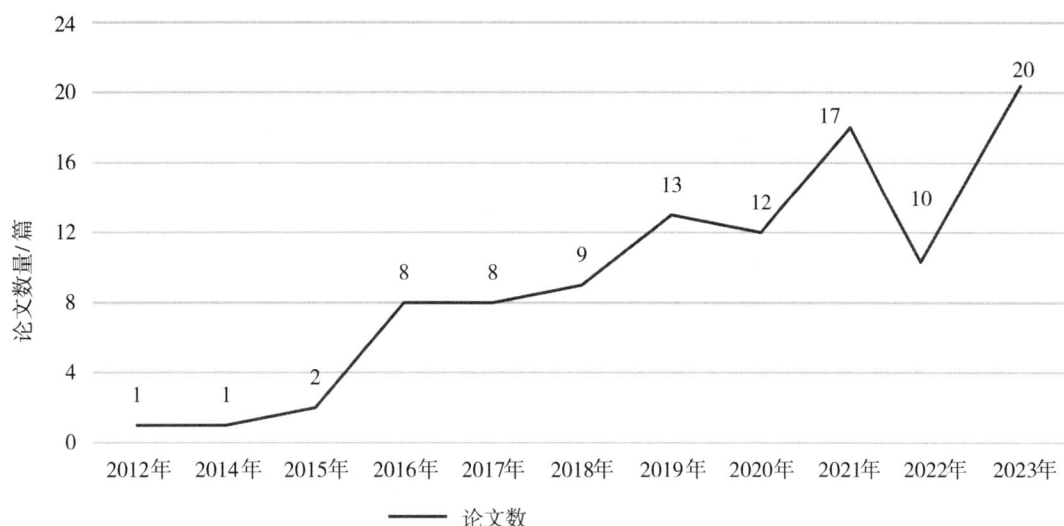

图 2　样本文献发表数量趋势

表 2　　　　　　　　　　　　　　元分析中变量的测量或编码标准

变量	变量测量指标或编码标准
客户集中度	以前五/第一/销售额占比超 10% 的大客户累计销售额占全年销售额的比值，或大客户销售额的 HHI 指数（赫芬达尔指数）度量
会计绩效	以资产收益率（净利润/总资产）、利润率（营业利润/营业收入）和销售毛利率（销售收入与销售成本的差额占销售收入的比值）指标反映
市场价值	以 Tobin's Q（股权市值/账面总资产）、市盈率（每股市价/每股盈利）指标度量
企业规模	按照世界银行的划分标准，将雇员数量均值在 50 人以下、营业收入或总资产均值在 1500 万美元以下的研究数据编码为 0，均值以上的研究数据编码为 1
企业年龄	将样本企业存续年龄均值在全样本均值及以下的研究数据编码为 0，均值以上的研究数据编码为 1
产权性质	将中国样本中国有企业占比高于全样本均值的研究数据编码为 1，表示国有样本企业占主导；占比在均值及以下的研究数据编码为 0，表示民营样本企业占主导（注：该项分析未采用美国上市企业数据）
财务政策	以企业现金流指标衡量，包括现金流量（现金净流量/年末总资产）、现金流水平（现金等价物/总资产），并将样本企业现金流均值处于全样本均值及以下的研究数据编码为 0，代表财务政策进取；均值以上的研究数据编码为 1，代表财务政策稳健

4. 数据分析与假设检验

4.1　效应值转换

效应值是元分析中的关键性指标，由于纳入分析的样本文献性质和结构等方面存在差异，需要计算综合效应值。对于只报告了 t-value、F-value、β-value 等统计值的研究，本研究通过 CMA3.0 （Comprehensive Meta Analysis 3.0）软件先将其转化为皮尔逊相关系数 r 值，再通过费雪转换得到 Fisher's Z 值 $\left(\text{Fisher's } Z = \frac{1}{2}\ln\frac{1+r}{1-r} \right)$，进而求出 Fisher's Z 值的标准误，并将标准误平方的倒数作为权重对转化后的费雪系数进行加权平均，最后再转换回相关系数作为结果呈现。最终，本研究获得了 135 个效应值，样本总量为 1490350。

4.2 发表偏倚检验

为了验证样本文献能否有效代表该领域的真实情况，本文采用两种方式进行发表偏倚检验。首先，本研究绘制了关于企业财务绩效不同维度效应的漏斗图（funnel plot）。如图 3a 和图 3b 所示，客户集中度与会计绩效或市场价值的效应，散点主要集中于漏斗图的顶部，总体上较为对称，表明本研究存在发表偏倚的可能性较低。

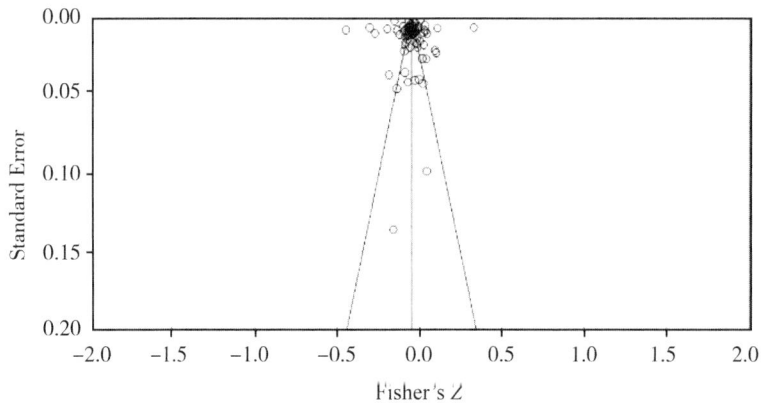

图 3a 客户集中度-企业会计绩效漏斗图

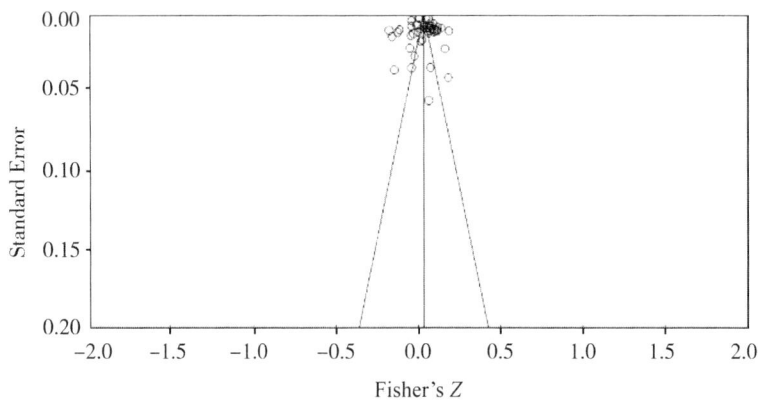

图 3b 客户集中度-企业市场价值漏斗图

其次，本研究采用 Egger 检验和失安全系数法（Fail-safe N）做进一步的定量检验。如表3所示，对于客户集中度与会计绩效的关系，Egger 回归测试中的 p 值不显著，且失安全系数为10200，远大于临界值445（$5K+10$，K 为效应值数）；对于客户集中度与市场价值的关系，Egger 回归测试中的 p 值也不显著，且其失安全系数为9292，远大于临界值250。综上可知，样本研究不存在发表偏倚的问题，具有较强的稳健性。

表3　　　　　　　客户集中度与企业会计绩效及市场价值的发表偏倚检验

假设关系	K	Egger 检验 p 值	失安全系数
客户集中度与企业会计绩效	87	0.82	10200
客户集中度与企业市场价值	48	0.60	9292

4.3　异质性检验与假设检验

本文采取 Q 值和 I^2 值两个统计指标来评估样本的差异程度，当 Q 值超过对应自由度或者 I^2 值大于60%时，认为研究间存在异质性，应采用随机效应模型校正。在客户集中度与企业会计绩效的研究中，Q 值为9384.545（$p<0.001$），大于86，I^2 值为99.084%；在客户集中度与企业市场价值的研究中，Q 值为2666.941（$p<0.001$），大于47，I^2 值为98.238%。因此，本研究选择随机效应模型检验客户集中度对企业会计绩效和市场价值的影响，并对影响它们间关系的调节因素进行探讨。

表4汇报了主效应检验结果。如表所示，客户集中度与企业会计绩效的效应值为-0.046（$p<0.01$），说明较高的客户集中度削弱企业会计绩效，即支持假设 H1；而客户集中度与企业市场价值的相关系数为0.035（$p<0.01$），说明较高的客户集中度有助于提升企业市场价值，即假设 H2 得到支持。

表4　　　　　　　客户集中度对企业会计绩效和市场价值的影响

企业财务绩效	效应值数	N	r	95%置信区间		Z 值	p	异质性检验			
				下限	上限			Q 值	df（Q）	p	I^2
会计绩效	87	1308677	-0.046*	-0.064	-0.027	-4.861	0.000	9384.545	86	0.000	99.084
市场价值	48	858998	0.035*	0.019	0.052	4.128	0.000	2666.941	47	0.000	98.238

注：N 为样本量；＊代表 $p<0.01$。

表5分别汇报了企业规模、企业年龄、产权性质、财务政策的调节效应检验结果。首先，在中小型企业中，客户集中度与会计绩效的效应值 $r=-0.131$（$p<0.01$）；而在大型企业中，该效应值变为 $r=-0.041$（$p<0.01$），且组间异质性检验显著（$p<0.01$），即支持假设 H3a。同时，客户集中度与市场价值的效应值在中小型企业中为 $r=0.060$（$p<0.01$），而在大型企业中为 $r=0.027$（$p<0.01$），两者组间差异显著（$p<0.01$），即支持假设 H3b。

其次，客户集中度与会计绩效的效应值在初创企业中为 $r=-0.036$（$p<0.01$）；而在成熟企业中，该效应值变为 $r=-0.015$（$p<0.01$），同时，组间异质性检验显著（$p<0.01$），即支持假设 H4a。客户集中度与市场价值的效应值在初创企业中为 $r=0.049$（$p<0.01$），而在成熟企业中为 $r=0.022$（$p<0.01$），两者组间差异显著（$p<0.01$），即支持假设 H4b。

再次，在民营企业中，客户集中度与会计绩效的效应值 $r=-0.069$（$p<0.01$）；而在国有企业中，该效应值变为 $r=-0.040$（$p<0.01$），且组间异质性检验显著（$p<0.01$），即支持假设 H5a。客户集中度与市场价值的效应值在民营企业中为 $r=0.049$（$p<0.01$），而在国有企业中为 $r=0.047$（$p<0.01$），两者组间差异显著（$p<0.01$），即支持假设 H5b。

最后，对于奉行稳健型财务政策的企业，客户集中度与会计绩效的效应值 $r=-0.086$（$p<0.01$）；而对奉行进取型财务政策的企业，该效应值变为 $r=-0.061$（$p<0.01$），且组间异质性检验显著（$p<0.01$），即支持假设 H6a。客户集中度与市场价值的效应值在执行稳健型财务政策的企业中为 $r=0.059$（$p<0.01$），而在执行进取型财务政策的企业中为 $r=0.085$（$p<0.01$），两者组间差异显著（$p<0.01$），即支持假设 H6b。

表 5　调节效应检验结果

调节变量	分类	效应值数	N	r	95%置信区间		Z 值	p	组间异质性		
					下限	上限			Q 值	df (Q)	p
因变量：企业会计绩效											
企业规模	中小型	6	131612	-0.131*	-0.136	-0.126	-47.821	0.000	951.137	1	0.000
	大型	68	861386	-0.041*	-0.043	-0.038	-37.626	0.000			
企业年龄	初创企业	26	318185	-0.036*	-0.039	-0.032	-20.218	0.000	76.699	1	0.000
	成熟企业	24	417667	-0.015*	-0.018	-0.012	-9.846	0.000			
产权性质	国有	12	109710	-0.040*	-0.045	-0.034	-13.118	0.000	71.788	1	0.000
	民营	23	293289	-0.069*	-0.073	-0.066	-37.689	0.000			
财务政策	稳健型	11	157100	-0.086*	-0.090	-0.082	-42.373	0.000	63.656	1	0.000
	进取型	13	239973	-0.061*	-0.065	-0.056	-24.02	0.000			
因变量：企业市场价值											
企业规模	中小型	7	231041	0.060*	0.056	0.064	28.727	0.000	166.509	1	0.000
	大型	35	480225	0.027*	0.024	0.030	18.773	0.000			
企业年龄	初创企业	9	76820	0.049*	0.042	0.056	13.591	0.000	40.865	1	0.000
	成熟企业	12	209262	0.022*	0.018	0.026	10.096	0.000			
产权性质	国有	4	44366	0.047*	0.038	0.057	10.006	0.000	7.432	1	0.006
	民营	8	69298	0.049*	0.042	0.057	12.934	0.000			
财务政策	稳健型	7	152825	0.059*	0.054	0.064	22.988	0.000	33.249	1	0.000
	进取型	7	71280	0.085*	0.077	0.092	22.748	0.000			

5. 结论与讨论

5.1 研究结论

本文运用元分析的方法，对 2012—2023 年国内外关于客户集中度与企业财务绩效的 101 篇实证文章进行了定量整理和分析，研究结论表明：首先，客户集中度对企业会计绩效具有负面作用，但它促进了企业市场价值的提升；其次，在中小型企业、初创企业以及民营企业中，虽然客户集中度对会计绩效的负面影响更加明显，但其对市场价值的正面影响也更加显著，即双刃剑效应增强；最后，当企业采取稳健型财务政策时，客户集中度对会计绩效的负面影响增强，而其对市场价值的正面影响减弱，说明企业的稳健型战略导向会加剧客户集中度的消极影响。

5.2 理论贡献

本文具有三方面的理论贡献：

第一，通过采用定量文献分析法，将企业财务绩效区分为会计绩效和市场价值两个维度，调和了有关客户集中度与企业财务绩效间关系的争议。以往对客户集中度与企业财务绩效关系的研究中，仅有 Gu 等（2022）与黄晓波等（2015）将企业财务绩效划分为会计绩效和市场价值进行比较分析，而本文基于元分析技术的探索，支持了黄晓波等（2015）的结论。将资源依赖理论和信号理论分别整合到客户集中度与会计绩效和市场价值的理论框架中，本文从理论上解释了客户集中度对企业财务绩效不同维度的差异化作用：企业对关键客户的资源依赖会降低其价值获取能力，从而负向影响其会计绩效；然而，与此同时，客户集中度向资本市场传递出一种积极信号，有助于提升企业的市场价值。因此，本文揭示了客户集中度对企业财务绩效的双刃剑效应，即企业在承受客户集中度带来的财务侵蚀风险的同时，也可能得到资本市场的市值回报。

第二，本文首次识别了企业规模、企业年龄、产权性质对客户集中度与企业财务绩效不同维度间关系的调节作用。与杨亦民和吴阳佳（2020）仅讨论产权性质调节了客户集中度与企业会计绩效关系的研究不同，本文首次揭示了客户集中度的双刃剑效应在中小型企业、初创企业和民营企业中更突出，这是由于它们更敏感于客户集中度的影响，也更加依赖与关键客户的关系来保持核心竞争力。一方面，这些类型的企业往往具有内部资源不足的特征，由此导致的资源依赖及议价权劣势，使得它们在价值分割时更容易受关键客户掣肘；另一方面，这些类型的企业在吸引投资者方面往往也具有劣势，更加需要较高的客户集中度向资本市场释放其增长潜力的信号，为投资者注入投资信心，因此，客户集中度对它们具有更明显的股价提振效应。

第三，本文首次识别了企业的财务政策（或由此反映的企业战略导向）是导致客户集中度成为其发展桎梏的重要因素。本文发现，当奉行稳健型财务政策时，企业的风险规避意识增强，变得更加"现状导向"，更容易陷入对关键客户的依赖和顺从，进而面临更高的被关键客户蚕食的风险。不仅如此，稳健的财务政策还会向资本市场传递出一种"战略惰性"的消极信号，降低或抵消客户集中度对市场价值的正面作用。这一结论警示了稳健型财务政策的消极影响，也为学术界进一步探索限制客户集中度积极影响的边界条件提供了研究思路和方向。

5.3 实践启示

本文也为企业管理者提供了有价值的实践启示：

第一，企业管理者应当理性认识客户集中度在影响企业发展中的作用。一方面，企业管理者要意识到较高的客户集中度有可能损伤企业会计绩效，因此，要重视对客户集中度的风险管理，在维系关键客户的同时，应积极拓展客户市场，防止因为被关键客户"锁定"而遭受它们的利润盘剥。另一方面，企业管理者应充分利用关键客户对提高市场认知度的积极影响，及时披露关键客户信息以向资本市场传递信号。

第二，不同情景下的企业管理者应根据自身经营情况制定相应的客户战略。中小型企业、初创企业和民营企业的管理者尤其要充分意识到客户集中度的双刃剑效应，权衡客户集中的经济效益和市场效应，防止因市场价值的驱使过于依赖关键客户而影响企业的可持续发展。

第三，在客户集中度较高的情况下，管理者要警惕稳健型财务战略的弊端，因为若企业的战略导向过于稳健、保守和风险规避，则可能因为战略短视而陷入更严峻的关键客户依赖困境。因此，管理者需要在企业内部积极倡导和培育创业者导向、增长导向等企业文化，适度增加企业投资，以降低客户集中度的潜在风险。

此外，结合我国当前的背景，政策制定者也应警惕关键客户集中给企业带来的潜在风险，并采取措施帮助企业认识和应对这一问题。首先，政策制定者可以提供相关培训和咨询服务，帮助企业认识到较高的客户集中度可能带来的负面影响。其次，政策制定者一方面要引导企业进行市场多元化，鼓励企业寻求更广泛的客户群体，降低对少数关键客户的依赖；另一方面，应关注和加强企业关键客户信息披露，进一步完善市场监管机制，充分发挥市场监督的作用。尤其是政策制定者要重视中小规模、初创和民营的企业，给予更多的支持和指导，帮助其在有效利用较高的客户集中度来提升企业价值的同时积极防备关键客户依赖带来的弊端，例如通过鼓励创新式发展来提高它们的竞争力和可持续发展能力。

5.4 局限性与展望

本文也存在一定的局限性：

首先，本文将企业财务绩效划分为会计绩效和市场价值，并未考虑其他划分方式（如会计和非会计绩效、长期和短期绩效等）。未来研究可探讨客户集中度对企业财务绩效的其他维度的影响。

其次，客户集中度对会计绩效具有经由价值创造与价值分割两条不同路径的双重影响，本文着重探讨了在哪些边界条件下，客户集中度对价值分割的负面影响强于其对价值创造的正面影响。未来研究可进一步探讨当交易满足哪些条件时，客户集中度对价值创造的正面影响将占据主导地位，而使得它对会计绩效呈现正向的净影响。

再次，本文只分析了企业规模、企业年龄、产权性质和财务政策的调节作用，而其他调节因素，如客户特征（客户类型、地理距离）、组织间关系（关系时长、关系质量）、环境因素（行业类型、制度文化、经济发展水平）等也值得进一步探讨。同时，本文仅考虑了客户结构中销量前五的关键客户对企业财务绩效的影响，未来研究可以进一步探究关键客户的市场地位对本文研究结果的影响。

最后，本文只探讨了客户集中度对企业财务绩效的影响，并未考虑供应商集中度的影响或上下游集中度的交互影响，未来研究可对此展开探讨，以帮助企业更全面地理解供应链结构对企业经营的影响。

◎ 参考文献

[1] 陈芳，邓飞，朱柳泉，胡琪滢.部门杠杆率、政策不确定性、公众预期与风险的跨部门传染——基于债券市场的信息转移熵空间计量分析 [J].上海金融，2020（11）.

[2] 高文静，施新政，陆瑶，王佳琪.劳动力保护与企业风险——来自 2008 年新《劳动合同法》的证据 [J].金融研究，2022（1）.

[3] 顾雷雷，黄欣桐.慈善捐赠能否促进企业绩效？[J].经济学动态，2020（12）.

[4] 胡平，邵鹏，温春龙.信息服务产业集群网络特征对创新企业成长的影响研究 [J].当代经济科学，2013，35（5）.

[5] 林艳，李慧，张晴晴.机会创新性、资源拼凑模式与初创企业绩效关系——基于扎根理论的多案例研究 [J].科学决策，2018（12）.

[6] 刘志阳，李斌，庄欣荷.初创企业创业机会迭代机制研究 [J].科学学研究，2019，37（3）.

[7] 彭旋，张昊.稳定客户可以降低企业的股价波动性吗？[J].审计与经济研究，2022，37（4）.

[8] 石芯瑜，张先治.大客户是资源还是风险——基于 IPO 定价场景的检验 [J].山西财经大学学报，2021，43（8）.

[9] 滕飞，夏雪，辛宇.客户关系与定向增发经营绩效表现 [J].南开管理评论，2020，23（3）.

[10] 田志龙，刘昌华.客户集中度、关键客户议价力与中小企业绩效——基于中小企业板制造业上市公司的实证研究 [J].预测，2015，34（4）.

[11] 吴非，胡慧芷，林慧妍，任晓怡.企业数字化转型与资本市场表现——来自股票流动性的经验证据 [J].管理世界，2021，37（7）.

[12] 于国红.融资约束、现金持有及其价值——基于金融危机的考察 [J].生产力研究，2011（12）.

[13] 赵珊，李桂华.分散还是集中：客户集中度与企业绩效 [J].管理评论，2023，35（2）.

[14] 赵兴庐，刘衡，张建琦.市场化程度的感知、产权制度与企业创新精神：国有和民营企业的比较研究 [J].南方经济，2014（5）.

[15] 赵秀云，单文涛.市场化进程、客户集中度与管理层业绩预告披露意愿 [J].河北经贸大学学报，2018，39（3）.

[16] Abdurakhmonov, M., Ridge, J. W., Hill, A. D. Unpacking firm external dependence：How

government contract dependence affects firm investments and market performance ［J］. Academy of Management Journal, 2021, 64（1）.

［17］ Bamiatzi, V. C., Kirchmaier, T. Strategies for superior performance under adverse conditions: A focus on small and medium-sized high-growth firms ［J］. International Small Business Journal-Researching Entrepreneurship, 2014, 32（3）.

［18］ Baum, J. A., Silverman, B. S. Picking winners or building them? Alliance, intellectual, and human capital as selection criteria in venture financing and performance of biotechnology startups ［J］. Journal of Business Venturing, 2004, 19（3）.

［19］ Cao, Y., Dong, Y., Ma, D., Sun, L. Customer concentration and corporate risk-taking ［J］. Journal of Financial Stability, 2021, 54.

［20］ Chang, H., Liu, S., Mashruwala, R. Customer bargaining power, strategic fit, and supplier performance ［J］. Production and Operations Management, 2021, 31（4）.

［21］ Dhaliwal, D., Judd, J. S., Serfling, M., Shaikh, S. Customer concentration risk and the cost of equity capital ［J］. Journal of Accounting and Economics, 2016, 61（1）.

［22］ Evers, N. The process and problems of business start-ups ［J］. The ITB Journal, 2003, 4（1）.

［23］ Fang, E., Palmatier, R. W., Evans, K. R. Influence of customer participation on creating and sharing of new product value ［J］. Journal of the Academy of Marketing Science, 2008, 36（3）.

［24］ Gao, D., Ma, J., Wang, Y. Does the risk of major customer need to be balanced? The role of customer concentration in corporate governance ［J］. PLoS One, 2021, 16（11）.

［25］ Hui, K. W., Liang, C., Yeung, P. E. The effect of major customer concentration on firm profitability: Competitive or collaborative? ［J］. Review of Accounting Studies, 2018, 24（1）.

［26］ Irvine, P. J., Park, S. S., Yıldızhan, Ç. Customer-base concentration, profitability, and the relationship life cycle ［J］. The Accounting Review, 2015, 91（3）.

［27］ Jensen, M. C., Meckling, W. H. Theory of the firm: Managerial behavior, agency costs and ownership structure ［J］. Journal of Financial Economics, 1976, 3（4）.

［28］ Lee, R. P., Naylor, G., Chen, Q. Linking customer resources to firm success: The role of marketing program implementation ［J］. Journal of Business Research, 2011, 64（4）.

［29］ Luo, X., Donthu, N. Marketing's credibility: A longitudinal investigation of marketing communication productivity and shareholder value ［J］. Journal of Marketing, 2006, 70（4）.

［30］ Ma, X., Wang, W., Wu, J., Zhang, W. Corporate customer concentration and stock price crash risk ［J］. Journal of Banking & Finance, 2020, 119.

［31］ Malmendier, U., Tate, G., Yan, J. Overconfidence and early-life experiences: The effect of managerial traits on corporate financial policies ［J］. Journal of Finance, 2011, 66（5）.

［32］ Paruchuri, S., Han, J. H., Prakash, P. Salient expectations? Incongruence across capability and integrity signals and investor reactions to organizational misconduct ［J］. Academy of Management Journal, 2021, 64（2）.

［33］Patatoukas, P. N. Customer-base concentration：Implications for firm performance and capital markets ［J］. The Accounting Review, 2011, 87（2）.

［34］Pfeffer, J., Salancik, G. R. The external control of organizations：A resource dependence perspective ［M］. Redwood City：Stanford University Press, 2003：11.

［35］Rehman, O. U., Liu, X., Wu, K., Li, J. Customer concentration, leverage adjustments, and firm value ［J］. Accounting & Finance, 2022.

［36］Saboo, A. R., Kumar, V., Anand, A. Assessing the impact of customer concentration on initial public offering and balance sheet-based outcomes ［J］. Journal of Marketing, 2017, 81（6）.

［37］Tong, L. Z., Wang, J., Pu, Z. Sustainable supplier selection for SMEs based on an extended PROMETHEE II approach ［J］. Journal of Cleaner Production, 2022, 330.

［38］Wang, L., Liao, Y., Ding, Y., Peng, T. The effect of customer concentration on supplier sustainable growth：Evidence from China ［J］. Applied Economics, 2020, 53（17）.

［39］Wen, X., Xia, J., Ye, Y. Customer stability, managerial overconfidence, and enterprise investment in innovation：A perspective based on "Made in China 2025" ［J］. Asia-Pacific Journal of Accounting & Economics, 2020, 29（3）.

［40］Yli-renko, H., Denoo, L., Janakiraman, R. A knowledge-based view of managing dependence on a key customer：Survival and growth outcomes for young firms ［J］. Journal of Business Venturing, 2020, 35（6）.

［41］Zhang, H., Lin, Z., Liu, M., Wang, K. Customer concentration and over-investment ［J］. Applied Economics, 2020, 52（46）.

［42］Zhong, W., Ma, Z., Tong, T. W., Zhang, Y., Xie, L. Customer concentration, executive attention, and firm search behavior ［J］. Academy of Management Journal, 2021, 64（5）.

Research on the Impact of Customer Concentration on Firm Financial Performance
—A Research Based on Meta-analysis Technology

Wei Zhaoyang[1]   Shen Lu[2]   Feng Yunhuan[1]   Li Yanling[1]

（1   School of Maritime Economics and Management, Dalian Maritime University, Dalian, 116026;

2   School of Economics and Management, Dalian University of Technology, Dalian, 116024）

Abstract：Should enterprises pursue a concentrated or dispersed customer base to improve financial performance? Domestic and international studies on this issue have not yet reached a consensus. To reconcile the inconsistent findings, this study employed meta-analysis to quantitatively review and analyze 101 empirical studies published from 2012 through 2023. By distinguishing firm financial performance into accounting performance and market value and drawing upon resource dependence theory and signaling theory, this research examines the differential impacts of customer concentration on the two dimensions of firm financial performance. The findings indicate that customer concentration is negatively associated with accounting performance but positively associated with market value. In addition, this research examines how firm size, firm age, ownership types, and financial policies moderate the impacts of customer concentration. The size, age, ownership type, and financial policy of firms all significantly moderate the effects of customer concentration. Specifically, in small and medium-sized enterprises, start-ups, and private enterprises, customer concentration plays a stronger role in inhibiting accounting performance while promoting market value; however, in enterprises with conservative financial policy, the negative impact of customer concentration on accounting performance strengthens, but its positive impact on market value weakens. The above conclusions provide theoretical guidance and practical insights for enterprises to effectively manage customer structure and respond to key customer dependence.

Key words：customer concentration；firm financial performance；resource dependence theory；signal theory；meta-analysis

专业主编：陈立敏

珞珈管理评论

2025 年卷第 5 辑（总第 62 辑）

Luojia Management Review

No. 5, 2025（Sum. 62）

数字政府建设的稳就业效应
——来自中小企业融资服务平台建立的证据*

● 张萌萌[1]　谢婷婷[2]　张倩倩[1]　余明桂[3]

（1　武汉大学经济与管理学院　武汉　430072；

2　新疆财经大学金融学院　乌鲁木齐　830012；

3　中南财经政法大学金融学院　武汉　430073）

【摘　要】加强数字政府建设是推进国家治理体系和治理能力现代化的重要举措。本文以地方政府中小企业融资服务平台作为数字政府建设的外生冲击，研究这种数字政府建设对中小企业就业的影响及作用机制。研究发现，这一平台显著提高了中小企业劳动雇佣规模。机制分析表明，平台主要通过贷款可得性提高和资本-技能互补效应影响企业劳动雇佣决策、促进企业劳动力升级。企业层面的经济后果表明，平台主要提高了企业对高技能劳动力的雇佣，并且降低了对低技能劳动力的雇佣，重塑了中小企业劳动雇佣结构，提高了劳动配置效率。地区层面的经济后果表明，平台还通过促进地区创业带动就业，并提高地区总就业水平。本文为数字政府建设过程中信息共享的稳就业效应提供了理论依据，也为健全更充分更高质量就业的促进机制提供了政策参考。

【关键词】数字政府建设　中小企业劳动雇佣　高技能劳动力　劳动配置效率

中图分类号：F832.41　　　文献标识码：A

1. 引言

随着新一轮科技革命和产业变革深入发展，加强数字政府建设成为创新政府治理理念和方式、形成数字治理新格局、推进国家治理体系和治理能力现代化的重要举措。作为数字政府建设的体系框架之一，数据资源和平台支撑意味着构建开放共享的数据资源体系，通过加强数据治理，依法依

* 基金项目：国家社会科学基金重大项目"以服务实体经济为导向的金融机构治理和激励约束机制研究"（项目批准号：24ZDA043）；国家社会科学基金重点项目"促进实体经济高质量发展的金融结构优化研究"（项目批准号：22AZD132）；高等学校学科创新引智基地计划（项目批准号：B21038）。

通讯作者：张萌萌，E-mail：zhmmengg@163.com。

规促进数据高效共享和有序开发利用，充分释放数据要素价值。我国数据资源 80% 以上掌握在各级政府部门手里，其中不乏与企业纳税、社保缴费、进出口、水电气、不动产、知识产权等方面相关的信息。在数字政府建设的过程中，地方政府能否释放海量数据价值，为中小企业扩大就业容量、提升就业质量提供保障，成为亟待回答的关键性问题。但是，数字政府建设的度量难题制约了数字政府建设相关研究的深入推进。地方政府中小企业融资服务平台（以下简称"政府融资服务平台"）作为数字政府建设的一项重要举措，为数字政府建设的稳就业效应提供了良好的研究场景。

根据国家统计局最新统计数据，2023 年 6 月，全国城镇调查失业率为 5.2%，其中 16~24 岁劳动力调查失业率达到 21.3%，创 2018 年有统计以来最高。中小企业是稳增长、促就业、保民生的重要力量，但是融资难和融资贵是长期以来困扰其发展的难题。为了有效提升中小企业融资便利水平，自 2015 年起一些地方政府逐步建立了跨部门跨领域的政府融资服务平台，旨在构建以信息共享为基础的高质量融资服务体系。2024 年 3 月，国务院办公厅印发的《统筹融资信用服务平台建设提升中小微企业融资便利水平实施方案》进一步指出，要充分发挥政府融资服务平台作用，破除数据壁垒，依法依规加大信息归集共享力度，有效拓展数据归集共享的广度与深度。截至 2023 年末，全国各地融资服务平台已经归集了经营主体的 17 大类 37 项约 780 亿条信用信息，累计发放银行贷款 23.4 万亿元。仅 2020 年上半年，广东各城市的政府融资服务平台共涉及企业就业人数约 80 万人。① 本文将立足数字政府建设的时代背景，探究融资服务平台的建立对中小企业就业的影响及作用机制，这对形成支持中小企业发展的常态化、长效化机制，优化调整积极的就业政策，实现更高质量和更充分就业尤为重要。

政府融资服务平台通过跨部门跨领域归集不同类型的与企业相关的信息，为金融机构贷款活动提供服务，这在破解中小企业融资难题方面发挥重要作用。具体而言，政府融资服务平台具有以下两方面的作用：第一，政府融资服务平台实现了政府部门和金融机构之间的信息共享，为金融机构持续提供多个政府部门掌握的与企业经营状况、履约能力、商业信誉等相关的信息，有效地降低了银企间的信息不对称。第二，政府融资服务平台作为一种交互媒介，可以同时为资金供需双方全面提供线上申请、智能推荐、精准匹配、信用筛查、智能风控、风险预警等全方位一站式的综合金融服务。因此，政府融资服务平台有望缓解中小企业的融资难题，对企业的劳动雇佣产生积极影响。

为了探究政府融资服务平台对中小企业劳动雇佣的影响，本文将政府融资服务平台的建立作为外生冲击，以 2013—2019 年新三板挂牌企业为研究对象②，根据企业所在城市是否建立政府融资服务平台构造实验组和对照组，利用双重差分法清晰识别政府融资服务平台与中小企业劳动雇佣之间的因果关系。本文的研究结论如下：第一，政府融资服务平台建立后，中小企业的劳动雇佣规模显著提升。通过平行趋势检验、安慰剂检验、倾向得分匹配、更换被解释变量以及控制地区层面的期初特征变量等稳健性检验后，该结论仍旧成立。第二，政府融资服务平台主要通过贷款可得性的提高和资本-技能互补效应这两个渠道影响企业劳动雇佣决策、促进企业劳动力升级。第三，政府融资

---

① 数据来自中国人民银行-分支机构动态《"粤信融"征信平台赋能稳企业保就业初见成效》，网址见：http://www.pbc.gov.cn/goutongjiaoliu/113456/113475/4072568/index.html

② 本文选择新三板挂牌企业进行研究的原因将在"样本选择与数据处理"一节进行详细说明。

服务平台的稳就业效应主要表现在外部融资依赖度较高、抵押品价值较低和研发能力较高的企业中。第四，政府融资服务平台不仅提高中小企业对高技能劳动力的雇佣水平，还通过促进地区创业带动就业，并提高地区总就业水平。

本文的学术贡献主要有以下三点：

第一，拓展了数字政府建设对企业影响的相关研究。现有文献从公共数据开放（方锦程等，2023；彭远怀，2023）和电子政务发展水平（曲永义和王可，2022；周荃等，2023）两个方面衡量数字政府建设，并研究其经济后果。目前仍缺乏从微观企业数据共享的视角考察数字政府建设的相关经济后果的讨论。本文重点关注政府融资服务平台这类数字政府建设对企业劳动雇佣的影响，有助于更好地理解政府融资服务平台的经济影响。通过深入分析政府融资服务平台的经济影响，本文也为更好地建设平台提供政策启示，并为进一步强化金融支持高质量充分就业、推进落实中小企业吸纳高校毕业生就业提供了政策依据。

第二，拓展了融资摩擦对企业就业影响的相关研究。现有文献从法律制度（Ersahin，2020；Fonseca & Van Doornik，2022）、金融发展（张三峰和张伟，2016）、金融危机（Chodorow-Reich，2014；Benmelech et al.，2019）、抵押品价值（马慧等，2022；Ersahin & Irani，2020）、关系贷款（Chodorow-Reich，2014；Behr et al.，2020）、商业信用（Barrot & Nanda，2020）等方面研究融资摩擦对企业劳动雇佣的影响。与以上文献不同，本文发现政府融资服务平台可以缓解信贷市场的融资摩擦，对企业劳动雇佣产生积极影响，并通过贷款可得性的提高和资本-高技能劳动力互补效应改善企业的劳动力结构。

第三，拓展了信贷市场中信息共享对投融资影响的相关研究。关于信贷决策中信息共享的现有文献主要从两个方面分析了信息共享对企业投融资的影响。一些研究关注了银行间信息共享对信贷决策（Pagano & Jappelli，1993；Doblas-Madrid & Minetti，2013）及就业增长的影响（Ayyagari et al.，2021）。另一些研究则关注了金融机构与税务部门间的信息共享对中小企业投融资的影响（陈彪等，2021；杨龙见等，2021）。与以上两类文献不同，本文将政府作为信息共享的参与主体，系统研究了政府部门与金融机构之间的信息共享对企业人力资本投资决策的影响。

本文后续部分安排如下：第二部分为制度背景和研究假设；第三部分为研究设计；第四部分为主要的实证结果和相关的稳健性检验；第五部分为机制分析；第六部分为异质性分析；第七部分为进一步讨论；最后为研究结论与启示。

2. 制度背景与研究假设

2.1 政府融资服务平台建立的背景

政府融资服务平台的建立，是数字政府建设理念在金融服务领域的生动实践与重要体现。首先，从数据驱动来看，数字政府建设强调整合政府各部门分散的数据资源，为实现更高效、精准的公共服务奠定基础。政府融资服务平台正是依托数字政府在数据整合与共享方面的成果，汇聚了企业多维度的数据。其次，从服务模式来看，数字政府倡导通过数智化的方式为公众和企业提供便捷服务。政府融资服务平台运用云计算、大数据、人工智能等技术，实现了银企双方的直接对接。最后，从治理决策来看，数字政府建设注重提升政府的治理能力。在政府融资服务平台建设和运营的过程中，需要多个政府部门参与推动数据的流通与业务的协同，这有助于提升政府部门之间的协作水平和整体治理能力。因此，政府融资服务平台无论是在数据驱动、服务模式还是治理决策等方面，都与数字政府建设紧密相连，无疑是数字政府建设的一项重要举措。

例如，截至 2021 年 11 月，衢州市融资服务平台（又称"衢融通"）共归集 37 个部门、209 个数据细项，涵盖水电气、社保、纳税、公积金、仓储物流、知识产权等信息。早在 2015 年，苏州等地便开始逐步建立跨部门跨领域的"政府、银行、企业"一体化互动的政府融资服务平台，尝试建立以信息共享为基础的普惠融资服务体系。截至 2022 年 11 月 30 日，苏州市融资服务平台已邀请 76 家金融机构入驻，其注册企业数量高达 23.68 万户，解决融资需求 1.14 万亿元。据此可见，政府融资服务平台提高了中小企业的银行贷款规模。截至 2022 年 6 月 30 日，已有 227 个城市建立了此类政府融资服务平台（如图 1 所示）。

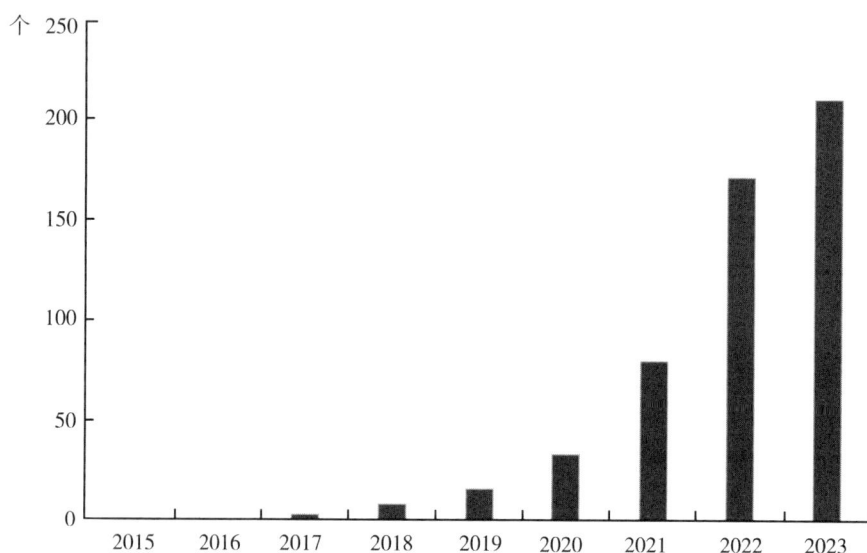

图 1　融资服务平台建立概况

资料来源：数据由作者手工收集整理。

2.2　理论分析

政府融资服务平台的建立一方面通过提高贷款可得性直接影响中小企业的劳动雇佣决策，另一方面通过优化中小企业的投资决策影响劳动雇佣结构。本文从贷款可得性和资本-技能互补两个维度阐述政府融资服务平台对企业劳动雇佣的影响。

2.2.1 贷款可得性

企业在扩大生产规模、拓展业务时往往需要更多劳动力，然而却常常面临资金短缺的困境。贷款可得性对企业劳动雇佣具有重要影响（Chodorow-Reich，2014；Benmelech et al.，2019）。正如Greenwald 和 Stiglitz（1986；1988）所指出的，当支付给劳动者的报酬与企业实现收入之间存在时间差时，企业就必须为整个生产过程中的劳动活动进行融资。与此同时，从雇佣行为本身来看，企业在雇佣劳动力时，还需承担诸如雇佣和培训等活动相关的固定成本（Oi，1962）。基于上述种种资金需求情况，贷款可得性的提升无疑能够有效缓解企业的资金压力。贷款可得性的提升使企业可以支付新员工的招聘费用、培训支出以及工资等各项成本，进而实现劳动雇佣规模的扩大。特别是对于中小企业而言，由于抵押品相对不足，更加依赖外部融资，它们的劳动雇佣决策更容易受到贷款可得性的影响（Beck et al.，2005；Banerjee et al.，2015）。

政府融资服务平台可以通过降低信息不对称和银企双方的搜寻成本，提高中小企业的信贷可得性。从信息提供的角度来看，政府融资服务平台为银行持续、及时地提供多维度信息，如水电、社保、纳税、公积金、行政处罚等与企业经营状况、履约能力和商业信誉等有关的信息。因此，政府融资服务平台提供的信息有助于降低银行与企业间的信息不对称，激励银行向中小企业提供贷款。从银企对接的角度来看，政府融资服务平台主要有两方面的积极作用：一方面，企业可以在平台上发布融资需求。银行可以直接在平台上扫描所有注册企业，进行初步筛选，并从中选择优质企业。另一方面，银行可以在平台上发布金融产品。企业可以直接扫描所有入驻平台的银行和其他金融机构的特定产品，从中选择适合自身特定需求的金融产品。因此，政府融资服务平台有助于降低银行和企业双方的搜寻成本，激励银行向中小企业提供贷款，通过提高中小企业的信贷可得性对企业劳动雇佣产生积极影响。

基于以上理论分析，本文提出如下假设：

H1：政府融资服务平台能够通过提高中小企业的贷款可得性，扩大企业的劳动雇佣规模。

2.2.2 资本-技能互补

资本-技能互补理论由 Griliches 于 1969 年率先提出，该理论指出资本与高技能劳动力之间呈现互补关系，却与低技能劳动力之间呈现替代关系。具体而言，一旦企业加大资本投资，就会提升对高技能劳动力的需求，同时减少对低技能劳动力的需求。这一理论主要基于以下两方面的逻辑：一方面，先进的资本设备往往需要高技能劳动力进行操作和维护（Krusell et al.，2000）。当企业增加资本投入、引入新的技术和设备时，高技能劳动力能够更充分地发挥这些资本的作用，进而提高生产效率。另一方面，随着企业资本投资的不断增加，先进的资本设备很可能会替代一些低技能劳动力的工作（Autor et al.，2003）。就像自动化生产技术能够完成一些重复性、规律性的工作，而这些工作原本是由低技能劳动力负责的。因此，基于资本-技能互补理论，企业资本投资增长通常会增加对高技能劳动力的雇佣需求，减少对低技能劳动力的雇佣需求。

政府融资服务平台通过优化资源配置与推动资本投资，对企业的劳动雇佣产生影响。具体而言，融资服务平台主要从以下两方面发挥作用：一方面，融资服务平台借助大数据和人工智能技术评估企业的信用风险，以此精准匹配企业的融资需求。这不仅降低信息不对称，还能通过定向贷款，助力企业购买特定的技术设备。企业在拥有这些技术设备后，为了更好地发挥其效能，会调整其雇佣结构。另一方面，融资服务平台提升了企业贷款的可得性，让企业有更充裕的资金投入研发创新。创新能够催生新业务和新产品，这会促使企业增加对各类专业人才的雇佣，进而扩大企业的雇佣规模（张杰等，2012；Aghion et al.，2007）。以支持创新型企业的发展为例，金融机构通过全面了解企业经营、专利、研发等指标，推出了"科创指数贷"。综上所述，政府融资服务平台通过优化资源配置与推动资本投资，积极地影响着企业的劳动雇佣决策，在促进企业人力资源合理配置和发展方面发挥着重要作用。

进一步，信贷可得性的提高会通过资本-技能互补效应，增加企业对高技能劳动力的雇佣（Ersahin，2020；Fonseca & Van Doornik，2022）。这是因为，企业若要雇佣更多高技能劳动力，通常需要支付更高的劳动力成本。在资本-技能互补的作用机制下，高技能劳动力相对较高的配置成本还会强化企业的信贷约束（马慧等，2022）。企业的研发活动对高技能人才有着持续且长期的需求，一旦企业陷入财务困境，便难以支撑对高技能人才的长期聘用（Brown & Matsa，2016）。鉴于此，政府融资服务平台的建立为中小企业提供丰富的金融产品，帮助企业便捷且持续地申请贷款，从而保证现金流的稳定。稳定的现金流有助于企业持续进行人力资本积累。因此，基于资本-技能互补理论，当企业的现金流得到保障并能够持续积累人力资本时，企业会相应增加对新设备和研发活动的投资。而增加的投资会进一步增加企业对劳动力的需求，尤其是对高技能劳动力的需求。

综上所述，基于资本-技能互补理论，本文提出如下假设：

H2：政府融资服务平台能够通过资本-技能互补效应，增加中小企业对高技能劳动力的雇佣。

3. 研究设计

3.1 样本选择与数据处理

本文首先根据各地级市政府门户网站获取有关建立政府融资服务平台的文件，然后根据各政府融资服务平台的具体名称和官方网站，手工收集相关新闻资讯，确定平台建立的具体时间。本文选取全国中小企业股份转让系统（简称"新三板"）的挂牌企业作为研究对象，主要基于以下原因：在服务对象方面，多地政府融资服务平台相关建设文件中明确指出，政府融资服务平台服务于包括新三板企业在内的中小企业。例如，苏州市政府印发的《苏州市金融支持企业自主创新行动计划（2015—2020）》中指出，平台主要支持包括新三板企业在内的中小企业。截至 2020 年末，新三板存量挂牌公司 8187 家，其中中小企业占比达 94%。① 本文进一步比较了 2013—2019 年中国 A 股上市公司和新三板挂牌企业的三项指标：银行贷款、商业信用和员工总数。如表 1 所示，新三板挂牌企业的银行贷款、商业信用和员工总数的规模均明显小于上市公司，且与上市公司相比，新三板挂牌

---

① 数据由全国中小企业股份转让系统（https：//www.neeq.com.cn/company/introduce.html）"公司简介"栏披露。

企业的融资方式中，银行贷款规模明显小于商业信用，且超过 45% 样本的员工规模少于 100 人。因此，本文认为，新三板企业可以作为中小企业的代表进行研究。

表1 上市公司和新三板企业的比较

变量名称	上市公司				新三板挂牌企业			
	样本	p25	p50	p75	样本	p25	p50	p75
银行贷款	17266	20000.0000	278433.2500	1194942.7500	35816	0.0000	3300.0000	19200.0000
商业信用	17266	116099.7813	334622.6250	1099490.7500	35816	1707.6287	7543.7246	23634.6934
员工总数	17266	887.0000	1942.0000	4590.0000	35816	60.0000	112.0000	220.0000

注：本文以短期贷款与长期贷款之和衡量企业的银行贷款，应付票据与应付账款之和衡量企业的商业信用，单位为千元，员工人数的单位为人。

在新冠疫情期间，为了帮助中小企业走出困境，从中央到地方相继出台了一系列纾困帮扶的政策措施，如减税降费、缓缴社保等。这些政策可能会对中小企业劳动雇佣决策产生影响。因此，本文以 2013—2019 年新三板挂牌企业为初始样本，并对初始数据进行如下处理：（1）删除样本期间 ST 类企业；（2）删除数据缺失或异常的样本；（3）删除办公地址和注册地址不在一个城市的样本；（4）删除金融类样本。最终本文确定了 35816 个企业-年度样本观测值。样本企业的财务数据来自 Wind 数据库，后续稳健性检验中的宏观经济数据来自中国研究数据服务平台（CNRDS），专利数据来自国家专利局。同时为了减少异常值的影响，本文对连续变量进行上下 1% 缩尾处理。

3.2 变量设定

3.2.1 劳动雇佣增长率

本文主要关注的被解释变量是企业劳动雇佣规模，以两种方式度量：第一，借鉴 Moscarini 和 Postel-Vinay（2012）的研究，使用公式（1）衡量劳动雇佣增长率（glabor），其中 X_{it1} 表示企业员工的期末人数，X_{it0} 表示企业员工的期初人数。第二，借鉴 Barrot 和 Nanda（2020）的做法，使用公式（2）度量劳动雇佣增长率（Glabor），X_{it1} 和 X_{it0} 的定义同上。在稳健性检验中，本文还采用其他方式度量企业劳动雇佣规模。

$$\Delta X_{it} = \frac{X_{it1} - X_{it0}}{0.5X_{it1} + 0.5X_{it0}} \tag{1}$$

$$\Delta X_{it} = \ln(X_{it1}) - \ln(X_{it0}) \tag{2}$$

3.2.2 解释变量

本文关键的解释变量是政府融资服务平台在何时建立，本文通过 Treat 和 Post 的交互项（Treat× Post）构建该指标。注册地址（Treat）是企业是否位于建立政府融资服务平台的城市的虚拟变量，是则取 1，否则取 0。建立时间（Post）是政府融资服务平台建立时间的虚拟变量，政府融资服务平台建立以后的年份取 1，否则取 0。需要说明的是，在确定 Post 时，如果政府融资服务平台在该年的上半年建立，则将该年作为政府融资服务平台建立的初始年份，在该年及以后赋值为 1；如果政府融资服务平台在该年的下半年建立，则将下一年作为初始年份，在下一年及以后赋值为 1。

3.2.3 控制变量

本文选取的控制变量主要包括企业层面影响劳动雇佣的变量：（1）企业规模（Size，企业总资产的自然对数）；（2）资产负债率（Lev，企业总负债与总资产的比值）；（3）净资产利润率（Roe，净利润与所有者权益的比值）；（4）固定资产投资（PPE，固定资产与总资产的比值）；（5）企业年龄（Age，企业成立年限的自然对数）。

3.3 模型设定

根据前述的理论分析，本文构建双重差分模型检验政府融资服务平台对中小企业就业的影响。双重差分模型具体如下：

$$Y_{i,j,t} = \theta_0 + \theta_1 \text{Treat}_{i,j} \times \text{Post}_{i,j,t} + \theta_2 \text{Controls}_{i,j,t} + \varphi_t + \delta_i + \mu_{i,j,t} \quad (3)$$

其中，i 代表企业，j 代表企业所在城市，t 代表年份，θ 表示模型回归系数。被解释变量 Y 为中小企业的劳动雇佣增长率。关键解释变量为中小企业所在城市和平台建立时间的交互项（Treat×Post），根据理论分析和研究假设，本文预期交互项系数 θ_1 显著大于 0。Controls 为控制变量构成的向量。模型还包括年度固定效应（φ）和企业固定效应（δ），μ 代表随机扰动项。此外，为得到准确的 t 统计量，模型采用企业层面的聚类标准误。

3.4 描述性统计

本文主要变量的描述性统计特征如表 2 所示。新三板企业的劳动雇佣增长率为 0.0167（或 0.0169），标准差为 0.1746（或 0.1782），表明新三板企业的劳动雇佣规模相对较小，且不同企业间存在较大差异。Treat 的均值为 0.2418，表明在样本期间大约 24.18% 的新三板企业所在地已建立政府融资服务平台。企业规模 Size 的均值为 8.9790，企业资产负债率 Lev 的均值为 0.4216，企业净资产利润率 Roe 的均值为 0.0775，企业固定资产投资 PPE 的均值为 0.1572，企业年龄 Age 的均值为 2.3387。

表 2   描述性统计特征

变量名称		变量定义	样本	均值	标准差
劳动雇佣增长率	glabor	见式（1）	35816	0.0167	0.1746
	Glabor	见式（2）	35816	0.0169	0.1782
企业所在城市是否建立平台	Treat	虚拟变量，企业所在城市是否建立平台，是则取 1，否则取 0	35816	0.2418	0.4282

续表

变量名称		变量定义	样本	均值	标准差
平台建立时间	Post	虚拟变量，平台建立之后取1，建立之前取0	35816	0.0855	0.2797
企业规模	Size	企业总资产的自然对数	35816	8.9790	1.2212
资产负债率	Lev	企业总负债与总资产的比值	35816	0.4216	0.2156
净资产利润率	Roe	净利润与所有者权益的比值	35816	0.0775	0.2309
固定资产投资	PPE	固定资产与总资产的比值	35816	0.1572	0.1581
企业年龄	Age	企业成立年限的自然对数	35816	2.3387	0.5249

注：为了更直观地对建立平台的城市进行描述性统计，本文对 Treat 和 Post 分别进行描述，但是在后续动态 DID 的研究模型中，只包含交互项 Treat×Post。

4. 回归结果与分析

4.1 基准回归结果

表3报告了公式（3）的检验结果。本文分别考虑以下两种情形：（1）只控制年度及企业固定效应；（2）加入可能影响劳动雇佣的企业特征。列（1）至（4）的结果显示，双重差分的系数显著为正，即政府融资服务平台的建立显著提高了中小企业劳动雇佣水平。本文以列（4）的回归结果为例，进一步说明估计系数的经济显著性。与对照组企业相比，政府融资服务平台的建立使实验组企业的劳动雇佣增长率上升1.21%，结合表2的描述性统计结果，这能够解释样本期内一个标准差变动的6.79%（1.21%/17.82%）。由此可见，从统计意义和经济意义来看，政府融资服务平台对企业劳动雇佣存在显著的积极影响。该结果与预期保持一致。

表3　　　　　　　　政府融资服务平台对中小企业劳动雇佣的影响

变量	（1）glabor	（2）glabor	（3）Glabor	（4）Glabor
Treat×Post	0.0173***	0.0117**	0.0180***	0.0121**
	(3.1098)	(2.1887)	(2.9876)	(2.0758)
Size		0.0885***		0.0962***
		(24.0104)		(21.8559)
Lev		0.0015		0.0058
		(0.1477)		(0.5194)
Roe		0.0986***		0.1031***
		(11.9250)		(11.2884)

续表

变量	（1）glabor	（2）glabor	（3）Glabor	（4）Glabor
PPE		0.0403**		0.0524***
		(2.3144)		(2.6936)
Age		−0.0517***		−0.0569***
		(−4.6763)		(−4.7323)
常数项	0.0152***	−0.6731***	0.0155***	−0.7328***
	(31.9301)	(−18.8273)	(30.1821)	(−17.9362)
企业固定效应	控制	控制	控制	控制
年度固定效应	控制	控制	控制	控制
观测值	35816	35816	35816	35816
Adj-R^2	0.0469	0.0878	0.0370	0.0763

注：*、**和***分别表示 10%、5% 和 1% 的显著性水平，括号内是企业层面聚类的标准误对应的 t 统计量。下同。

4.2　稳健性检验

4.2.1　平行趋势检验

使用 DID 模型需要满足的关键前提是平行趋势假设，即处理组和控制组的事前趋势是否平行。由于各城市政府融资服务平台交错建立，本文借鉴 Bertrand 和 Mullainathan（2003）的思路，以政策发生前第二期为基期，在回归中加入平台成立前三年及以前年份的虚拟变量 Pre_3、成立前一年的虚拟变量 Pre_1、成立当年的虚拟变量 Current 以及成立一年及以后年份的虚拟变量 Post_1，捕捉政府融资服务平台的动态处理效应，如表 4 所示，表 4 列（1）以 glabor 作为被解释变量，列（2）以 Glabor 作为被解释变量。由表 4 可知，在政府融资服务平台建立前，各期估计系数都不显著，实验组和控制组的中小企业劳动雇佣规模不存在显著差异。上述结果支持了平行趋势假设。

表 4　　　　　　　　　　　　　　　平行趋势检验

变　量	（1）glabor	（2）Glabor
Pre_3	−0.005	−0.003
	(0.006)	(0.006)
Pre_1	0.007	0.008
	(0.007)	(0.008)

续表

变　　量	（1）glabor	（2）Glabor
Current	0.020***	0.022***
	(0.008)	(0.008)
Post_1	0.003	0.004
	(0.009)	(0.010)
企业控制变量	控制	控制
企业固定效应	控制	控制
年度固定效应	控制	控制
观测值	35816	35816
Adj-R^2	0.088	0.076

4.2.2　政府融资服务平台交错建立的外生性

本文手工收集了全国 333 个城市（包括 293 个地级市、7 个地区、30 个自治州、3 个盟）政府融资服务平台建立的详细信息。各个城市的政府融资服务平台交错建立为本研究提供了 DID 场景。然而，政府融资服务平台的建立可能受地区金融发展及数字经济发展水平的影响，从而使该冲击可能不是外生的。本文在地区层面考虑了金融发展、经济发展和数字经济发展水平等因素，根据以下模型检验政府融资服务平台的建立是否外生：

$$\text{post}_{j,t} = \beta_0 + \beta_1 \text{controls}_{j,t-1} + \varphi_t + \delta_j + \mu_{j,t} \tag{4}$$

其中，j 代表城市，t 代表年份，β 表示模型回归系数。不同于前文 Post 定义，被解释变量 post 的定义为，政府融资服务平台建立的当年取 1，否则为 0，并删除建立以后的城市-年度样本。controls 为一组滞后一期的解释变量，包括地区经济（含数字经济）发展水平等指标。模型还包括年度固定效应（φ）和城市固定效应（δ），μ 代表随机扰动项。此外，为得到准确的 t 统计量，回归模型采用城市层面的聚类标准误。表 5 的结果表明，地区层面的经济发展水平或数字经济发展水平均不会对政府融资服务平台的建立产生显著的影响。从广义上讲，政府融资服务平台的建立时间与这些变量均没有强烈的相关性，一定程度上证实了政府融资服务平台建立的外生性。

表5　　　　　　　　　　　　　政府融资服务平台交错建立的外生性

变量	（1）post	（2）post	（3）post	（4）post	（5）post	（6）post
Loan_GDP	−0.0095					−0.0097
	(−1.1682)					(−1.2315)
lnGDPP		0.0015				0.0012
		(0.4350)				(0.3447)

续表

变量	（1）post	（2）post	（3）post	（4）post	（5）post	（6）post
GDP_Growth			0.0009			0.0008
			(0.5813)			(0.5318)
Internet				0.0006		0.0006
				(0.7771)		(0.8928)
Telecom					−0.0000	−0.0000
					(−0.5777)	(−0.8412)
常数项	0.0389***	0.0141	0.0219	0.0175	0.0342***	0.0121
	(4.9363)	(0.3901)	(1.6333)	(1.1061)	(4.3848)	(0.2683)
年度固定效应	控制	控制	控制	控制	控制	控制
城市固定效应	控制	控制	控制	控制	控制	控制
观测值	1850	1850	1848	1850	1850	1848
Adj-R^2	0.1845	0.1844	0.1842	0.1849	0.1844	0.1835

注：地区层面的解释变量定义如下：（1）Loan_GDP 用金融机构贷款余额与地区生产总值的比值表示；（2）lnGDPP 用人均 GDP(元)的自然对数衡量；（3）GDP_Growth 表示地区生产总值的增长率；（4）Internet 用互联网宽带接入用户数(百户)与地区人口(人)的比值衡量；（5）Telecom 用电信业务收入与地区人口的比值衡量。

4.2.3 安慰剂检验

本文通过将各个实验组的时间提前的方式进行安慰剂检验。检验结果如表 6 所示，本文分别将各个实验组的时间提前一年和两年进行检验发现，无论将政策冲击时间提前一年还是两年，交互项系数均不显著，证实了基准结果的稳健性。

表 6　　　　　　　安慰剂检验：将政府融资服务平台建立时间提前

变量	提前 1 年		提前 2 年	
	（1）glabor	（2）Glabor	（3）glabor	（4）Glabor
Treat×Post_placebo	0.0038	0.0067	−0.0004	−0.0028
	(0.9160)	(1.2454)	(−0.0902)	(−0.5070)
企业控制变量	控制	控制	控制	控制
企业固定效应	控制	控制	控制	控制
年度固定效应	控制	控制	控制	控制
观测值	33692	33692	31841	31841
Adj-R^2	0.1070	0.0780	0.1102	0.0797

4.2.4 倾向得分匹配

政府融资服务平台在不同时点建立具有一定的外生性，能够缓解本研究面临的内生性问题。但是，试点地区和非试点地区在企业特征等方面的差异可能会对本文的研究结论产生一定的干扰。本文采用倾向得分匹配法（PSM）对试点地区和非试点地区的中小企业进行匹配，并采用匹配后的样本进行回归分析。表7列（1）和列（2）的结果显示，经过倾向得分匹配后的 Treat×Post 的系数均在5%水平上显著为正，说明在控制试点地区和非试点地区的中小企业特征差异后，结果依然稳健。

4.2.5 更换被解释变量

借鉴已有研究，本文利用企业在职员工人数的自然对数衡量劳动雇佣（Lnlabor）。表7列（3）的关键解释变量 Treat×Post 的系数为 0.0212，且在5%的显著性水平上显著，这表明与控制组相比，建立政府融资服务平台使中小企业劳动雇佣显著提高 2.12 个百分点，估计结果仍旧是稳健的。

表7   **稳健性检验1**

	倾向得分匹配		更换被解释变量
	（1）glabor	（2）Glabor	（3）Lnlabor
Treat×Post	0.0116**	0.0119**	0.0212**
	(2.1600)	(2.0475)	(2.0976)
企业控制变量	控制	控制	控制
企业固定效应	控制	控制	控制
年度固定效应	控制	控制	控制
N	35797	35797	35816
Adj-R^2	0.0883	0.0767	0.9351

4.2.6 控制地区层面的变量

本文的基准检验结果控制了企业层面的特征变量。为了解决地区层面的遗漏变量对本文结果的影响，并避免过多控制变量带来的问题（Angrist & Pischke，2008），借鉴宋弘等（2021）的研究，本文采用两种方式解决这一担忧。一方面，本文进一步控制地区层面的基准年份特征变量与年度虚拟变量的交互项。地区层面的控制变量如下：（1）财政分权度（Finadp），即财政预算内收入与财政预算内支出的比值；（2）城市经济发展水平（LnGDPP），即人均 GDP（元）的自然对数；（3）外商投资水平（FDI），即实际使用外资与地区生产总值的比值；（4）城市人口规模（Pop），即城市人口（千人）的自然对数。另一方面，控制省份-年度固定效应。结果如表8所示，在排除这一担忧后检验结果仍旧显著。

变　　量	（1）glabor	（2）Glabor	（3）glabor	（4）Glabor
Treat×Post	0.0100**	0.0126**	0.0146**	0.0162**
	（2.0231）	（2.0323）	（2.0256）	（2.0322）
企业控制变量	控制	控制	控制	控制
期初特征变量×年度固定效应	控制	控制	控制	控制
企业固定效应	控制	控制	控制	控制
年度固定效应	控制	控制	未控制	未控制
省份-年度固定效应	未控制	未控制	控制	控制
观测值	35816	35816	35816	35816
Adj-R^2	0.1082	0.0782	0.0876	0.0759

表 8　　　　　　　　稳健性检验 2：控制期初特征变量

5. 作用机制分析

基于前文的理论分析，政府融资服务平台可能通过贷款可得性的提高和资本-技能互补效应两个渠道影响企业劳动雇佣。本文接下来将从这两个方面检验政府融资服务平台提高企业劳动雇佣的作用机制。

5.1　贷款可得性提高

如果政府融资服务平台通过提高贷款可得性对中小企业雇佣产生积极影响，那么本文预期政府融资服务平台将促进中小企业获得更多银行贷款。本文分别用银行贷款的绝对值和相对值衡量中小企业的融资水平，其中绝对值以银行贷款（千元）加 1 的自然对数（LnLoan）表示；相对值以银行贷款与资产总额的比值（Loan_Asset）表示。如果政府融资服务平台能够增加中小企业的银行贷款，本文预测，Treat×Post 的系数将显著为正。

表 9 列（1）和列（2）是相应的检验结果，其中列（1）的被解释变量为银行贷款总额的自然对数，列（2）的被解释变量为银行贷款与总资产的比值。结果表明，与控制组相比，建立政府融资服务平台地区的中小企业获得的银行贷款显著增加。具体而言，列（2）的关键解释变量 Treat×Post 的系数为 0.0108，这表明与控制组相比，建立政府融资服务平台使中小企业银行贷款与总资产的比值显著上升了 1.08 个百分点，相当于均值（0.0973）的 11.1%。这证实了政府融资服务平台的建立确实可以提高中小企业的银行贷款。

5.2　资本投资

根据前文的研究发现，政府融资服务平台确实提高了中小企业银行贷款。接下来，本文进一步验证政府融资服务平台对资本投资的影响。本文分别使用企业的固定资产投资和专利申请情况作为衡量企业的机器设备和研发活动投资的指标。如果政府融资服务平台通过资本-技能互补效应提升企业的劳动雇佣水平，那么可以预期，政府融资服务平台将促进中小企业进行更多的固定资产投资和更多的专利产出。

借鉴刘贯春等（2021）的研究，本文以现金流量表中"购建的固定资产无形资产和其他长期资产支付的现金"与总资产的比值和自然对数衡量企业固定资产投资情况，其中比值用 Inv 表示；绝对值以投资（千元）的自然对数衡量，用 LnInv 表示。如果政府融资服务平台能够提高中小企业的固定资产投资，本文预测，Treat×Post 的系数显著为正。类似地，借鉴马慧等（2022）的研究，本文以专利申请情况表示中小企业的研发活动，并用专利申请数量的自然对数（LnPat）和发明专利申请数量的自然对数（LnInvPat）表示。如果政府融资服务平台能够提高中小企业的研发投资，本文同样预测，交互项 Treat×Post 的系数显著为正。

表 9 列（3）和列（4）是固定资产投资的检验结果，列（5）和列（6）是专利申请的检验结果。结果表明，与控制组相比，建立政府融资服务平台地区的中小企业显著增加了其固定资产投资和专利活动投资。这表明政府融资服务平台的建立引致以固定资产和研发活动为代表的资本投资增加，进而通过资本-高技能互补效应提升了企业的劳动雇佣规模，从而验证了该机制。

表 9   作 用 机 制

变量	贷款可得性		资本-技能互补			
	（1）LnLoan	（2）Loan_Asset	（3）Inv	（4）LnInv	（5）LnPat	（6）LnInvPat
Treat×Post	0.3773***	0.0108***	0.0051***	0.2035***	0.1023***	0.0843***
	(4.1609)	(4.8428)	(2.8372)	(4.4409)	(4.7498)	(4.9388)
企业控制变量	控制	控制	控制	控制	控制	控制
企业固定效应	控制	控制	控制	控制	控制	控制
年度固定效应	控制	控制	控制	控制	控制	控制
观测值	35816	35816	35808	35808	35816	35816
Adj-R^2	0.6929	0.7041	0.3102	0.5979	0.4792	0.4135

6. 异质性分析

6.1 行业外部融资依赖度

本文考虑了企业所在行业的外部融资依赖度的异质性，并预期政府融资服务平台对行业外部融资依赖度较高的企业影响更显著。因为这些企业更依赖外部信贷资源以支撑其发展（宋凌云和王贤彬，2013）。政府融资服务平台使面临融资约束的企业可以筹集更多的银行贷款，进而增加对劳动力的需求。那么，相对于行业外部融资依赖度低的企业，政府融资服务平台对行业外部融资依赖度高的企业的劳动雇佣的影响更显著。基于以上逻辑分析，本文通过分组进行异质性检验。

具体而言，本文根据政府融资服务平台建立前行业层面的外部融资依赖度的中位数进行分组。借鉴 Amore 等（2013）的方法，本文计算了企业当年短期借款和长期借款的增加额与总资产的比值，并按照证监会的行业分类标准三级代码计算每年行业内所有公司外部资金依赖程度的中位数，据此确定外部融资依赖度高组和低组。表 10 报告了以外部融资依赖度中位数进行分组检验的结果，列（1）和列（2）为外部融资依赖度高组，列（3）和列（4）为外部融资依赖度低组。结果表明，行业外部融资依赖度高组 Treat×Post 的系数显著为正，而行业外部融资依赖度低组 Treat×Post 的系数则不显著。以上分析说明政府融资服务平台对外部融资依赖度较高行业的企业劳动雇佣规模有较大的促进作用。

表 10 异质性检验：行业外部融资依赖度

变量	融资依赖度高组		融资依赖度低组	
	（1）glabor	（2）Glabor	（3）glabor	（4）Glabor
Treat×Post	0.0175*	0.0179*	−0.0023	−0.0022
	(1.7907)	(1.7892)	(−0.3378)	(−0.3258)
企业控制变量	控制	控制	控制	控制
企业固定效应	控制	控制	控制	控制
年度固定效应	控制	控制	控制	控制
观测值	12989	12989	12963	12963
Adj-R^2	0.1332	0.1309	0.1192	0.1179

注：为了保证分组变量的外生性，本文根据事件发生前的特征变量进行分组，由于部分企业在样本期内上市，这部分样本被删除，导致分组样本与基准结果样本数目存在差异。后同。

6.2 抵押品价值

结合政府融资服务平台的功能，如果该平台通过提高中小企业融资对企业的劳动雇佣产生积极影响，那么本文预期，政府融资服务平台对银企间信息不对称程度较高的企业影响更为显著。因为固定资产能够作为抵押品，其价值也更容易评估，所以固定资产占比较低的企业其信息不对称程度更高（Chaney et al.，2012）。那么，相比固定资产占比高的企业，固定资产占比低的企业银行贷款的增加会更明显，对中小企业劳动雇佣的影响更显著。基于以上逻辑分析，本文通过分组进行异质性检验。

　　具体而言，本文根据政府融资服务平台建立前样本企业固定资产占比的中位数进行分组。本文以固定资产与总资产的比值衡量固定资产占比，表11报告了以固定资产占比中位数进行分组检验的结果，列（1）和列（2）为抵押品价值低组，列（3）和列（4）为抵押品价值高组。结果表明，抵押品价值低组 Treat×Post 的系数在10%的水平上显著为正，但抵押品价值高组 Treat×Post 的系数不显著。以上分析说明政府融资服务平台的稳就业效应主要表现在抵押品价值较低的企业中。

表11　　　　　　　　　　　　　　　异质性检验：抵押品价值

变量	抵押品价值低		抵押品价值高	
	（1）glabor	（2）Glabor	（3）glabor	（4）Glabor
Treat×Post	0.0144*	0.0145*	0.0024	0.0025
	（1.7768）	（1.7536）	（0.4016）	（0.4161）
企业控制变量	控制	控制	控制	控制
企业固定效应	控制	控制	控制	控制
年度固定效应	控制	控制	控制	控制
观测值	16879	16879	17080	17080
Adj-R^2	0.1097	0.1080	0.1254	0.1246

6.3 研发能力

　　本文还考虑了企业研发能力的异质性，并预期政府融资服务平台对研发能力较高的企业影响更显著。一方面，研发能力高的企业信息不对称程度更高。这是因为，研发投入高的企业具有更多与研发相关的、不对外披露的专有信息。因此，这类企业的信息不对称程度更高（Brown et al.，2009；Custódio et al.，2013）。另一方面，政府融资服务平台建立后，金融机构充分利用其信息资源，针对特定研发能力较高的中小企业进行金融产品创新，通过定向放贷有力支持中小企业的高质量发展。那么，政府融资服务平台的建立将使这些企业获得更多的银行贷款，从而对劳动雇佣的影响更显著。基于以上逻辑分析，本文通过分组进行异质性检验。

　　具体而言，本文以研发密度衡量企业的研发能力，并根据政府融资服务平台建立前样本企业研发密度的中位数进行分组，以研发费用与营业收入的比值、研发费用与总资产的比值两种方式衡量企业的研发密度。表12报告了分组检验的结果。结果表明，研发能力高组 Treat×Post 的系数显著为正，但研发能力低组 Treat×Post 的系数不显著。以上分析说明政府融资服务平台确实对研发能力较高的企业的劳动雇佣有更显著的促进作用。

表 12　　　　　　　　　　　　　　　异质性检验：研发能力

Panel A：被解释变量为 glabor

	研发支出/营业收入		研发支出/总资产	
	（1）研发能力高组	（2）研发能力低组	（3）研发能力高组	（4）研发能力低组
Treat×Post	0.0123*	0.0111	0.0197***	0.0042
	(1.6630)	(1.5357)	(2.7859)	(0.5545)
企业控制变量	控制	控制	控制	控制
企业固定效应	控制	控制	控制	控制
年度固定效应	控制	控制	控制	控制
观测值	14688	14556	14539	14724
Adj-R^2	0.1141	0.1158	0.1188	0.1103

Panel B：被解释变量为 Glabor

	研发支出/营业收入		研发支出/总资产	
	（1）研发能力高组	（2）研发能力低组	（3）研发能力高组	（4）研发能力低组
Treat×Post	0.0125*	0.0113	0.0200***	0.0044
	(1.6611)	(1.5365)	(2.7827)	(0.5690)
企业控制变量	控制	控制	控制	控制
企业固定效应	控制	控制	控制	控制
年度固定效应	控制	控制	控制	控制
观测值	14688	14556	14539	14724
Adj-R^2	0.1131	0.1145	0.1177	0.1090

7. 进一步讨论

本文证实了政府融资服务平台对中小企业的劳动雇佣规模产生积极影响，并且对不同类型企业表现出明显的异质性特征。本文接下来进一步考虑政府融资服务平台对企业劳动力结构、地区层面的经济后果的影响。

7.1　劳动力结构

本文分析了政府融资服务平台对劳动力结构的影响。结果如表 13 所示，与基准回归中劳动雇佣增长率的计算方式类似，本文利用公式(1)和公式(2)计算高技能劳动力增长率、低技能劳动力增长率。参考以往文献对高技能劳动力的定义（钱雪松和石鑫，2023），本文将本科及以上学历员工认定为高技能劳动力，本科以下学历员工认定为低技能劳动力，并以 ghlabor 和 Ghlabor 表示高技能劳动力增长率，gllabor 和 Gllabor 表示低技能劳动力增长率。表 13 中的结果表明，与控制组的企业相比，政府融资服务平台的建立提高了中小企业高技能劳动力的雇佣水平，且在 1% 的水平上显著为正，并对低技能劳动力的雇佣水平存在明显的替代作用，即政府融资服务平台重塑了中小企业的劳动力雇佣结构。综上，政府融资服务平台显著提高中小企业的劳动雇佣规模，并且主要增加高技能劳动力雇佣水平。这也与前文中的资本-技能互补效应一致。

表 13 政府融资服务平台对劳动力结构的影响

变 量	（1）ghlabor	（2）Ghlabor	（3）gllabor	（4）Gllabor
Treat×Post	0.0668***	0.0925***	−0.0362*	−0.1497***
	(4.7758)	(5.1658)	(−1.6965)	(−3.2565)
企业控制变量	控制	控制	控制	控制
企业固定效应	控制	控制	控制	控制
年度固定效应	控制	控制	控制	控制
观测值	29617	29511	25711	25711
Adj-R^2	0.0024	0.0043	0.3653	0.3379

注：由于样本企业的学历结构数据的缺失，该表中的样本数量少于基准回归中的样本数量。

7.2 地区创业

外部融资可得性对初创企业尤为重要，融资可得性影响着创业企业的开业和倒闭（Black & Strahan，2002），因此政府融资服务平台可能对地区创业产生影响。借鉴赵涛等（2020）的研究，本文分别以地区-行业层面新注册企业数的自然对数和新注册企业数与地区总人口的比值两种方式度量地区创业水平。表 14 列（1）的被解释变量为地区创业。结果表明，政府融资服务平台对地区创业产生了积极的促进作用。政府融资服务平台帮助创业者突破创业的资金门槛，提高了创业的可能，进而通过促进地区创业带动就业。

7.3 地区就业

当地区建立政府融资服务平台后，一些企业雇佣更多的劳动力，这可能导致其他企业的劳动力减少，从而产生挤出效应。本文进一步从地区就业总量考察政府融资服务平台的建立对地区就业的影响。本文以地区-行业层面就业人员的自然对数度量地区就业情况。结果如表 14 列（2）所示。结果表明，政府融资服务平台显著促进了地区就业，这也与前文的相关结果保持一致。因此，政府融服务平台在地区层面的稳就业效应是有效的。

表 14 政府融资服务平台对地区创业和就业的影响

变 量	（1）EntruInd/Pop	（2）lnEmployee
Treat×Post	0.9626**	0.0480**
	（2.2870）	（2.0745）
Finadp	−1.3891	0.2053**
	（−1.3055）	（2.3091）
lnGDPP	0.0001	0.0073
	（0.0050）	（0.9682）
FDI	−3.2376	0.3833
	（−0.5567）	（0.7274）
Pop	−4.1115***	0.0742**
	（−13.0222）	（2.0494）
常数项	41.4942***	1.5452***
	（16.0169）	（4.9498）
年度固定效应	控制	控制
行业固定效应	控制	控制
城市固定效应	控制	是
观测值	34527	34527
Adj-R^2	0.7869	0.7604

注：地区-行业层面新注册企业数据来自"天眼查"平台；地区-行业层面的就业数据及控制变量数据来自 CNRDS。括号内是城市层面聚类的标准误对应的 t 统计量。

8. 研究结论与启示

加强数字政府建设是推进国家治理体系和治理能力现代化的重要举措。本文以各地级市政府融资服务平台的建立为契机，考察了数字政府建设对中小企业劳动雇佣的影响及其作用机制。研究结果发现，政府融资服务平台的建立显著扩大了中小企业劳动雇佣规模，且主要通过贷款可得性提高和资本-技能互补效应影响企业劳动雇佣决策、促进企业劳动力升级。进一步的异质性检验表明，在行业融资依赖度较高、抵押品价值较低和研发能力较高的企业中，政府融资服务平台的促进作用更为显著。地区层面的经济后果检验发现，政府融资服务平台不仅促进了地区创业，还提高了地区就业水平。

本文的研究结果对政府融资服务平台的建设和完善具有重要的政策启示。

第一，充分拓宽政府数据共享的范围，发挥数据要素价值。本文的研究结果表明，政府融资服务平台作为数字政府建设的重要举措，通过数据赋能和数字普惠为解决企业吸纳就业、激励创业带动就业问题提供了新方法与新思路。在数据共享方面，政府不仅要进一步拓宽政府数据共享的范围，还要加强与其他数据所有者的合作。这意味着，一方面，在保证信息安全与隐私安全的基础上，政府需要进一步与金融机构共享政府部门已掌握的信息。另一方面，政府需要发挥举国体制优势，利用强有力的整合能力，加强与企业、高校及科研机构等其他数据所有者的合作，并在平台进行共享。

第二，完善融资支持政策制度，促进广大中小企业就业提质扩面。本文的结果说明，在数字政府建设的过程中，市场化的信贷政策推动中小企业吸纳更多的高校毕业生就业，并发挥创业带动就业倍增效应。因此，在数字政府发展的过程中，需要依靠数据资源高效利用和开放共享健全融资支持政策制度，持续扩大信用贷款规模，通过营造富有活力的就业环境，进一步培育更多新就业形态，吸纳更多就业，促进更高质量和更充分就业目标的实现。

第三，更好发挥政府的推动作用，提供丰富的服务功能和金融创新产品。政府融资服务平台兼顾公益性和市场化特点，实现了"政府搭台、多方唱戏"的一体化互动。这意味着政府融资服务平台要满足各方利益诉求与价值共创需求。因此，政府不仅需要积极鼓励银行入驻，还需要鼓励其他金融机构如保险机构、再保险机构、担保机构等入驻，建立多元化中小企业融资风险缓释和共担机制。金融机构则需要进行多样化的金融创新，应对中小企业的异质性融资需求。

◎ 参考文献

[1] 陈彪，罗鹏飞，杨金强. 银税互动、融资约束与小微企业投融资[J]. 经济研究，2021，56(12).

[2] 方锦程，刘颖，高昊宇，董纪昌，吕本富. 公共数据开放能否促进区域协调发展？——来自政府数据平台上线的准自然实验[J]. 管理世界，2023，39(9).

[3] 刘贯春，叶永卫，张军. 社会保险缴费、企业流动性约束与稳就业——基于《社会保险法》实施的准自然实验[J]. 中国工业经济，2021(5).

[4] 刘治彦，哈秀珍，曹建萍. 产融合作与金融服务实体经济效率——基于试点城市的准自然实验[J]. 江西社会科学，2024，44(12).

[5] 马慧，陈胜蓝，刘晓玲. 担保物权制度改革与企业劳动力结构[J]. 金融研究，2022(10).

[6] 彭远怀. 政府数据开放的价值创造作用：企业全要素生产率视角[J]. 数量经济技术经济研究，2023，40(9).

[7] 钱雪松，石鑫. 企业财务杠杆、债务偿还压力与劳动雇用：来自中国的证据[J]. 世界经济，2023，46(9).

[8] 曲永义，王可. 中国政务服务信息化及其对企业创新的影响研究[J]. 数量经济技术经济研究，2022，39(4).

[9] 宋弘，封进，杨婉彧. 社保缴费率下降对企业社保缴费与劳动力雇佣的影响[J]. 经济研究，2021，56(1).

[10] 宋凌云，王贤彬. 政府补贴与产业结构变动[J]. 中国工业经济，2013(4).

[11] 王亮亮，王智超，阮语. 社会信用体系建设与企业投资效率[J]. 江西社会科学，2025，45(1).

[12] 王晓丹，石玉堂，刘达. 数据要素市场化配置对数实融合的影响研究——基于数据交易平台设立的准自然实验[J]. 广东财经大学学报，2024，39(2).

[13] 杨龙见，吴斌珍，李世刚，彭凡嘉."以税增信"是否有助于小微企业贷款？——来自"银税互动"政策的证据[J]. 经济研究，2021，56(7).

[14] 张杰，芦哲，郑文平，陈志远. 融资约束、融资渠道与企业 R&D 投入[J]. 世界经济，2012，35(10).

[15] 张三峰，张伟. 融资约束、金融发展与企业雇佣——来自中国企业调查数据的经验证据[J]. 金融研究，2016(10).

[16] 赵涛，张智，梁上坤. 数字经济、创业活跃度与高质量发展——来自中国城市的经验证据[J]. 管理世界，2020，36(10).

[17] 郑琼. 数字赋能视角下数字政府整体智治的实现路径[J]. 郑州大学学报(哲学社会科学版)，2024，57(3).

[18] 周乐欣. 区域数据要素市场化配置发展模式及驱动路径研究[J]. 贵州社会科学，2023(12).

[19] 周荃，葛尔奇，陈希路，徐现祥. 数字政府促进经济发展：理论机制与跨国证据[J]. 数量经济技术经济研究，2023，40(12).

[20] Aghion，P.，Fally，T.，Scarpetta，S. Credit constraints as a barrier to the entry and post-entry growth of firms[J]. Economic Policy，2007，22(52).

[21] Amore，M. D.，Schneider，C.，Žaldokas，A. Credit supply and corporate innovation[J]. Journal of Financial Economics，2013，109(3).

[22] Angrist，J. D.，Pischke，J. S. Mostly harmless econometrics：An empiricist's companion [M]. Princeton：Princeton University Press，2008.

[23] Autor，D. H.，Levy，F.，Murnane，R. J. The skill content of recent technological change：An empirical exploration[J]. The Quarterly Journal of Economics，2003，118(4).

[24] Ayyagari，M.，Juarros，P.，Martinez Peria，M. S.，Singh，S. Access to finance and job growth：Firm-level evidence across developing countries[J]. Review of Finance，2021，25(5).

[25] Banerjee，A.，Duflo，E.，Glennerster，R.，Kinnan，C. The miracle of microfinance? Evidence from a randomized evaluation[J]. American Economic Journal：Applied Economics，2015，7(1).

[26] Barrot，J. N.，Nanda，R. The employment effects of faster payment：Evidence from the federal quickpay reform[J]. Journal of Finance，2020，75(6).

[27] Beck，T.，Demirguc-Kunt，A.，Levine，R. SMEs，growth，and poverty：Cross-country evidence [J]. Journal of Economic Growth，2005，10.

[28] Behr，P.，Norden，L.，de Freitas Oliveira，R. Labor and finance：The effect of bank relationships [J]. Journal of Financial and Quantitative Analysis，2020，59(1).

[29] Benmelech，E.，Frydman，C.，Papanikolaou，D. Financial frictions and employment during the great depression[J]. Journal of Financial Economics，2019，133(3).

[30] Bertrand, M., Mullainathan, S. Enjoying the quiet life? Corporate governance and managerial preferences[J]. Journal of Political Economy, 2003, 111(5).

[31] Black, S. E., Strahan, P. E. Entrepreneurship and bank credit availability[J]. Journal of Finance, 2002, 57(6).

[32] Brown, J. R., Fazzari, S. M., Petersen, B. C. Financing innovation and growth: Cash flow, external equity, and the 1990s R&D boom[J]. Journal of Finance, 2009, 64(1).

[33] Brown, J., Matsa, D. A. Boarding a sinking ship? An investigation of job applications to distressed firms[J]. Journal of Finance, 2016, 71(2).

[34] Chaney, T., Sraer, D., Thesmar, D. The collateral channel: How real estate shocks affect corporate investment[J]. American Economic Review, 2012, 102(6).

[35] Chodorow-Reich, G. The employment effects of credit market disruptions: Firm-level evidence from the 2008-9 financial crisis[J]. Quarterly Journal of Economics, 2014, 129(1).

[36] Custódio, C., Ferreira, M. A., Laureano, L. Why are US firms using more short-term debt? [J]. Journal of Financial Economics, 2013, 108(1).

[37] Doblas-Madrid, A., Minetti, R. Sharing information in the credit market: Contract-level evidence from US firms[J]. Journal of Financial Economics, 2013, 109(1).

[38] Ersahin, N., Irani, M. Collateral shocks and corporate employment[J]. Review of Finance, 2020, 24(1).

[39] Ersahin, N. Creditor rights, technology adoption, and productivity: Plant-level evidence[J]. Review of Financial Studies, 2020, 33(12).

[40] Fonseca, J., Van Doornik, B. Financial development and labor market outcomes: Evidence from Brazil[J]. Journal of Financial Economics, 2022, 143(1).

[41] Greenwald, B., Stiglitz, J. E. Externalities in economies with imperfect information and incomplete markets[J]. Quarterly Journal of Economics, 1986, 101(2).

[42] Greenwald, B., Stiglitz, J. E. Pareto inefficiency of market economies: Search and efficiency wage models[J]. American Economic Review, 1988, 78(2).

[43] Griliches, Z. Capital-skill complementarity[J]. Review of Economics and Statistics, 1969, 51(4).

[44] Krusell, P., Ohanian, L. E., Ríos-Rull, J. V., Violante, G. L. Capital-skill complementarity and inequality: A macroeconomic analysis[J]. Econometrica, 2000, 68(5).

[45] Moscarini, G., Postel-Vinay, F. The contribution of large and small employers to job creation in times of high and low unemployment[J]. American Economic Review, 2012, 102(6).

[46] Oi, W. Labor as a quasi-fixed factor[J]. Journal of Political Economy, 1962, 70(6).

[47] Pagano, M., Jappelli, T. Information sharing in credit markets[J]. Journal of Finance, 1993, 48(5).

珞珈管理评论

2025 年卷第 5 辑（总第 62 辑）

The Stabilizing Employment Effect of Digital Government Construction: Evidence from Financing Service Platform for SMEs

Zhang Mengmeng[1]　　Xie Tingting[2]　　Zhang Qianqian[1]　　Yu Minggui[3]

(1　Economics and Management School, Wuhan University, Wuhan, 430072;

2　School of Finance, Xinjiang University of Finance and Economics, Urumqi, 830012;

3　School of Finance, Zhongnan University of Economics and Law, Wuhan, 430073)

Abstract: Strengthening the construction of digital government is an important measure to promote the modernization of the national governance system and governance capacity. This paper takes the local government financing service platform for small and medium-sized enterprises as an external impact of digital government construction, and studies the impact and mechanism of this digital government construction on the employment of SMEs. Research has found that the platform significantly increases the scale of labor employment for SMEs. Mechanism analysis shows that the platform mainly influences enterprise labor employment decisions and promotes labor upgrading through improved loan availability and capital skill complementarity effects. The economic consequences at the enterprise level have been found that platforms have mainly increased the employment of high skilled labor by enterprises and reduced the employment of low skilled labor, reshaping the employment structure of SMEs and improving labor allocation efficiency. The economic consequences at the regional level indicate that the platform also promotes regional entrepreneurship to drive employment and increase the overall employment level in the region. This paper provides a theoretical basis for the stable employment effect of information sharing in the process of digital government construction, and provides policy references for improving the promotion mechanism of more comprehensive and high-quality employment.

Key words: Digital government construction; Employment of small and medium-sized enterprises; High-skilled labor; Labor allocation efficiency

专业主编：潘红波

珞珈管理评论
2025 年卷第 5 辑（总第 62 辑）

Luojia Management Review
No. 5, 2025 (Sum. 62)

注册制改革与 IPO 公司研发支出资本化*

● 李 璇 赵 荣

（贵州大学管理学院 贵阳 550025）

【摘 要】从会计政策选择的角度，考察了注册制下 IPO 公司研发支出会计信息质量是否有所提高。研究发现，相比核准制，注册制下 IPO 公司选择研发支出资本化的概率和资本化金额更高。机制分析表明，这种改变并非研发创新能力较强公司的信号传递行为，而是会计操纵的结果。进一步，注册制科创板公司可能出于满足利润和市值上市条件的目的，实施研发支出资本化操纵。异质性分析发现，国有企业在注册制下实施研发支出资本化操纵的行为更加严重；高质量审计、机构投资者和独立董事监督能够有效抑制 IPO 公司的资本化操纵行为。最后，注册制下 IPO 公司资本化水平越高，IPO 定价效率和市场收益率越低。本文研究有助于深入理解注册制下研发支出会计信息的产生机制，同时从会计政策选择的角度，为加强上市公司研发支出会计信息监管和提升 IPO 信息披露质量提供有益参考。

【关键词】注册制改革 研发支出资本化 会计政策选择 会计信息质量

中图分类号：F231.2 文献标识码：A

1. 引言

中共中央、国务院发布的《国家创新驱动发展战略纲要》明确提出，到 2050 年把我国建设成为世界科技创新强国、世界主要科学中心和创新高地。研发活动作为增强企业创新能力和核心竞争力的关键手段，其投入正在逐年攀升。国家统计局数据显示，2023 年我国企业研发支出金额约为 2.6 万亿元，5 年内增幅高达 70%。如何合理且公允地将日益增长的研发支出体现在财务报表中以利于信息使用者决策，成为一个越来越重要的会计问题。与此同时，为支持高新技术企业高质量发展、扩大直接融资来源，我国相继于 2019 年和 2020 年推出科创板和创业板股票发行注册制改革，并于 2023 年 2 月 1 日实施全面注册制改革。注册制以信息披露为核心，关键在于提升公司的信息披露质

---

* 基金项目：国家社会科学基金青年项目"新股发行注册制下双重问询监管影响因素、治理效应及优化路径研究"（22CGL011）。

通讯作者：李璇，E-mail：xli3@ gzu. edu. cn。

量，以优化投资者决策和资本市场资源配置。那么，注册制下研发支出会计信息质量是否有所提升，进而有助于投资者更好地评估公司价值，就成为一个急需研究的重要问题。

我国企业会计准则规定研发支出会计处理采用有条件的资本化，而非美国等国家的全部费用化。一个重要的原因是有条件的资本化可以更好地反映不同研发支出的经济实质（王亮亮等，2012）。相比不满足资本化条件的研发支出，满足资本化条件的研发支出意味着公司研发活动取得了阶段性进展，未来研发成功和带来经济利益流入的可能性较高。然而，现行会计准则和证券法规对这一处理方式只有原则性的规定，并未给出实质性规定或较为详尽的披露要求。原则导向的会计准则由于无法直接针对各行业研发活动中诸多繁杂、个性化甚至不显著的时点或标志给出明确的指导意见，企业在研发支出会计政策选择上具有较大的主观判断空间。由此，资本化可以作为企业向投资者和其他利益相关者传递研发创新能力的信号，缓解内外部信息不对称，也可能成为企业较隐蔽的会计操纵手段。

核准制下，证券发行监管部门保证研发支出会计信息质量的主要手段是鼓励公司采用费用化处理方式，并审慎进行资本化①，这形成了 IPO 公司过度费用化的现象。过度费用化不仅不利于如实反映研发项目进程和成败等信息，而且会显著降低公司的经营业绩和财务状况（黄世忠，2020），这可能导致研发强度较高的科技创新型公司难以满足发行上市条件，或者上市新股发行价格被压低，从而对其上市融资造成不利影响。但是，在以财务信息为基础的实质性审核背景下，过度费用化是监管部门保证公司盈利质量并最小化隐性担保责任的理性选择，也是发行人最大化"过会"概率的理性选择（辛清泉等，2021）。为了消除核准制的弊端，注册制改革一方面取消了监管部门对公司盈利能力的实质性审核，降低了上市财务门槛；另一方面对信息披露质量提出较高要求，并增加了预计市值和科创属性的规定。那么，注册制改革会如何影响 IPO 公司研发支出的会计政策选择？注册制下 IPO 公司的研发支出资本化更多是信号传递行为，还是为满足上市条件、提高股票价格而实施的会计操纵？投资者又是如何看待 IPO 公司的研发支出会计政策选择？对上述问题的回答，不仅有助于我们深入理解注册制下研发支出会计信息的产生机制，而且从会计政策选择的角度，为加强上市公司研发支出会计信息监管和提升 IPO 信息披露质量提供有益参考。

本文考察了注册制改革对 IPO 公司研发支出资本化的影响。研究发现，相比核准制，注册制下 IPO 公司选择研发支出资本化的概率和资本化金额更高。机制检验发现，这种改变并非研发创新能力较强公司的信号传递行为，而是会计操纵的结果。进一步，对于注册制科创板公司来说，满足利润和市值上市条件是实施研发支出资本化操纵的动机之一。异质性分析发现，国有企业在注册制下实施研发支出资本化操纵的行为更加严重；高质量审计、机构投资者和独立董事监督能够有效抑制 IPO 公司的资本化操纵行为。最后，资本化水平越高，IPO 定价效率和市场收益率越低，说明投资者在一定程度上能够看穿 IPO 公司的资本化操纵行为，并给予负面评价。

本文的创新及研究贡献主要为：

---

① 在 2008 年保荐代表人培训中，证监会发行部杨郊红在"创业板 IPO 财务审核"中提到"创业板研发支出资本化问题要高度关注，严格把关；会里的审核精神是鼓励采用研发费用加计扣除，而不是资本化；发行人一定要慎用资本化"。2010 年深交所上市推广部陈杰也撰文提到，保荐机构要关注拟上市企业研发支出会计处理问题。2011年第一期、第三期和第四期保代培训都提到了研发支出资本化处理的利润操纵风险。

第一，拓展了研发支出会计政策选择的研究。国外部分文献考察了研发支出资本化的信息传递和盈余管理行为（Cazavan-Jeny and Jeanjean，2006；Dinh et al.，2016；Dargenidou et al.，2021）；国内相关研究主要从控股股东质押、研发补助、业绩压力和税收等角度考察了研发支出会计政策选择（黄亮华和谢德仁，2014；王亮亮，2016；谢德仁等，2017；宋建波等，2020），但是鲜有研究关注资本市场制度的影响。已有研究表明，资本市场监管和政治成本会对公司会计行为产生影响（Watts and Zimmermans，1986；Wang and Han，1998；蔡宁和魏明海，2009）。基于此，辛清泉等（2021）检验了核准制下证券准入监管如何影响 IPO 公司研发支出会计政策选择。本文则基于我国新股发行制度变迁的背景，考察注册制改革对 IPO 公司研发支出资本化的影响及其内在机理，由此拓展了研发支出会计政策选择的研究。

第二，为评估注册制下 IPO 公司信息披露质量提供了新的视角。IPO 公司由于信息披露有限，信息不对称问题严重。国内外研究表明，公司在 IPO 阶段存在显著的盈余管理行为（Teoh et al.，1998；蔡春等，2013）。注册制以信息披露为核心，因此检验注册制下 IPO 信息披露质量就成为重要的理论和现实问题。现有研究主要集中于注册制改革对公司整体信息质量的影响，例如注册制通过 IPO 审核问询提升了招股说明书的信息质量，降低了 IPO 公司对总体盈余数字的操纵水平（俞红海等，2022；黄俊等，2023）。本文则聚焦对企业发展日益重要的研发支出，考察注册制改革对研发支出资本化信息的影响，研究发现注册制下 IPO 公司利用研发支出会计政策选择的操纵显著增加。由此，本文为评估注册制下 IPO 信息披露质量提供了新的视角和经验证据，同时丰富了 IPO 公司会计操纵的研究。

第三，丰富了 IPO 公司研发操纵相关研究。随着创新信息逐渐成为 IPO 定价的重要影响因素，越来越多的研究开始关注 IPO 公司的研发操纵行为。现有研究主要聚焦于 IPO 公司实施的专利管理、研发支出操纵和研发人员操纵（Fedyk et al.，2017；龙小宁和张靖，2021；左璇和章卫东，2023；谢陈昕等，2024）。本文则考察了 IPO 公司借助会计政策隐性选择的手段实施的研发操纵，丰富了注册制下 IPO 公司研发操纵的研究。

第四，本文研究结论对全面实行股票发行注册制后监管部门加强研发支出会计政策选择的监管和提升上市公司信息披露质量具有重要启示。核准制下过度费用化的监管方式虽然有助于减少资本化操纵行为，但仅仅是保证了会计信息形式上的"真实"，而没有使会计信息在实质上做到如实反映。因此，全面实行股票发行注册制后，应在以信息披露为核心、以市场化为导向的原则下，探索提升研发支出会计信息质量的制度规则。

2. 制度背景与文献综述

2.1　制度背景

2.1.1　研发支出会计处理

目前，世界各国根据不同的政治、经济、文化环境对企业研发支出会计处理主要形成三种不同的方法。第一，以美国、德国等为代表的研发支出全部费用化。第二，以荷兰、瑞士等为代表的研发支出全部资本化。第三，以英国、日本等为代表的介于全部费用化与全部资本化之间的有条件资本化，即企业的研发支出在满足会计准则所规定的条件时将其资本化，确认为资产；反之则予以费用化，计入当期损益。我国企业会计准则对研发支出会计处理的规定经历了从完全费用化到有条件资本化的变革①。相比完全费用化的处理方式，有条件的资本化根据不同研发支出在创造未来经济利益方面的不确定性进行不同的会计处理，因而可以更好地反映不同研发支出的经济实质。但是，原则导向的处理方法使得资本化具有较大的主观判断空间，主要体现在三个方面。（1）难以清晰划分研究阶段与开发阶段的界限；（2）难以准确判断资本化五个条件；（3）难以对非研发专用的固定资产、人工成本等按项目划分并准确计量。上述主观判断空间为公司利用研发支出资本化进行盈余操纵提供了条件。

2.1.2 注册制改革

为促进我国资本市场健康发展，2018 年 11 月 5 日习近平总书记在首届中国国际进口博览会上宣布设立科创板并试点注册制，随后注册制分别于 2019 年 7 月 22 日和 2020 年 8 月 24 日在科创板与创业板正式实行。2023 年 2 月 17 日证监会发布全面实行股票发行注册制的相关制度规则，标志着我国资本市场正式迈入全面注册制新时代。相较于核准制，注册制有如下几个显著特点：

第一，关于审核理念，从以价值审核为中心转变为以信息披露为核心。核准制以价值审核为中心，本质上是基于专家视角的价值判断（张光利等，2021），财务信息被视为评估公司价值的重要基础，IPO 公司必须达到较高的业绩门槛才能获得上市资格。注册制审核以信息披露为核心，实行审核问询制度，通过多轮"提出问题、回答问题"的过程提升 IPO 公司信息披露质量。同时，注册制取消了核准制对持续盈利能力的要求，采用更具包容性的上市条件，如科创板包含 5 套上市标准，分别对利润、市值、营业收入、研发投入等指标作出不同的要求，并更加看重企业的创新价值。

第二，关于监管思路，从注重行政管制到放松事前管制、加强事中事后监管。在核准制下，公司能否获得上市资格受到监管部门严格的准入管制，这导致监管人员一方面承担了对 IPO 公司价值的隐性担保责任，另一方面，可能利用监管权力进行权力寻租和腐败。然而在注册制下，拟 IPO 公司能否获得上市资格主要取决于信息披露质量，并且对信息披露的审核从证监会转移到更加市场化的证券交易所，审核人员不再承担隐性担保责任。同时，注册制加大了对违法违规行为的惩罚力度，显著提高了公司的违规成本。

第三，关于新股定价，从政府定价管制转变为市场化定价。核准制下政府通过"窗口指导""首日限价"等方式干预新股定价，如市盈率不超过 23 倍、首日收益率限制在 44% 以内，这导致新股发行价格严重偏离公司真实价值，IPO 定价效率低下。注册制采用更加市场化的询价方式，投资者根据公司信息披露对新股价值做出判断，使得新股定价更接近公司真实价值。

---

① 1993 年实施的《企业财务通则》规定，企业技术开发费计入管理费用；2001 年生效的《企业会计准则——无形资产》规定，企业研发支出全部计入当期损益，即采用完全费用化处理；2006 年颁布的《企业会计准则第 6 号——无形资产》规定，企业在开发阶段的研发支出，符合规定的五项条件时，可进行资本化处理，即采用有条件的资本化处理方式。

第四，关于发行人和中介机构责任，更加强调发行人为信息披露的第一责任人，压实中介机构责任。相比核准制，注册制在弱化政府行政干预的同时更加突出发行人为信息披露的首要责任方，同时进一步强化了中介机构的市场"看门人"职责。对这些市场主体作用的重视能够有效提高公司的信息披露质量。

2.2 文献综述

2.2.1 研发支出会计政策选择相关研究

目前企业主要出于以下两个目的选择不同的研发支出会计政策：一是盈余操纵，二是传递自身较高研发创新能力的信号。

从盈余操纵方面来看，研发支出会计政策选择的主观性较强，企业常将其作为盈余管理的工具（Nelson et al.，2003）。具体而言，企业利用会计政策选择进行盈余管理主要有三种动机，分别是契约假说、资本市场假说和政治成本假说（Watts and Zimmermans，1986）。基于契约假说，公司债务契约（Daley and Vigeland，1983）、经理人薪酬辩护（谢德仁等，2014）等因素会促使企业将研发支出会计处理作为利润调整的工具。基于资本市场假说，上市公司可能为了避免亏损、再融资和保持上市资格，而进行研发支出资本化处理（许罡和朱卫东，2010；王艳等，2011）。黄亮华和谢德仁（2014）发现公司上市前面临的业绩压力越大，研发支出资本化的概率越高。谢德仁等（2017）研究发现，控股股东股权质押的公司更倾向于将开发支出资本化以进行正向盈余管理。章卫东等（2017）发现，关联股东通过将研发支出费用化以压低股价，从而实现低价认购新股的目的。基于政治成本假说，为了规避监管审查，小规模企业更倾向于将研发支出资本化（Cazavan-Jeny and Jeanjean，2006）。我国学者发现，低税率和获得研发补助公司的研发支出资本化水平显著更高（王亮亮，2016；宋建波等，2020）。辛清泉等（2021）基于证券准入监管强度视角，发现相比上市之后，企业在上市之前受到的监管强度更大，从而研发支出资本化程度更低。

从信号传递方面来看，企业研发支出资本化可向外界传递自身较高的研发创新能力、研发活动接近成功的信号，进而提高投资者对企业未来发展前景的预期。大量研究发现，研发支出资本化具有较强的价值相关性，能够预测未来经济利益的增加（Bong and Manry，2004；Tutticci et al.，2007；Shah et al.，2013；张倩倩等，2017；Dargenidou et al.，2021）。

可以看出，企业研发支出资本化的情况比较复杂，既存在将研发支出资本化作为盈余管理工具的情况，也存在利用研发支出资本化进行真实信号传递的情况。在政府监管和资本市场制度对我国上市公司行为有显著影响的背景下，注册制改革能否提升 IPO 公司的研发支出会计信息质量，减少公司利用研发支出会计政策选择进行的操纵行为，尚未有研究给予关注。

2.2.2 注册制改革相关研究

注册制改革是我国完善资本市场基础制度的重大举措。现有文献主要从壳公司价值、IPO 抑价、股价同步性等角度（时昊天等，2021；吴锡皓和张弛，2022；巫岑等，2022），肯定了注册制改革对于提升 IPO 定价效率和市场运行效率的积极作用。我国率先在科创板实行注册制的原因之一是在创新驱动发展战略下资本市场大力支持高新技术企业上市融资。彭涛等（2023）和祝文达等（2023）研究发现，注册制改革提高了市场对创新企业的估值，增加了优质创新企业的上市积极性。关于注册制改革对公司信息披露质量的影响，俞红海等（2022）发现，注册制审核问询能提升招股说明书信息披露的程度；黄俊等（2023）研究发现，科创板公司相较于其他板块公司在 IPO 时应计盈余管理程度更低；林志伟和肖逸灵（2024）发现，相较于核准制，注册制下的 IPO 公司在上市前有更高的会计稳健性。可以看出，已有关于注册制改革效果的研究主要集中于 IPO 定价效率、创新企业估值和会计信息质量等方面，尚未有研究从研发支出会计政策选择的角度考察注册制改革的效果。更为重要的是，虽然注册制改革提升了 IPO 公司总体盈余数据的信息质量，但是对一些主观性较强的单个会计数据质量会产生何种影响，尚有待实证检验。

3. 理论分析与研究假设

实践中，企业研发支出资本化可能包含两部分内容：一是满足资本化条件的研发支出（真实的研发支出资本化），二是不满足资本化条件但进行资本化的研发支出（操纵的研发支出资本化）。本文分别分析注册制改革对这两部分研发支出资本化的影响。

3.1 注册制改革对满足资本化条件的研发支出资本化的影响

首先，不同于核准制以价值审核为中心，注册制审核制度以信息披露为核心，这有助于降低 IPO 公司将真实研发支出进行资本化可能面临的准入监管成本。在核准制价值审核的理念下，IPO 审核的目标是从大量的申请对象中筛选出优质的公司并赋予其上市资格，盈余水平和盈余质量常成为监管机构判断 IPO 公司质量的重要参考指标。由于研发支出资本化的主观性和不可验证性，其直接后果又为增厚利润，常被偏好稳健和确定性的监管部门视为公司盈余质量不佳的信号，由此导致公司难以获得发行上市资格，承担较高的准入监管成本（辛清泉等，2021）。注册制以信息披露为核心，重点审查 IPO 公司是否真实、准确、完整地披露投资者决策需求信息，不再对公司价值进行实质审核。满足资本化条件的研发支出意味着公司研发活动取得了阶段性进展，未来研发成功和带来经济利益流入的可能性较高，从而被认为是增加企业未来盈利能力的长期资产。如果将这部分研发支出与一般费用混同，则不利于如实反映研发项目进程和成败等信息，从而加剧信息不对称。因此，对这部分研发支出进行资本化能够反映研发活动的经济实质，符合注册制下真实、有效信息披露的理念，也不会招致诸如核准制下无法获得上市资格的高昂准入监管成本。由此，注册制改革可能会增加 IPO 公司真实的研发支出资本化行为。

其次，相比核准制，注册制下真实的研发支出资本化可以更好地发挥传递公司研发创新能力的信号作用。研发支出资本化反映公司研发活动取得阶段性进展的程度和该项投资带来未来经济利益的可能性，这与公司的研发创新能力高度相关，因此真实的研发支出资本化可以成为公司传递自身研发创新能力的信号。与核准制相比，注册制加强了创新文本信息披露和市场化定价机制，这有助于研发支出资本化信号作用的有效发挥。关于创新文本信息，注册制在信息披露环节要求发行人不能仅披露研发投入的金额，还要通过文本信息来阐释创新活动的现状和预期、自身创新能力等内容（巫岑等，2022）。这有助于增加研发支出资本化信息的可靠性。Dinh 等（2016）发现投资者只会为可信的研发支出资本化信号买单。关于市场化定价机制，核准制下政府通过"窗口指导""首日限价"等方式干预新股定价，注册制实行市场化的询价机制，这有助于引导投资者关注公司未来真实价值，进而加强投资者对研发支出资本化所传递的研发创新能力信号的解读。因此，注册制通过加强创新文本披露和市场化定价机制，增加了信号的可靠性以及投资者对信号的解读，从而加大了发行人通过研发支出资本化进行信号传递的动机。

3.2　注册制改革对不满足资本化条件的研发支出资本化的影响

实践中，对不满足资本化条件的研发支出进行资本化是企业常见的会计操纵手段（王艳等，2011；黄亮华和谢德仁，2014）。注册制下 IPO 公司仍然存在研发支出资本化操纵的动机。首先，尽管注册制下 IPO 公司不再需要通过证监会的实质性审核，但仍面临证券交易所的审核。虽然交易所审核以审查发行人是否履行了信息披露义务为主，但优良的经营业绩更有助于公司通过审核（黄俊等，2023）。同时，尽管注册制采取更加包容的上市条件，放松了对公司利润的要求，并提供多套非利润标准可供选择，但在样本期间内，科创板公司中约有 87% 选择了利润标准①。这意味着注册制下大量 IPO 公司仍然有动机通过向上操纵研发支出资本化粉饰财务报表，以满足利润上市条件并通过交易所审核。其次，随着我国 IPO 定价市场化改革不断推进，IPO 定价不仅仅基于历史业绩信息，创新信息也被一级市场投资者视为定价基础，成为 IPO 定价的重要影响因素（徐浩萍等，2017）。研发支出资本化可以给投资者造成公司重视研发创新、研发成功率较高以及未来发展前景较好的印象，使发行的股票在市场上更具吸引力，从而提高股票价格、扩大融资规模。同时，注册制下科创板增加了预计市值和科创属性的要求，这也使得 IPO 公司可能会采取研发支出资本化操纵的方式来达到这一要求②。左璇和章卫东（2023）发现，科创板 IPO 公司为通过监管机构审核存在粉饰研发支出、研发人员和专利数量的行为。因此，从满足上市条件和提高新股定价上看，注册制下 IPO 公司仍然存在向上操纵研发支出资本化的动机，至少不低于核准制下 IPO 公司的这一动机。

但是，相比核准制，注册制下 IPO 公司的会计操纵行为将面临更高的监管风险和市场风险。注册制全面加强了发行审核事前事中事后全链条各环节的监管力度，压实了发行人和中介机构的责任，使发行人违规披露面临的监管风险不减反增。同时，注册制以信息披露为核心，要求发行人及时披露真实、准确、完整的公司信息。更多更及时的信息披露使公司高估资产和收入、低估成本和

---

①　在科创板 5 套上市标准中，仅标准一涉及利润条件：最近两年净利润均为正且累计净利润不低于 5000 万元。

②　关于预计市值，科创板 5 套上市标准均对预计市值有要求，分别是不低于 10 亿元、15 亿元、20 亿元、30 亿元和 40 亿元。关于科创属性，根据证监会 2021 年发布的《科创属性评价指引（试行）》，评价公司科创属性的指标主要包括研发投入、发明专利、研发人员占比和营业收入增长率。虽然这些指标不直接涉及研发支出资本化水平，但是更高的资本化水平确实会给审核人员留下公司研发成功率较高的印象，从而在判断公司科创属性时更有信心。

费用的行为更易被市场发觉。为了缓解潜在的监管风险和市场风险，理性的发行人可能采取两种行动：一是减少会计操纵行为，采取更加可靠和稳健的会计处理方式。黄俊等（2023）与林志伟和肖逸灵（2024）发现，注册制改革使 IPO 公司的应计盈余管理程度有所降低，会计稳健性有所提升。二是寻求更加隐蔽的会计操纵手段。此时，研发支出资本化为公司实施更加隐蔽的会计操纵提供了可能。

这是因为，与其他应计盈余管理手段相比，研发支出资本化信息的主观性较强、真实性更加难以验证。一方面，不同于收入确认和应收账款等应计盈余管理手段，审计师或监管部门可以通过函证、询问和访谈等方式获取公司外部资料加以验证，研发支出资本化的确认依据大多为公司自己掌控的内部资料，如研发项目人员配备表、研究记录和研发项目进度表、研发支出辅助核算表等，这增加了验证研发支出资本化信息的难度。另一方面，对于折旧年限和坏账准备等应计盈余管理，审计师或监管部门通常利用自身的专业知识和工作经验即可识别（谢德仁等，2017；Chin and Chi, 2009）。而研发投入的知识专有性程度较高，转化为产出周期较长，且存在巨大的不确定性，从而信息不对称问题严重。因此，审计师或监管人员的专业知识不足以评判资本化信息的真实性，往往需要借助外部行业或技术专家的力量来进行判断，这也使得研发支出资本化信息的真实性更加难以验证。

综上所述，相比核准制，注册制下 IPO 公司可能因为准入监管成本较低和传递研发创新能力信号，而真实地提高资本化水平；也有可能因满足上市条件、提高股票价格等动机，利用研发支出资本化信息难以验证的特点，不真实地高估资本化水平。然而，注册制下严格的监管和信息披露要求，也可能抑制 IPO 公司研发支出资本化操纵行为。由此，本文提出如下对立假设：

H1a：与核准制相比，注册制下 IPO 公司选择研发支出资本化的概率和金额更高。

H1b：与核准制相比，注册制下 IPO 公司选择研发支出资本化的概率和金额更低。

4. 研究设计

4.1 样本选择与数据来源

我国注册制最早于 2019 年 7 月 22 日在科创板正式实施，随后，2020 年 8 月 24 日创业板开始实施注册制。本文选取我国注册制最早实施日前后两年（即 2017 年 7 月 22 日至 2021 年 7 月 22 日）的科创板和创业板 IPO 公司为研究样本。选择创业板公司的原因是，相比主板和中小板，创业板与科创板的公司在经营模式、研发投入、所处发展阶段和行业等方面更加具有可比性。本文获得初始研究样本 653 家 IPO 公司，剔除金融业和数据缺失样本 12 家，最终得到 641 个观测值。其中，科创板样本 310 家，创业板核准制下样本 171 家，创业板注册制下样本 160 家。研发支出及其会计政策选择数据经手工收集自招股说明书，其他财务和发行数据来自国泰安和万得数据库。为避免异常值对回归结果产生影响，本文对连续变量进行了上下 1% 的缩尾处理。

4.2　研究模型与变量定义

为了检验假设，借鉴辛清泉等（2021），本文构建如下模型：

$$Cap = \beta_0 + \beta_1 RSI + \beta_2 Controls + Industry + Year + \varepsilon \tag{1}$$

模型（1）的因变量 Cap 是研发支出资本化，本文使用公司是否研发支出资本化（CapD）和研发支出资本化占比（CapR）两个变量度量。其中，如果公司在上市前一年进行研发支出资本化，CapD 取值为 1，否则为 0；CapR 为研发支出资本化金额与研发支出总额之比。自变量 RSI 是注册制改革，如果公司在注册制下上市，取值为 1，否则为 0。参考已有研究，本文选取以下控制变量：盈利能力（ROA）、是否八大审计（BIG8）、研发强度（RDI）、产权性质（SOE）、公司规模（SIZE）、资产负债率（LEV）、有效所得税率（TAX）、成长性（Growth）和自由现金流（CFO）。上述财务变量均为 IPO 公司发行上市前一年的年度数据。此外，还控制了行业和时间效应。具体变量定义见表1。当因变量为 CapD 时，使用 Logit 回归模型；当因变量为 CapR 时，使用 Tobit 回归模型。

表 1　　　　　　　　　　　　　变 量 定 义

变量	变量含义	变 量 计 算
CapD	是否研发支出资本化	若企业将研发支出资本化，取值为 1，否则为 0
CapR	研发支出资本化占比	研发支出资本化金额/研发支出总额
RSI	注册制改革	若企业在注册制下上市，取值为 1，否则为 0
ROA	盈利能力	扣除非经常性损益后的总资产收益率（分子分母同时减去资本化金额）
BIG8	是否八大审计	招股前会计师事务所为国内八大取值为 1，否则为 0
RDI	研发强度	研发支出总额/营业收入
SOE	产权性质	国有企业取值为 1，否则为 0
SIZE	公司规模	资产总额（万元）的自然对数
LEV	资产负债率	负债总额/资产总额
TAX	有效所得税率	所得税费用/利润总额
Growth	成长性	当年营业收入/上年营业收入−1
CFO	自由现金流	（经营活动现金净流量+投资活动现金净流量−利息支出）/营业收入

5.　实证分析

5.1　描述性统计

图1为 IPO 公司样本分布及研发支出资本化的公司占比。可以看出，随着注册制的实施，IPO 公

司数量显著增加，说明注册制极大地增加了 IPO 公司数量供给。关于研发支出资本化公司占比，核准制下选择研发支出资本化的 IPO 公司占比分别为 1.43% 和 2.70%，也就是说，核准制下平均约 98% 的 IPO 公司选择将上市前一年的研发支出全部费用化；在注册制实施当年，选择研发支出资本化的 IPO 公司比例大幅上升为 9.23%，在注册制实施后一年下降为 4.41%，但仍高于核准制下。图 2 为 IPO 公司研发支出总额及资本化金额占比。可以看出，注册制下 IPO 公司的研发支出金额显著高于核准制下，体现出注册制更加鼓励高科创属性的公司上市融资。关于资本化研发支出金额占比，2017—2018 年最低，仅为 0.10%，随后大幅增加为 0.78%；注册制实施后，缓慢增加为 0.84%，但总体来看，我国 IPO 公司资本化研发支出金额占比仍较低。以上结果说明，我国核准制下 IPO 公司存在过度费用化的现象，注册制在一定程度上改善了该现象。

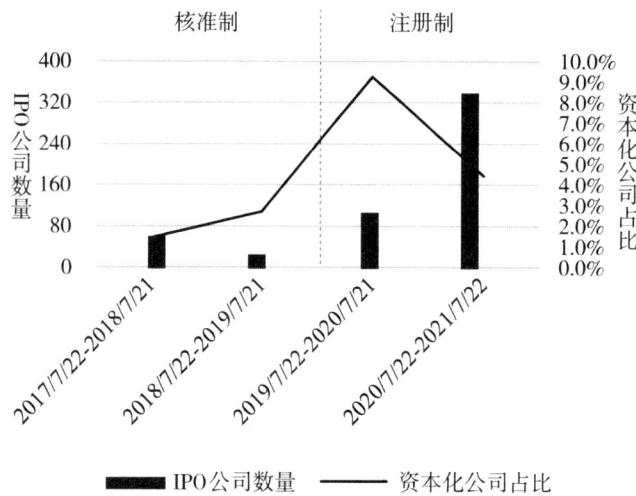

图 1　IPO 公司样本分布及资本化公司占比

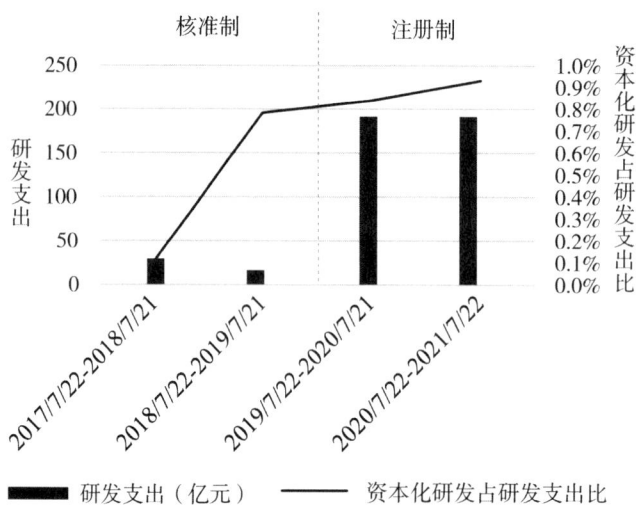

图 2　研发支出及资本化研发占比

　　表2列示了IPO公司样本行业分布。可以看出，医药卫生行业的资本化公司占比最高，这可能因为此行业更容易获得研发活动取得阶段性进展的外部证据，如三期临床证明等，使其对于研发支出是否符合资本化条件的判断更加可靠，因而更有可能选择研发支出资本化。消费、能源、房地产和公用事业行业中没有公司选择研发支出资本化，可能由于这些公司科创属性较低，研发创新投入力度较小，从而未存在研发资本化情况。

表2　　　　　　　　　　　　　　　　　　样本行业分布

行业	IPO公司	资本化公司	资本化公司占比
主要消费	21	0	0.00%
信息技术	176	3	1.70%
公用事业	3	0	0.00%
医药卫生	90	16	17.78%
原材料	86	1	1.16%
可选消费	54	0	0.00%
工业	189	7	3.70%
房地产	2	0	0.00%
电信业务	17	2	11.76%
能源	3	0	0.00%
合计	641	29	4.52%

　　表3 PanelA报告了变量的描述性统计结果。CapD的均值为0.045，表明样本期间内有4.5%的IPO公司选择研发支出资本化。CapR的均值为0.010，说明样本公司平均将研发支出的1%进行资本化处理；标准差为0.062，说明样本公司研发支出资本化的差异程度较大。RSI的均值为0.733，说明样本期间内注册制下上市的公司占比为73.3%，反映出注册制加大了IPO公司数量供给。关于其他变量，研发强度平均为7.7%，成长性平均为24.1%，资产负债率平均为35.6%，这与科创板和创业板公司高研发投入、高成长、低负债的特点相符。

　　表3 Panel B报告了单变量检验结果。核准制下IPO公司选择研发支出资本化（CapD）的均值为1.2%，注册制下CapD的均值为5.7%，二组均值差异在5%水平上显著，说明在不考虑其他因素的情况下，注册制下IPO公司选择研发支出资本化的概率显著高于核准制下IPO公司。研发支出资本化占比（CapR）的检验结果与CapD一致。以上结果初步验证了本文假设H1a。

表3　　　　　　　　　　　　　　　描述性统计和单变量检验

Panel A：主要变量的描述性统计

	Mean	SD	Min	P25	Median	P75	Max
CapD	0.045	0.208	0.000	0.000	0.000	0.000	1.000

续表

Panel A：主要变量的描述性统计

	Mean	SD	Min	P25	Median	P75	Max
CapR	0.010	0.062	0.000	0.000	0.000	0.000	0.476
RSI	0.733	0.443	0.000	0.000	1.000	1.000	1.000
ROA	0.118	0.073	−0.101	0.076	0.109	0.157	0.373
BIG8	0.418	0.494	0.000	0.000	0.000	1.000	1.000
RDI	0.077	0.067	0.000	0.038	0.054	0.093	0.361
SOE	0.053	0.224	0.000	0.000	0.000	0.000	1.000
SIZE	11.327	0.791	9.433	10.767	11.217	11.704	13.973
LEV	0.356	0.157	0.073	0.234	0.349	0.473	0.721
TAX	0.126	0.050	−0.008	0.109	0.131	0.143	0.262
Growth	0.241	0.256	−0.196	0.085	0.193	0.343	1.317
CFO	0.040	0.218	−0.975	−0.018	0.058	0.140	0.546

Panel B：单变量检验

	核准制		注册制		T-test	Wilcoxon-test
	均值	中位数	均值	中位数		
CapD	0.012	0.000	0.057	0.000	−2.473**	−2.463**
CapR	0.003	0.000	0.017	0.000	−2.189**	−5.062**

注：*、**、***分别表示 10%、5% 和 1% 的显著性水平，下同。

5.2 基准结果

表 4 为模型（1）的回归结果。列（1）中注册制改革（RSI）的回归系数为 16.548，且在 1% 的水平上显著，说明相比核准制，注册制下 IPO 公司选择研发支出资本化的概率更高①；列（2）结果显示，注册制改革（RSI）的回归系数为 1.392，且在 1% 的水平上显著，说明相比核准制，注册制下 IPO 公司研发支出资本化金额占比更高。从经济显著性看，列（1）中 RSI 的边际效应为 0.648，列（2）中 RSI 的边际效应为 0.062，说明与核准制相比，注册制下 IPO 公司对研发支出进行资本化的可能性上升 64.8%，资本化金额占研发支出的比例平均增加 6.2%。以上结果表明，相比核准制，注册制下 IPO 公司研发支出资本化的概率和金额更高，验证了本文假设 H1a。

关于控制变量的检验结果，研发强度（RDI）的系数显著为正，说明研发投入越高，资本化研发投入的可能性和金额越高；公司规模（SIZE）的系数显著为正，说明可能由于公司规模越大，研

---

① 列（1）样本量减少的原因是控制年度、行业固定效应后，因变量 CapD 在同年度、同行业内无变化时将被作为缺失值剔除。

发成功的概率越高，资本化研发投入的可能性和金额越高；自由现金流（CFO）的系数显著为正，说明当公司面临较低的现金流约束时，更有可能选择研发支出资本化，这与黄亮华和谢德仁（2014）研究结果一致。

表 4　　　　　　　　　　　　　注册制改革与研发支出资本化

	（1）	（2）
	CapD	CapR
RSI	16.548***	1.392***
	（13.12）	（7.43）
ROA	−8.408	−1.209
	（−1.22）	（−1.51）
BIG8	−0.079	−0.012
	（−0.14）	（−0.17）
RDI	16.570***	2.384***
	（3.71）	（4.00）
SOE	0.795	0.160
	（1.12）	（1.52）
SIZE	0.768**	0.111***
	（2.40）	（2.68）
LEV	1.253	0.048
	（0.69）	（0.19）
TAX	0.833	0.415
	（0.13）	（0.53）
Growth	0.321	0.107
	（0.42）	（1.03）
CFO	3.989***	0.467***
	（2.93）	（3.93）
Constant	−27.374***	−4.809
	（−5.93）	（−0.00）
Year	Yes	Yes
Industry	Yes	Yes
Observations	448	641
Pseudo R^2	0.384	0.551

注：列（1）为 Logit 回归，列（2）为 Tobit 回归；括号中报告的是 z 值或 t 值（经公司层面的聚类调整），下同。

5.3 机制检验

5.3.1 基于信号传递的分析

在验证了注册制比核准制下 IPO 公司更倾向于研发支出资本化后，下面需要检验的问题是注册制改革对 IPO 公司研发支出资本化的影响机制。根据前文的理论分析，注册制下 IPO 公司更加偏好研发支出资本化可能是研发创新能力较高的公司用以信号传递，也可能是发行人为满足上市条件、美化公司形象而进行的会计操纵行为。这里将考察相比核准制，注册制下 IPO 公司是否出于信号传递的动机进行研发支出资本化。为了检验该预期，本文将考察公司研发创新能力对注册制改革与研发支出资本化之间关系的调节作用。公司研发创新能力本质上属于公司的内在能力，实证上很难观察到。本文参考证监会 2021 年发布的《科创属性评价指引（试行）》中科创属性评价指标体系①，设计研发创新能力的代理变量。该评价指引的主要目的是支持和鼓励"硬科技"企业在科创板上市，因此该指标体系能够一定程度上反映企业的研发创新能力。同时，为了剔除公司 IPO 前可能存在的专利管理和研发粉饰的影响（龙小宁和张靖，2021；左璇和章卫东，2023），本文使用公司 IPO 后的指标来度量。具体而言，使用公司上市当年和后一年累计授权发明专利数量的自然对数（lnPatent）、研发人员平均占比（RDPR_AVG）和营业收入平均增长率（Growth_AVG）三个指标衡量公司的研发创新能力。

表 5 报告了回归结果。结果显示，公司研发创新能力和注册制改革的交乘项与研发支出资本化呈显著的负相关关系，说明研发创新能力较低的企业更有可能在注册制下选择研发支出资本化。也就是说，相比核准制，注册制下 IPO 公司更加偏好研发支出资本化，并不是研发创新能力较高的公司进行真实信号传递的结果，反而可能成为研发创新能力较低的公司向市场传递自身研发成功率高这一虚假信号的手段。

表 5	基于信号传递的分析					
	（1）	（2）	（3）	（4）	（5）	（6）
	CapD	CapR	CapD	CapR	CapD	CapR
RSI	17.436***	1.709***	39.521***	4.896**	16.591***	1.426***
	(8.93)	(5.60)	(2.76)	(2.40)	(11.39)	(6.43)
RSI×lnPatent	−1.619**	−0.210*				
	(−1.99)	(−1.94)				
lnPatent	1.654**	0.212**				
	(2.23)	(2.04)				

---

① 该评价指标体系主要包含 4 项指标：（1）形成主营业务收入的发明专利 5 项以上；（2）研发人员占当年员工总数的比例不低于 10%；（3）最近三年营业收入复合增长率达到 20%，或最近一年营业收入金额达到 3 亿元；（4）最近三年研发投入占营业收入比例 5% 以上，或最近三年研发投入金额累计在 6000 万元以上。

续表

	（1）	（2）	（3）	（4）	（5）	（6）
	CapD	CapR	CapD	CapR	CapD	CapR
RSI×RDPR_AVG			−0.430**	−0.060**		
			（−2.10）	（−2.07）		
RDPR_AVG			0.419**	0.057**		
			（2.04）	（1.98）		
RSI×Growth_AVG					−4.414*	−0.392
					（−1.67）	（−1.15）
Growth_AVG					3.160	0.203
					（1.21）	（0.60）
控制变量	Yes	Yes	Yes	Yes	Yes	Yes
Year/Industry	Yes	Yes	Yes	Yes	Yes	Yes
Observations	448	641	448	641	448	641
Pseudo R^2	0.397	0.559	0.396	0.560	0.402	0.572

5.3.2　基于会计操纵的分析

在本部分，本文将考察注册制下IPO公司更加偏好研发支出资本化是否会计操纵的结果。如果注册制下IPO公司的研发支出资本化主要是会计操纵行为，那么当公司的会计操纵动机更大时，会更加倾向于实施研发支出资本化。关于会计操纵动机，本文从盈余管理和关联交易两个方面度量。一般来说，IPO公司正向盈余管理水平越高，会计操纵动机越强；存在关联交易的公司进行会计操纵的成本更低，从而会计操纵动机更强（郑国坚，2009）。正向盈余管理（DA）使用修正Jones模型计算出的可操纵应计利润度量，正数取值为1，否则为0；若公司存在关联交易，关联交易（RPT）取值为1，否则为0。

表6报告了回归结果。结果显示，公司会计操纵动机和注册制改革的交乘项与研发支出资本化呈显著的正相关关系，说明会计操纵动机更大的公司在注册制下更有可能选择研发支出资本化。表5和表6的结果较为可靠地证实相比核准制，注册制下IPO公司更加偏好研发支出资本化更可能是会计操纵的结果。

表6　　　　　　　　　　　　　　　基于会计操纵的分析

	（1）	（2）	（3）	（4）
	CapD	CapR	CapD	CapR
RSI	14.152***	1.259***	14.456***	1.378***
	（16.19）	（6.19）	（20.39）	（7.46）

续表

	（1）	（2）	（3）	（4）
	CapD	CapR	CapD	CapR
RSI×DA	15. 194 ***	1. 287 ***		
	（9. 27）	（5. 93）		
DA	−14. 532 ***	−1. 245 ***		
	（−9. 41）	（−5. 61）		
RSI×RPT			13. 771 ***	1. 244 ***
			（8. 36）	（5. 21）
RPT			−12. 719 ***	−1. 125 ***
			（−9. 09）	（−5. 54）
控制变量	Yes	Yes	Yes	Yes
Year/Industry	Yes	Yes	Yes	Yes
Observations	448	641	448	641
Pseudo R^2	0. 396	0. 556	0. 394	0. 556

6. 进一步研究

6.1 满足上市条件的动机分析

上文研究表明，注册制下 IPO 公司更加偏好研发支出资本化并非研发创新能力较强公司的信号传递行为，而是虚增研发支出资本化的会计操纵行为。在这部分，本文将检验在注册制科创板背景下，IPO 公司实施研发支出资本化操纵的具体动机：是否为了满足上市条件。公司若想成功 IPO，必须满足交易所的上市条件并通过 IPO 审核问询。根据上文理论分析，科创板公司可能为了满足利润或市值上市条件，而实施研发支出资本化操纵。由此我们预期，对于科创板 IPO 公司，当其满足利润或市值上市条件的难度越大时，越可能选择研发支出资本化①。关于满足利润条件的难度（Meet_profit），使用公司上市前净利润扣除非经常性损益和研发支出资本化金额后与利润条件的比值来度量，该值越大，说明公司满足利润条件的难度越小。关于满足市值条件的难度（Meet_market），本文以公司上市后首个交易日的收盘价为基础计算公司市值②，然后除以相应的市值条件。该比值越大，说明公司满足市值条件的难度越小。

表 7 列（1）和列（2）显示，当公司满足利润条件的难度越大时，选择研发支出资本化的概率和资

---

① 利润条件适用于科创板标准一的公司，市值条件适用于科创板所有公司（即标准一至标准五）。

② 由于注册制科创板不存在首日涨幅限制，首日收盘价一定程度上可以反映公司股票的真实价值。

本化金额越高，与预期一致。列（3）和列（4）显示，科创板公司满足市值条件的难度与研发支出资本化之间不存在显著的相关关系，这可能因为选择不同上市标准的公司通过操纵研发支出资本化达到市值要求的程度不同。郑国坚等（2024）发现，相比科创板利润标准公司，非利润标准公司的研发支出操纵程度更高。在科创板标准二至标准五这四套非利润标准中，仅标准二对研发投入作出要求。因此，相比其他标准公司，投资者在定价时将更加关注标准二公司的研发投入相关信息，包括研发支出规模、研发成功概率、资本化程度等内容。由此标准二公司通过操纵研发支出资本化满足市值条件的动机应该更高。列（5）和列（6）中标准二的交互项系数显著为负，表明对于科创板标准二公司，当满足市值条件的难度越大时，越可能进行研发支出资本化。

表7　　　　　　　　　　　　　　满足上市条件的动机分析

	（1）	（2）	（3）	（4）	（5）	（6）
	CapD	CapR	CapD	CapR	CapD	CapR
Meet_profit	−0.314**	−0.032*				
	（−2.14）	（−1.94）				
Meet_market			0.037	0.003	0.033	0.004
			（1.60）	（1.16）	（1.50）	（1.48）
Stand2					150.776***	0.762**
					（14.73）	（2.33）
Meet_market×Stand2					−6.852***	−0.039**
					（−14.67）	（−2.24）
控制变量	Yes	Yes	Yes	Yes	Yes	Yes
Year/Industry	Yes	Yes	Yes	Yes	Yes	Yes
Observations	210	270	255	310	255	310
Pseudo R^2	0.375	0.551	0.333	0.453	0.361	0.479

6.2 异质性分析

6.2.1 企业性质的影响

公司的研发活动制度、研发投入策略高度依赖于管理层的内部决策。相较于民营企业，国有企业因"所有者缺位"会导致更为严重的"内部人控制"问题，致使高管在企业日常经营行为中扮演更为重要的角色（杨兴全和尹兴强，2018）。为提高国有企业综合竞争力，持续推动国有企业进行研发创新，从2004年开始国资委就将提升自主创新能力作为国有企业负责人年度和任期考核的重要一环。在其他条件不变的情况下，研发支出资本化不仅会美化财务报表，也会向外界传递公司研发活动即将成功的信号，从而有助于国企高管通过年度和任期考核。同时，上文研究表明，注册制下科创板

IPO 公司实施研发支出资本化操纵的一个动机是满足上市条件。公司若能成功发行上市并融得资金无疑是国企高管优异工作业绩的有力表征。因此，本文预期相较于民营企业，注册制下国有企业实施研发支出资本化操纵的行为更加严重。表 8 列（1）和列（2）显示，国有企业和注册制改革的交乘项与研发支出资本化呈现显著的正相关关系，说明相对民营企业，国有企业在注册制下实施研发支出资本化操纵的行为更加严重，与预期一致。

6.2.2 内外部监督强度的影响

这部分将探讨当公司面临不同的监督强度时，注册制下研发支出资本化行为是否有所改变。通常而言，公司面临的监督强度越大，实施会计操纵的成本越高，进而越能够抑制公司的研发支出资本化操纵行为。监督强度分别从企业内外部视角来看，外部监督强度使用是否八大审计（BIG8）和机构投资者持股比例（INST）度量，内部监督强度使用独立董事占比（IDR）度量。表 8 列（3）至列（8）显示，内外部监督强度和注册制改革的交乘项与研发支出资本化均呈现显著的负相关关系，说明较强的内外部监督能够有效抑制注册制下 IPO 公司研发支出资本化操纵行为，与预期一致。

表 8 　　　　　　　　　　　　　　　　　异质性分析

	（1）	（2）	（3）	（4）	（5）	（6）	（7）	（8）
	CapD	CapR	CapD	CapR	CapD	CapR	CapD	CapR
RSI	15.555***	1.313***	29.717***	2.364***	24.611***	2.909***	17.036***	1.700***
	（19.98）	（7.43）	（19.71）	（7.11）	（5.18）	（3.77）	（10.71）	（5.63）
RSI×SOE	11.979***	0.718**						
	（5.10）	（2.52）						
RSI×BIG8			−14.192***	−1.056***				
			（−10.07）	（−5.11）				
RSI×INST					−0.223**	−0.033**		
					（−2.55）	（−2.45）		
INST					0.231***	0.035***		
					（2.75）	（2.63）		
RSI×IDR							−6.966**	−0.993**
							（−2.47）	（−2.48）
IDR							5.740**	0.776**
							（2.36）	（2.27）
控制变量	Yes	Yes	Yes	Yes	Yes	Yes	Yes	Yes
Year/Industry	Yes	Yes	Yes	Yes	Yes	Yes	Yes	Yes
Observations	448	641	448	641	448	641	448	641
Pseudo R^2	0.384	0.551	0.386	0.552	0.405	0.567	0.394	0.560

6.3 研发支出资本化与市场反应

如前所述，注册制下 IPO 公司更加偏好研发支出资本化主要是公司为满足上市条件而进行的研发支出资本化操纵行为。在这部分，本文将考察投资者如何看待 IPO 公司的这一行为。市场反应使用 IPO 抑价和股票累计超额收益率度量，其中，IPO 抑价为首个未涨跌停日之后的收盘价/发行价格 -1；累计超额收益率为首个未涨跌停日之后 5、30 和 60 个交易日的累计超额收益率。表 9 列（1）和列（2）显示，注册制改革和研发支出资本化的交乘项系数显著为正，说明在注册制实施之后，研发支出资本化程度越高，IPO 抑价越高。列（3）至列（8）中交乘项的系数均显著为负，说明在注册制实施之后，研发支出资本化程度越高，公司上市后的市场收益率越低。总体而言，注册制下研发支出资本化增加了公司的信息不对称程度，降低了 IPO 定价效率和市场收益率。这表明投资者一定程度上能够看穿注册制下 IPO 公司研发支出资本化操纵行为，并给予负面的市场评价。

表 9 　研发支出资本化与市场反应

	（1）	（2）	（3）	（4）	（5）	（6）	（7）	（8）
	UPRICE		CAR5		CAR30		CAR60	
RSI	-5.686^{***}	-5.709^{***}	-0.175^{*}	-0.172^{*}	-0.333^{***}	-0.325^{**}	-0.294^{**}	-0.283^{**}
	(-10.02)	(-10.09)	(-1.92)	(-1.90)	(-2.60)	(-2.54)	(-2.08)	(-2.00)
RSI×CapD	1.307^{**}		-0.163^{***}		-0.369^{***}		-0.432^{***}	
	(2.37)		(-3.11)		(-4.79)		(-4.81)	
CapD	-0.826^{*}		0.109^{***}		0.211^{***}		0.201^{**}	
	(-1.86)		(2.75)		(3.24)		(2.50)	
RSI×CapR		9.243^{**}		-1.257^{***}		-2.549^{***}		-2.588^{***}
		(2.03)		(-3.07)		(-3.86)		(-3.18)
CapR		-8.738^{**}		1.129^{***}		2.237^{***}		2.223^{***}
		(-1.97)		(2.87)		(3.43)		(2.75)
控制变量	Yes	Yes	Yes	Yes	Yes	Yes	Yes	Yes
Year/Industry	Yes	Yes	Yes	Yes	Yes	Yes	Yes	Yes
Observations	641	641	641	641	641	641	641	641
Adj. R^2	0.219	0.217	0.067	0.066	0.034	0.027	0.030	0.017

6.4 稳健性检验

6.4.1 倾向得分匹配

本文存在样本选择问题。注册制比核准制更加鼓励高新技术企业上市融资，我们的数据也显示，核准制与注册制两组 IPO 样本除了发行制度存在差异之外，在所处行业、研发强度和盈利性等方面存在较大差异（见表 10 Panel A）。因此，上文观察到的注册制与核准制 IPO 公司研发支出资本化存在的差异，可能源于科创属性等公司特征差异，而非注册制改革。为了控制样本选择对本文研究结论的影响，我们采用倾向得分匹配，为注册制下 IPO 公司选择一组更加可比的核准制下 IPO 公司。借鉴宋建波等（2020）的研究，选取如下协变量——研发强度、行业、资产规模、盈利能力、资产负债率、固定资产比重、成长性和自由现金流；采用最邻近 1∶1 有放回匹配，卡尺为 0.05。本文最终获得注册制样本 130 家和与之匹配的 135 家核准制样本。匹配效果如表 10 Panel A 所示，匹配后两组样本不存在显著差异，匹配效果较好。匹配后样本回归结果如表 11 列（1）和列（2）所示，结果与本文研究结论一致。

6.4.2 熵平衡匹配

倾向得分匹配存在样本损失问题，而熵平衡匹配可以一定程度上弥补这一缺陷，本文接下来采用熵平衡匹配来解决可能的样本选择问题。借鉴佟岩和李鑫（2024）的研究，选取与上文倾向得分匹配一致的协变量，平衡性测试结果如表 10 Panel B 所示。匹配前核准制组与注册制组各协变量的差距较大，匹配后差距缩小，说明数据的平衡效果较好。匹配后样本回归结果如表 11 列（3）和列（4）所示，结果与本文研究结论一致。

6.4.3 剔除医药制造业行业

医药制造企业更容易获得研发活动取得阶段性进展的外部证据，如三期临床证明等，使其对于研发支出是否符合资本化条件的判断更加可靠，因而更有可能选择研发支出资本化。由此，本文的结论可能由于注册制下有更多生物医药企业上市融资，而非注册制改革本身。为了排除医药制造企业的影响，本文剔除这一行业重新进行检验。回归结果如表 11 列（5）和列（6）所示，RSI 的系数依然在 1% 水平上显著为正，本文的研究结论较为稳健。

6.4.4 研发创新能力的重新度量

本文使用公司上市后专利公告的市场反应重新度量公司研发创新能力。Kogan 等（2017）发现专利公告的市场反应可以反映专利的经济价值，且与专利的科学价值正相关。如果公司的研发创新能力越高，则专利等研发产出带来经济利益流入的可能性和金额越高，投资者将越认可公司专利的经济价值和科学价值，从而专利公告的市场反应越大。本文考虑的专利公告为公司上市后发明专利的"专利权有效"公告，如果公司存在多次专利公告，则只选取第一次专利公告。截至 2024 年 11 月，样本公司中共有 201 家公司进行了专利公告，其中核准制下公司 55 家，注册制下公司 146 家。回归结果如表 11 列（7）所示①，注册制改革与专利公告日 2 日内股票累计超额收益率的交乘项系数显著为

---

① 由于专利公告样本有限，并且 Logit 回归在控制年度、行业固定效应后，将导致样本量进一步减少而导致模型无法实现收敛，本文只考察了因变量为 CapR 的 Tobit 回归结果。

负，与前文研究结论一致①。

表 10 　　　　　　　　　　　平衡性测试

Panel A：倾向得分匹配

	配对前			配对后		
	核准制	注册制	均值差异	核准制	注册制	均值差异
RDI	0.061	0.083	-0.023***	0.064	0.062	0.002
ROA	0.130	0.114	0.016**	0.128	0.129	0.000
SIZE	11.274	11.347	-0.073	11.287	11.237	0.050
LEV	0.364	0.354	0.010	0.368	0.349	0.019
FIXRT	0.189	0.173	0.016	0.184	0.191	-0.007
Growth	0.232	0.244	-0.012	0.242	0.249	-0.007
CFO	0.061	0.033	0.028	0.064	0.054	0.010

Panel B：熵平衡匹配

	注册制			核准制(匹配前)			核准制(匹配后)		
	均值	方差	偏度	均值	方差	偏度	均值	方差	偏度
RDI	0.083	0.005	2.122	0.061	0.002	2.239	0.083	0.005	1.909
ROA	0.114	0.006	0.262	0.130	0.003	0.968	0.114	0.006	1.722
SIZE	11.350	0.670	1.117	11.270	0.501	1.026	11.350	0.669	0.924
LEV	0.354	0.025	0.359	0.364	0.023	0.152	0.354	0.025	0.214
FIXRT	0.173	0.019	0.851	0.189	0.019	0.406	0.173	0.019	0.690
Growth	0.244	0.072	1.491	0.232	0.048	1.053	0.244	0.071	0.816
CFO	0.033	0.056	-1.629	0.061	0.023	-0.390	0.033	0.056	-0.251

表 11 　　　　　　　　　　　稳健性检验

	倾向得分匹配		熵平衡匹配		剔除医药制造业		研发创新能力
	(1)	(2)	(3)	(4)	(5)	(6)	(7)
	CapD	CapR	CapD	CapR	CapD	CapR	CapR
RSI	19.137***	1.185***	16.504***	1.563***	16.739***	1.452***	0.229*
	(4.86)	(3.28)	(13.64)	(8.85)	(9.79)	(5.75)	(1.72)
CAR2							2.824***
							(2.99)

---

① 本文还考察了专利公告日当天、5 日内的股票累计超额收益率，结论保持不变。

续表

	倾向得分匹配		熵平衡匹配		剔除医药制造业		研发创新能力
	（1）	（2）	（3）	（4）	（5）	（6）	（7）
	CapD	CapR	CapD	CapR	CapD	CapR	CapR
RSI×CAR2							−3.357***
							（−2.89）
控制变量	Yes	Yes	Yes	Yes	Yes	Yes	Yes
Year/Industry	Yes	Yes	Yes	Yes	Yes	Yes	Yes
Observations	154	265	448	641	340	592	201
Pseudo R^2	0.619	0.806	0.421	0.585	0.456	0.652	1.252

7. 结论与启示

本文考察了注册制改革对 IPO 公司研发支出资本化的影响。研究发现，与核准制相比，注册制改革提高了 IPO 公司选择研发支出资本化的概率和金额。机制研究发现，这种改变并不是公司的真实信号传递行为，而更可能是会计操纵的结果。进一步，对于注册制科创板 IPO 公司来说，满足利润和市值上市条件是其实施研发支出资本化操纵的动机之一。异质性研究发现，国有企业在注册制下实施研发支出资本化操纵的行为更加严重；高质量审计、机构投资者和独立董事监督能够有效抑制注册制下 IPO 公司的资本化操纵行为。最后，注册制下 IPO 公司研发支出资本化水平越高，IPO 定价效率和市场收益率越低。

本文研究结论具有以下政策启示：

首先，本文研究发现，注册制下 IPO 公司更加偏好研发支出资本化可能是发行人为满足上市条件而进行的会计操纵行为。为此，监管机构应提高对 IPO 公司研发支出资本化会计信息的监管要求，尤其是对于满足上市条件有较大难度的公司。在以信息披露为核心的注册制下，监管机构可以通过强化研发相关信息披露来提高资本化信息的真实性和可靠性，例如披露研发项目所处阶段及进展情况的同行业比较、资本化研发支出对公司损益和资产的影响、同行业上市公司研发活动的资本化情况等。同时，目前会计准则和证券法规对研发支出资本化只有原则性规定，使得企业在研发支出会计政策选择上有较大的操纵空间。未来可探索更加明确、具体的制度规则，以降低研发支出资本化的可操纵性和提高可审计性。

其次，本文发现，国有企业在注册制下实施研发支出资本化操纵的行为更加严重，而企业内外部监督机制能够有效抑制该操纵行为。为此，应进一步强调审计师和机构投资者等市场主体在新股发行中的作用，例如加强审计师对研发支出会计信息的核查，强化新股发行中介机构的责任，积极发挥机构投资者在价值发现和信息披露监管方面的作用，以抑制管理层，尤其是国企高管的研发支出资本化操纵行为。

最后，本文实证结果表明，投资者在一定程度上能够识别IPO公司的资本化操纵行为，并给予负面的市场评价。因此，对于IPO公司来说，如实披露研发支出资本化信息才是提高股票收益、获得市场认同的理性选择。

◎ 参考文献

[1] 蔡春，李明，和辉.约束条件、IPO盈余管理方式与公司业绩——基于应计盈余管理与真实盈余管理的研究[J].会计研究，2013(10).

[2] 蔡宁，魏明海."大小非"减持中的盈余管理[J].审计研究，2009(2).

[3] 黄俊，陈良银，陈信元.科创板注册制改革与公司盈余管理[J].会计研究，2023(2).

[4] 黄亮华，谢德仁.IPO前的业绩压力、现金流约束与开发支出会计政策隐性选择[J].南开管理评论，2014，17(6).

[5] 黄世忠.如实反映抑或失实反映——基于中美十大新经济企业2010—2019年的财务分析[J].财会月刊，2020(21).

[6] 林志伟，肖逸灵.股票发行制度改革与会计稳健性——基于注册制改革试点的经验证据[J].证券市场导报，2024(5).

[7] 龙小宁，张靖.IPO与专利管理：基于中国企业的实证研究[J].经济研究，2021，56(8).

[8] 彭涛，朱冠平，王俊，经菠.股票发行制度与初创科技型企业估值：基于准自然实验的证据[J].南开管理评论，2023，27(4).

[9] 时昊天，石佳然，肖潇.注册制改革、壳公司估值与盈余管理[J].会计研究，2021(8).

[10] 宋建波，张海晴，苏子豪.研究开发支出资本化反映了研发水平吗——基于研发补助情境[J].会计研究，2020(6).

[11] 佟岩，李鑫.公司债券发行上市审核与发行定价——基于证券交易所审核反馈意见函的文本分析[J].管理世界，2024，40(1).

[12] 王亮亮.研发支出资本化或费用化：税收视角的解释[J].会计研究，2016(9).

[13] 王亮亮，王跃堂，杨志进.会计准则国际趋同、研究开发支出及其经济后果[J].财经研究，2012，38(2).

[14] 王艳，冯延超，梁莱歆.高科技企业R&D支出资本化的动机研究[J].财经研究，2011，37(4).

[15] 巫岑，饶品贵，岳衡.注册制的溢出效应：基于股价同步性的研究[J].管理世界，2022，38(12).

[16] 吴锡皓，张弛.注册制改革对资本市场定价效率的影响研究——基于IPO抑价率的视角[J].南开管理评论，2022，27(2).

[17] 谢陈昕，刘秀梅，黎文靖，谭有超.科创板企业IPO与研发人员操纵[J].会计研究，2024(9).

[18] 谢德仁，姜博，刘永涛.经理人薪酬辩护与开发支出会计政策隐性选择[J].财经研究，2014，40(1).

[19] 谢德仁，廖珂，郑登津. 控股股东股权质押与开发支出会计政策隐性选择[J]. 会计研究，2017（3）.

[20] 辛清泉，李瑞涛，夏立军. 证券准入监管与会计政策选择——来自 IPO 公司研发支出资本化的证据[J]. 会计研究，2021（9）.

[21] 徐浩萍，施海娜，金或昉. 新股定价基础：历史业绩还是技术创新？——基于中国创业板市场的研究[J]. 金融研究，2017（4）.

[22] 许罡，朱卫东. 管理当局、研发支出资本化选择与盈余管理动机——基于新无形资产准则研发阶段划分的实证研究[J]. 科学学与科学技术管理，2010，31（9）.

[23] 杨兴全，尹兴强. 国企混改如何影响公司现金持有？[J]. 管理世界，2018，34（11）.

[24] 俞红海，范思妤，吴良钰，马质斌. 科创板注册制下的审核问询与 IPO 信息披露——基于 LDA 主题模型的文本分析[J]. 管理科学学报，2022，25（8）.

[25] 张光利，薛慧丽，高皓. 企业 IPO 价值审核与股票市场表现[J]. 经济研究，2021，56（10）.

[26] 张倩倩，周铭山，董志勇. 研发支出资本化向市场传递了公司价值吗？[J]. 金融研究，2017（6）.

[27] 章卫东，黄一松，李斯蕾，鄢翔. 信息不对称、研发支出与关联股东认购定向增发股份——来自中国证券市场的经验数据[J]. 会计研究，2017（1）.

[28] 郑国坚. 基于效率观和掏空观的关联交易与盈余质量关系研究[J]. 会计研究，2009（10）.

[29] 郑国坚，刘潋，蔡贵龙. 上市标准与 IPO 财务操纵策略——基于科创板的经验证据[J/OL]. 南开管理评论，https：//link. cnki. net/urlid/12. 1288. F. 20240618. 1033. 004.

[30] 祝文达，胡洁，董银红. 注册制新股发行定价改革与 IPO 质量——基于技术创新的视角[J]. 管理评论，2023，35（2）.

[31] 左璇，章卫东. 科创板注册制、研发"粉饰"与 IPO 定价效率[J]. 当代财经，2023（9）.

[32] Bong, H. H., Manry, D. The value-relevance of R&D and advertising expenditures：Evidence from Korea[J]. International Journal of Accounting, 2004, 39(2).

[33] Cazavan-Jeny, A., Jeanjean, T. The negative impact of R&D capitalization：A value relevance approach[J]. European Accounting Review, 2006, 15(1).

[34] Chin, C. L., Chi, H. Y. Reducing restatements with increased industry expertise[J]. Contemporary Accounting Research, 2010, 26(3).

[35] Daley, L. A., Vigeland, R. L. The effects of debt covenants and political costs on the choice of accounting methods：The case of accounting for R&D costs[J]. Journal of Accounting and Economics, 1983, 5(1).

[36] Dargenidou, C., Jackson, R., Tsalavoutas, I., Tsoligkas, F. Capitalisation of R&D and the informativeness of stock prices：Pre-and post-IFRS evidence[J]. British Accounting Review, 2021, 53(4).

[37] Dinh, T., Kang, H., Schultze, W. Capitalizing research & development：Signaling or earnings

management? [J]. European Accounting Review, 2016, 25(2).

[38] Fedyk, T., Singer, Z., Soliman, M. The sharpest tool in the shed: IPO financial statement management of STEM vs. non-STEM firms[J]. Review of Accounting Studies, 2017, 22(4).

[39] Kogan, L., Papanikolaou, D., Seru, A., Stoffman, N. Technological innovation, resource allocation, and growth[J]. Quarterly Journal of Economics, 2017, 132(2).

[40] Nelson, M. W., Elliott, J. A., Tarpley, R. L. How are earnings managed? Examples from auditors [J]. Accounting Horizons, 2003, 17(1).

[41] Shah, S. Z. A., Liang, S., Akbar, S. International financial reporting standards and the value relevance of R&D expenditures: Pre and post IFRS analysis[J]. International Review of Financial Analysis, 2013(30).

[42] Teoh, S. H., Welch, I., Wong, T. J. Earnings management and the long-run market performance of initial public offerings[J]. The Journal of Finance, 1998, 53(6).

[43] Tutticci, I., Krishnan, G., Percy, M. The role of external monitoring in firm valuation: The case of R&D capitalization[J]. Journal of International Accounting Research, 2007, 6(2).

[44] Wang, S., Han, J. C. Y. Political costs and earnings management of oil companies in the 1990 persian gulf crisis[J]. The Accounting Review, 1997, 73(1).

[45] Watts, R. L., Zimmerman, J. L. A positive accounting theory[J]. Accounting Review, 1986(65).

Registration System Reform and R&D Expenditure Capitalization of IPO Companies

Li Xuan　Zhao Rong

(School of Management, Guizhou University, Guiyang, 550025)

Abstract: From the perspective of accounting policy choice, the paper examines whether the information quality of R&D expenditures of IPO companies has been improved under the registration system. We found that compared to the approval system, IPO companies under the registration system have a higher probability and amount of R&D expenditure capitalization. Mechanism analysis indicates that the change is not due to the signal transmission behavior of companies with higher innovation capabilities, but rather accounting manipulation behavior. Furthermore, IPO companies on the Science and Technology Innovation Board may implement manipulation of R&D expenditures capitalization in order to meet the listing conditions for profit and market value. Heterogeneity analysis reveals that state-owned enterprises engage in more severe manipulation of R&D expenditure capitalization under the registration system; high-quality auditing, institutional investors, and independent director supervision can effectively alleviate the capitalization manipulation behavior. Finally, the higher the capitalization level of IPO companies under the registration system, the lower the IPO pricing efficiency and market return. This study contributes to a deeper understanding of the mechanism behind the generation of accounting information for R&D expenditures under the registration system. And from the perspective of accounting policy choice, it provides useful references for strengthening the supervision of R&D expenditure information and improving the quality of IPO information disclosure.

Key words：Registration system reform；R&D expenditure capitalization；Accounting policy choice；Accounting information quality

专业主编：潘红波

珞珈管理评论
2025 年卷第 5 辑（总第 62 辑）

Luojia Management Review
No. 5, 2025 (Sum. 62)

拥有自有品牌的电子零售商的信息共享策略研究[*]

● 许明辉　唐娟红　李　丽

（武汉大学经济与管理学院　武汉　430072）

【摘　要】针对由一个拥有自有品牌的电子零售商和两个竞争性制造商组成的供应链，在制造商之间、制造商与电子零售商之间存在竞争且市场需求信息为电子零售商私有的情况下，研究电子零售商的信息共享决策。研究结果表明：不同销售模式下，电子零售商的需求信息共享策略存在显著差异。在两个制造商各自生产互为竞争的全国品牌产品，并以批发价将产品销售给同一电子零售商的分销模式中，同时考虑电子零售商引入自有品牌产品，垂直信息共享将无法持续，两个制造商都不会获得电子零售商的信息共享将成为占优策略；而信息共享在固定佣金比率下具有"双赢"属性，能够同时提升电子零售商和制造商的利润，并增加供应链整体效率。

【关键词】供应链　自有品牌　信息共享　制造商竞争

中图分类号：F272　　　文献标识码：A

1. 引言

在零售业态数字化转型的浪潮中，自有品牌（store brand）正经历着前所未有的发展机遇。PLMA 年度报告（2025）显示，美国自有品牌销售额已突破 2706 亿美元，占据 20.7% 的零售市场份额，2021—2024 年自有品牌的销售额市场份额从 19.1% 提升至 20.7%，销量份额从 21.6% 增长至 23.1%，增速远超知名品牌。中国市场同样呈现出强劲增长态势，达曼国际咨询发布的《中国自有品牌蓝海战略白皮书》（2022）揭示，近九成消费者已建立自有品牌认知并表现出强烈尝试意愿。在这一现象背后，电子零售商凭借独特的信息枢纽地位，正在重塑传统供应链的权力格局。

电子零售商在积累海量消费数据的过程中，逐渐构建起相较于上游制造商的信息垄断优势。这种不对称信息格局使得电子零售商能够精准捕捉市场需求，进而开发更具竞争力的自有品牌产品。这一商业实践引发了学界对供应链竞合关系的重新审视：当电子零售商兼具渠道服务商和品牌竞争

---

* 基金项目：国家自然科学基金项目（72171181）。

通讯作者：唐娟红，E-mail: tangjuanhong@whu.edu.cn。

者的双重身份时，其信息共享策略将如何影响供应链动态均衡？特别是在分销与代销两种主流销售模式并存的现实背景下，电子零售商的信息共享动机呈现出何种差异化特征？在未引入自有品牌时，供应链上下游企业协同合作，可以提高各企业的收益（张喜征等，2017）；引入自有品牌后，电子零售商与制造商之间既存在合作也存在竞争，需要重新探讨是否共享需求信息。一方面，为了吸引制造商投放该电子零售商，电子零售商可能将市场信息共享给上游制造商。例如海尔通过整合自身及社会资源，为上游制造商提供市场需求信息、用户反馈等数据；阿里巴巴旗下的淘工厂平台连接淘宝卖家与工厂，整合工厂的闲置产能，并将市场需求信息共享给上游制造商。另一方面，电子零售商自有品牌与制造商品牌之间存在竞争关系，信息共享会影响其销售策略。此外，已有研究表明需求信息共享会加剧在线分销渠道上下游间的竞争，而哪一博弈方将成为受益者高度依赖于渠道运营模式：分销模式和代销模式。具体而言，不同运营模式决定了制造商和电子零售商不同的决策时序与定价权力，且使用不同的机制分配渠道收入，可能导致不同的需求信息共享策略。鉴于此，本文考虑制造商和电子零售商之间以及制造商与制造商之间的品牌竞争，并在分销模式和代销模式下，研究电子零售商的信息共享决策。本研究尝试回答以下问题：在包含竞争性制造商的供应链中，在信息不对称的情况下，电子零售商是否会向制造商共享消费者需求信息？不同销售模式对电子零售商的信息共享策略有着怎样的影响？

本研究主要涉及自有品牌和信息共享两个方面。关于自有品牌的研究，曹宗宏等（2014）发现，在零售商主导的供应链中，引入自有品牌能够降低批发价格并缓解双重边际效应。Zheng 等（2022）则发现自有品牌引入会加剧上游竞争并促使制造商提供更优的批发合约。李凯等（2017）的研究表明，在间接与混合渠道下，零售商引入自有品牌总是对制造商不利，制造商仅仅改变销售模式不能应对自有品牌的冲击。与此不同，Ru 等（2015）发现在零售商主导的供应链中，引入自有品牌可能会使制造商受益。Choi 等（2013）在一个由全国品牌制造商和两家零售商组成的供应链中，同时考虑全国品牌产品间以及全国品牌产品和自有品牌产品间的竞争，发现零售商应通过增强自有品牌间的竞争并减少其与全国品牌的差异化来提升利润。Sayman 等（2002）指出零售商的最佳定位策略是模仿领先且更具竞争力的全国品牌。而 Gielens 等（2021）研究发现零售商通过提供优质的自有品牌产品能够吸引高质量消费群体。喻冬冬等（2023，2024）则分别探讨了不同定价时序和平台使能对电商平台自有品牌引入策略的影响。上述研究主要关注自有品牌在供应链中的引入对定价策略、制造商利益等方面的影响，还有部分学者研究了自有品牌引入与制造商入侵的交互作用（Wang et al.，2021；Balasubramanian & Maruthasalam，2021；王鹏等，2024；Jin et al.，2017），丰富了自有品牌引入的理论体系。

上述研究大多基于市场需求信息对称的假设，而在实际中，由于零售商更接近消费者，往往能够获得比上游制造商更准确的市场信息。关于信息共享的研究，Alzoubi 和 Yanamandra（2020）的研究表明，信息共享在敏捷供应链中对实现供应链绩效起着重要的中介作用。Ha 等（2011）研究了产品生产规模不经济时，竞争供应链中的垂直信息共享。进一步，Shang 等（2015）研究了规模经济时零售商的信息共享问题，发现此时零售商会共享信息。这些研究主要关注制造商生产规模是否经济对零售商信息共享策略的影响，但并未深入探讨零售商引入自有品牌后的信息共享策略。部分研究虽然考虑了不对称信息下的信息共享策略，但主要基于单个制造商和单个零售商的供应链结构（刘竞等，2021；Shi & Geng，2021；Yu et al.，2024；Liu et al.，2024）。与此不同，Ha 等（2017）在两条竞争供应链中，研究了制造商采取成本削减策略时零售商的信息共享均衡策略。许明辉等（2018）和杨东升等（2019）则考虑两个竞争制造商和一个零售商组成的供应链中的需求信息共享问题。Jiang 等（2016）研究了在制造商竞争、零售商竞争以及两条竞争供应链中零售商的信息共享问题，发现零售商竞争是维持信息流动的必要条件，而供应商竞争则会阻碍纵向信息获取，进一步揭示了供应链结构对信息共享的影响。喻冬冬等（2024）则分别在分销和代理两种销售模式下，研究了电商平台引入自有品牌后的信息共享策略。

与上述文献不同，本研究综合考虑了品牌间的多种竞争形式（包括制造商与平台之间以及制造商与制造商之间的品牌竞争）。同时，在转售模式和代销模式下，深入探讨了拥有自有品牌电子零售商的信息共享决策。研究发现在两个制造商各自生产互为竞争的全国品牌产品，同时考虑电子零售商引入自有品牌产品的转售模式中，垂直信息共享将无法持续；而信息共享在固定佣金比率下具有"双赢"属性，能够同时提升电子零售商和制造商的利润，并增加供应链整体效率。这不仅丰富了自有品牌引入的理论框架，还为供应链成员在复杂信息环境下的决策提供了实践指导。

2. 问题描述与模型构建

考虑市场中存在两个制造商 $M_i(i = 1, 2)$ 和一个电子零售商 R 的供应链结构。其中，制造商通过转售模式或代理模式与电子零售商进行合作，并形成以下三种合作模式：两个制造商都采用转售模式（RR 模式）、两个制造商都采用代理模式（AA 模式）、一个制造商采用转售模式而另一个制造商采用代理模式（RA 模式）。如图 1 所示，在 RR 模式中，两个制造商各自生产互为竞争的全国品牌产品 $NB_i(i = 1, 2)$，并以批发价 w_i 将产品销售给同一电子零售商，电子零售商再转售给消费者；在 AA 模式中，制造商自产自销，并向电子零售商支付一定比例的佣金，佣金费率为 $\lambda(0 < \lambda < 1)$，并且假设 λ 为外生给定；在 RA 模式中，制造商 1 生产全国品牌产品 NB_1，并以批发价 w_1 将产品销售给电子零售商，电子零售商再转售给消费者；而制造商 2 通过电子零售商销售全国品牌产品 NB_2，并向电子零售商支付一定比例的佣金，佣金费率为 $\lambda(0 < \lambda < 1)$。同时考虑电子零售商引入自有品牌，因此供应链中不仅存在两个全国品牌之间的竞争，还存在全国品牌和自有品牌之间的竞争，例如沃尔玛、屈臣氏等均拥有多个竞争性供应商，并且其自有品牌的数量也在不断增加（Sayman et al.，2002）。

假设制造商和电子零售商的边际生产成本为 0，即 $c_i = c_s = 0$，$i = 1, 2$。类似的需求函数和生产成本的假设常见于运营管理的相关文献。借鉴有关文献（Ru et al.，2015；Gielens et al.，2021），将产品的总潜在需求标准化为 1，即当 $p_i = p_s = 0$ 时，$\sum_{i=1}^{2} D_i + D_s = 1$，则全国品牌和自有品牌的需求分别为：

$$\begin{cases} D_i = \dfrac{1}{2+\alpha}\left[1 - p_i + \dfrac{\beta}{2}(p_{3-i} - p_i) + \dfrac{\delta_i}{2}(p_s - p_i)\right] + \theta \\ D_s = \dfrac{1}{2+\alpha}\left[\alpha - p_s + \dfrac{\delta_1}{2}(p_1 - p_s) + \dfrac{\delta_2}{2}(p_2 - p_s)\right] + \theta \end{cases} \tag{1}$$

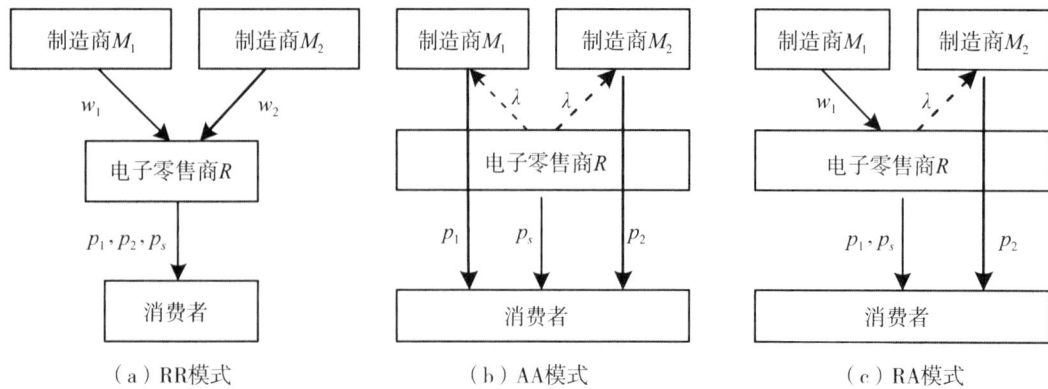

图 1　制造商和电子零售商的销售模式图

其中，α 表示自有品牌产品的基本需求，由于消费者对全国品牌的认可度普遍高于对自有品牌的认可度（杨东升等，2019），假设 $\alpha \in (0, 1)$。θ 表示市场需求波动情况，其均值为 0，方差为 σ^2，由于全国品牌产品间、自有品牌产品与全国品牌产品间存在替代性，产品对消费者具有相似的购买属性，假设其面对的市场需求波动相同（Ha et al.，2017；许明辉等，2018）。$\beta \in [0, 1)$ 表示全国品牌产品之间的可替代性，β 越大，全国品牌之间的竞争越激烈。$\delta_i \in [0, 1)(i = 1, 2)$ 表示自有品牌 SB 和全国品牌 NB_i 之间的可替代性，受自有品牌产品定位的影响，δ_i 越大，表示自有品牌与全国品牌之间的竞争越激烈。$w_i(i = 1, 2)$ 表示制造商 M_i 的批发价。p_1、p_2 和 p_s 分别为全国品牌和自有品牌的零售价格。

电子零售商更接近消费者，在销售过程中会积累相关的销售数据，比上游的制造商更了解市场需求，因此引入自有品牌的电子零售商需权衡是否应将需求信息与上游制造商共享。假设平台拥有关于随机变量 θ 的信号 Y，$E[Y \mid \theta] = \theta$，即 Y 是 θ 的无偏估计。定义 $s \triangleq 1/E[\mathrm{Var}(Y \mid \theta)]$，其值大小反映了平台信息的预测准确度（Shang et al.，2015；Li & Zhang，2008）。假设 θ 关于 Y 的条件期望是 Y 的线性函数，可得 $E[\theta \mid Y] = s\sigma^2(1 + s\sigma^2)^{-1}Y$，$\eta(s, \sigma) \triangleq E[(E[\theta \mid Y])^2] = s\sigma^4(1 + s\sigma^2)^{-1}$。除了需求信息是电子零售商私有之外，其他信息均为共同知识。同时借鉴有关文献（Alzoubi & Yanamandra，2020），假设电子零售商提前承诺共享信息与否，并且若共享信息，则共享的所有信息都是真实的。接下来电子零售商获得关于需求的信号 Y，并根据信息共享合同与制造商共享（或不共享）需求信号。然后根据需求信息共享的不同情况，两个制造商和电子零售商确定使其期望利润最大的价格。具体而言，根据电子零售商的信息共享策略，在 RR 模式中，首先两个制造商确定使其期望利润最大的批发价；然后电子零售商再根据获得的需求信号和制造商的批发价，确定全国品牌和自有品牌的零售价；在 AA 模式中，制造商和电子零售商分别决策全国品牌和自有品牌的零售价；在 RA 模式中，首先制造商 1 确定使其期望利润最大的批发价；接着电子零售商决策全国品牌 NB_1 和自有品牌的零售价，制造商 2 决策全国品牌 NB_2 的零售价。在此基础上，计算不同信息共享状态下，制造商和电子零售商的事前期望利润。假设 $n = (n_1, n_2)$ 表示零售商的信息共享策略，其中 $n_i \in \{0, 1\}$，$n_i = 0$ 表示平台不会共享需求信息，$n_i = 1$ 表示平台将共享需求信息。

3. 均衡决策求解与模型分析

根据以上假设，本节构建不同销售模式下电子零售商和制造商的利润函数，在电子零售商不同信息共享策略下分析电子零售商和制造商的定价策略。

3.1 RR 模式

RR 模式中，两个制造商各自生产互为竞争的全国品牌产品 $NB_i(i = 1, 2)$，并以批发价 w_i 将产品销售给同一电子零售商，电子零售商再转售给消费者。因此，首先考虑电子零售商获得需求信号下的最优定价决策；然后，分析电子零售商向制造商共享及不向制造商共享信息时，制造商的最优批发价决策。

在电子零售商获得需求信号条件下，对于给定的 w_i，电子零售商的期望利润为：

$$\pi_R^{RR}(p_1, p_2, p_s \mid Y) = \sum_{i=1}^{2} (p_i - w_i)\left(\frac{1}{2+\alpha}\left[1 - p_i + \frac{\beta}{2}(p_{3-i} - p_i) + \frac{\delta_i}{2}(p_s - p_i)\right] + E[\theta \mid Y]\right)$$
$$+ p_s\left(\frac{1}{2+\alpha}\left[\alpha - p_s + \frac{\delta_1}{2}(p_1 - p_s) + \frac{\delta_2}{2}(p_2 - p_s)\right] + E[\theta \mid Y]\right) \tag{2}$$

不难验证 π_R^{RR} 是关于 p_s，$p_i(i = 1, 2)$ 的联合凹函数，故令其一阶导数为0，通过联立求解可得产品的最优定价为：

$$
\begin{cases}
p_1(w_1 \mid Y) = \dfrac{1}{2}\left[w_1 + \dfrac{h_1\delta_1 + (h_2 - 2\alpha + 2)\delta_2 + 4\beta + 4}{h_3}\right] + \dfrac{1}{2}(\alpha + 2)E[\theta \mid Y] \\[2ex]
p_2(w_2 \mid Y) = \dfrac{1}{2}\left[w_2 + \dfrac{h_2\delta_2 + (h_1 - 2\alpha + 2)\delta_1 + 4\beta + 4}{h_3}\right] + \dfrac{1}{2}(\alpha + 2)E[\theta \mid Y] \\[2ex]
p_s(Y) = \dfrac{h_1\delta_1 + h_2\delta_2 + 4\alpha\beta + 4\alpha}{2h_3} + \dfrac{1}{2}(\alpha + 2)E[\theta \mid Y]
\end{cases}
\tag{3}
$$

其中，$h_1 = \alpha\beta + 2\alpha + 2\beta + 2$，$h_2 = (\alpha + 2)\delta_1 + h_1$，$h_3 = (3\beta + 4)\delta_1 + (3\delta_1 + 3\beta + 4)\delta_2 + 4\beta + 4$。

若电子零售商与制造商 i 共享信息，则制造商 i 的期望利润为：$\pi_{M_i}^{RR} = w_i E[D_i \mid Y]$。由于 $\pi_{M_i}^{RR}$ 是关于 w_i 的凹函数，令 $\partial\pi_{M_i}^{RR}/\partial w_i = 0$，则制造商 i 的最优批发价为：

$$w_i = \frac{\beta E[w_{3-i} \mid Y] + 2}{2(\beta + \delta_i + 2)} + \frac{2(\alpha + 2)}{\beta + \delta_i + 2}E[\theta \mid Y], \ i = 1, 2 \tag{4}$$

若电子零售商不与制造商 i 共享信息，则制造商 i 的期望利润为 $\pi_{M_i}^{RR} = w_i E[D_i]$。由于 π_{M_i} 是关于 w_i 的凹函数，令 $\partial\pi_{M_i}^{RR}/\partial w_i = 0$，此时制造商 i 的最优批发价为：

$$w_i = \frac{\beta E[w_{3-i}] + 2}{2(\beta + \delta_i + 2)}, \ i = 1, 2 \tag{5}$$

当 $n = (0, 0)$ 时，两个制造商均不知晓信息，此时 $E[w_i] = w_i$，将之代入式(5)即可求得命题结果。当 $n = (1, 1)$ 时，两个制造商拥有相同信息，此时 $E[w_i | Y] = w_i$，将之代入式(4)即可求得命题结果。当 $n = (1, 0)$ 或 $(0, 1)$ 时，未获得需求信息的制造商的批发价 w_i 与 Y 无关，联立式(4)和式(5)即可求得最优批发价 w_i。

首先，对比不同信息共享策略下制造商和电子零售商的定价决策，可得推论 1。

推论 1 $\dfrac{\partial w_1^{(1,1)}}{\partial Y} > \dfrac{\partial w_1^{(1,0)}}{\partial Y}, \dfrac{\partial w_2^{(1,1)}}{\partial Y} > \dfrac{\partial w_2^{(0,1)}}{\partial Y}; \dfrac{\partial p_i^{(1,1)}}{\partial Y} > \dfrac{\partial p_i^{(1,0)}}{\partial Y}, \dfrac{\partial p_i^{(1,1)}}{\partial Y} > \dfrac{\partial p_i^{(0,1)}}{\partial Y}; \dfrac{\partial p_1^{(1,0)}}{\partial Y} > \dfrac{\partial p_1^{(0,0)}}{\partial Y},$

$\dfrac{\partial p_2^{(0,1)}}{\partial Y} > \dfrac{\partial p_2^{(0,0)}}{\partial Y}$。

由推论 1 可知，知晓信息的制造商和电子零售商能够根据需求信息 Y 调整产品的批发价格和零售价格。批发价格(零售价格)随着 Y 的变化调整的幅度越大，称为批发价格(零售价格)对需求信号 Y 的响应度越高(Ha et al.，2011)。若制造商 M_i 知晓信息，批发价 w_i 对信号 Y 的响应度会因电子零售商与另一制造商共享信息而增大。这是因为制造商获取了更准确的需求信息，使得批发价 w_i 对信号 Y 的响应度上升。若制造商 M_i 知晓信息，那么该制造商产品的零售价对信号 Y 的响应度会因电子零售商与其竞争对手 M_{3-i} 共享信息而增加。这是因为当另一制造商也知晓信息时，批发价 w_i 对信号 Y 的响应度会上升，电子零售商知晓制造商的最优反应后也会制定高价策略，从而全国品牌的零售价对信号 Y 的响应度增加。电子零售商与制造商 M_i 共享信息会增大该全国品牌的零售价对信号 Y 的响应度。因为当制造商 M_i 知晓信息时，它由于获取了更准确的需求信息，可以制定更优的批发价，电子零售商知晓制造商的价格响应策略后，也会制定相应的响应零售价格，从而全国品牌产品的零售价对信号 Y 的响应度上升。

然后，将确定性需求下的最优定价决策代入式(2)以及制造商的利润，可得到确定性需求下制造商和电子零售商的利润 $\bar{\pi}_{M_i}^{\mathrm{RR}}$ 和 $\bar{\pi}_R^{\mathrm{RR}}$，即：

$$\bar{\pi}_{M_i}^{\mathrm{RR}} = (4 + 3\beta + 2\delta_{3-i})^2 (2 + \beta + \delta_i) / (3\beta^2 + 4\beta\delta_1 + 4\beta\delta_2 + 4\delta_1\delta_2 + 16\beta + 8\delta_1 + 8\delta_2 + 16)^2 (\alpha + 2)$$

$$\bar{\pi}_R^{\mathrm{RR}} = \frac{1}{2 + \alpha} \left\{ \begin{array}{l} \displaystyle\sum_{i=1}^{2} (\bar{p}_i - \bar{w}_i)\left[1 - \bar{p}_i + \dfrac{\beta}{2}(\bar{p}_{3-i} - \bar{p}_i) + \dfrac{\delta_i}{2}(p_s - \bar{p}_i) \right] \\ + p_s \left[\alpha - p_s + \dfrac{\delta_1}{2}(p_1 - p_s) + \dfrac{\delta_2}{2}(p_2 - p_s) \right] \end{array} \right\}$$

基于此，给出了不同信息共享模式下制造商和电子零售商的最优期望利润。命题 1 给出了 RR 模式下制造商和电子零售商的信息共享偏好。

命题 1 在 RR 模式下，制造商和电子零售商的信息共享偏好为：

(1) $\Pi_{M_1}^{(1,1)} > \Pi_{M_1}^{(1,0)} > \Pi_{M_1}^{(0,0)}$，$\Pi_{M_2}^{(1,1)} > \Pi_{M_2}^{(0,1)} > \Pi_{M_2}^{(0,0)}$

(2) $\Pi_R^{(1,1)} < \{ \Pi_R^{(1,0)}, \Pi_R^{(0,1)} \} < \Pi_R^{(0,0)}$

(3) $\Pi_{sc}^{(1,1)} < \{ \Pi_{sc}^{(1,0)}, \Pi_{sc}^{(0,1)} \} < \Pi_{sc}^{(0,0)}$

命题 1 说明在两个制造商各自生产互为竞争的全国品牌产品，并以批发价将产品销售给同一电子零售商的分销模式中，同时考虑电子零售商引入自有品牌产品，两个制造商都不会获得电子零售商的信息共享成为占优策略，即垂直信息共享将无法持续。一方面，电子零售商具有定价权，影响电子零售商需求信息共享策略的主要因素是需求信息共享策略对于制造商批发价决策的影响。电子零售商保持信息优势首先限制制造商对市场的洞察，增强自有品牌的市场地位，其次模糊制造商的批发价格，从而缓解双重边际化效应，在制造商的非激进批发价格决策中获益。另一方面，虽然信息共享能够帮助制造商精准定价，提高制造商利润，但信息共享会加剧上游制造商间的竞争，在电子零售商拥有自有品牌的背景下，竞争会进一步恶化，最终共享带来的收益增加不足以弥补竞争加剧导致的收益损失，而不利于整条供应链收益的增加。因此从管理学角度看，在转售销售模式下，电子零售商应通过限制信息共享来维持自身的信息优势，制造商可以考虑通过差异化产品或服务来减少与电子零售商自有品牌的直接竞争，供应链各方应该从整体收益出发，探索新的合作方式，实现供应链收益的帕累托改进。

3.2 AA 模式

AA 模式中，制造商自产自销，并向电子零售商支付一定比例的佣金，佣金费率为 $\lambda(0 < \lambda < 1)$，并且假设 λ 为外生给定。因此电子零售商的收益由两部分组成：制造商全国品牌销售的佣金收入和电子零售商自有品牌的销售收入。首先考虑电子零售商不同信息共享策略下，制造商和电子零售商的销售价格决策。在电子零售商获得需求信号的条件下，电子零售商的期望利润为：

$$\pi_R^{AA}(p_s \mid Y) = \lambda \sum_{i=1}^{2} \left[\frac{p_i}{2+\alpha} \left[1 - p_i + \frac{\beta}{2}(p_{3-i} - p_i) + \frac{\delta_i}{2}(p_s - p_i) \right] + E[\theta/Y] \right] \\ + p_s \left[\frac{1}{2+\alpha} \left[\alpha - p_s + \frac{\delta_1}{2}(p_1 - p_s) + \frac{\delta_2}{2}(p_2 - p_s) \right] + E[\theta/Y] \right] \tag{6}$$

由于 π_R^{RR} 是关于 $p_i(i = 1, 2)$ 的凹函数，令 $\frac{\partial \pi_R^{RR}}{\partial p_s} = 0$，则自有品牌产品最优销售价格的反应函数为：$p_s = \dfrac{2\alpha + (1+\lambda)(\delta_1 p_1 + \delta_2 p_2) + 2(2+\alpha)E[\theta \mid Y]}{2(2+\delta_1+\delta_2)}$。

若电子零售商不与制造商共享消费者需求信息，则制造商 i 的期望利润为：

$$\pi_{M_i}^{AA}(p_i) = (1-\lambda)\left[\frac{p_i}{2+\alpha} \left[1 - p_i + \frac{\beta}{2}(p_{3-i} - p_i) + \frac{\delta_i}{2}(p_s - p_i) \right] + E[\theta] \right] \tag{7}$$

由于 $\pi_{M_i}^{AA}$ 是关于 p_i 的凹函数，令 $\frac{\partial \pi_{M_i}^{AA}}{\partial p_i} = 0$，则全国品牌产品最优销售价格的反应函数为：

$$p_i = \frac{2 + E[p_{3-i}]\beta + E[p_s]\delta_i}{2(2 + \beta + \delta_i)}, \ i = 1, 2$$

若电子零售商与制造商共享消费者需求信息，则制造商 i 的期望利润为：

$$\pi_{M_i}^{AA}(p_i \mid Y) = (1-\lambda)\left[\frac{p_i}{2+\alpha} \left[1 - p_i + \frac{\beta}{2}(p_{3-i} - p_i) + \frac{\delta_i}{2}(p_s - p_i) \right] + E[\theta/Y] \right] \tag{8}$$

由于 $\pi_{M_i}^{AA}$ 是关于 p_i 的凹函数，令 $\frac{\partial \pi_{M_i}^{AA}}{\partial p_i} = 0$，则全国品牌产品最优销售价格的反应函数为：

$$p_i = \frac{2 + p_{3-i}\beta + p_s\delta_i + (4 + 2\alpha)E[\theta \mid Y]}{2(2 + \beta + \delta_i)}, \quad i = 1, 2$$

与 RR 模式类似，在不同信息共享策略下通过联立求解得出最优销售价格决策，并将其代入式（6）以及式（7）得出 AA 模式下制造商和电子零售商的最优事前期望利润。考虑到文章参数较多，假设 $\delta_1 = \delta_2 = \delta$，可得确定性需求下制造商和电子零售商的利润 $\bar{\pi}_{M_i}^{AA}$ 和 $\bar{\pi}_R^{AA}$，即：

$$\bar{\pi}_{M_1} = \bar{\pi}_{M_2} = \frac{(1 - \lambda)(2 + \beta + \delta)(4 + 4\delta + \alpha\delta)^2}{2(2 + \alpha)(8 + 12\delta + 2\beta(1 + \delta) + \delta^2(3 - \lambda))^2}$$

$$\bar{\pi}_R = \frac{\begin{pmatrix} \alpha^2\{\beta^2(1 + \delta) + 4\beta(2 + 3\delta + \delta^2) - (2 + \delta)[\delta^2(\lambda - 4) - 8 - 12\delta]\} \\ + \alpha\{-2\delta[\delta^2(\lambda - 4) - 8 - 12\delta](1 + \lambda) + 4\beta\delta(1 + \delta)(1 + 2\lambda)\} \\ - 4(1 + \delta)[\delta^2(\lambda^2 - 4\lambda - 1) - 4(2 + \beta)\lambda - 4(3 + \beta)\delta\lambda] \end{pmatrix}}{(2 + \alpha)(8 + 12\delta + 2\beta(1 + \delta) - \delta^2(-3 + \lambda))^2}$$

基于此，给出了不同信息共享模式下制造商和电子零售商的最优事前期望利润。命题 2 给出了 AA 模式下，制造商和电子零售商的信息共享偏好。

命题 2 在 AA 模式下，制造商和电子零售商的信息共享偏好为：

(1) $\Pi_{M_1}^{(1,1)} > \Pi_{M_1}^{(1,0)} > \Pi_{M_1}^{(0,0)}$，$\Pi_{M_2}^{(1,1)} > \Pi_{M_2}^{(0,1)} > \Pi_{M_2}^{(0,0)}$

(2) $\Pi_R^{(1,1)} > \Pi_R^{(1,0)} / \Pi_R^{(0,1)} > \Pi_R^{(0,0)}$

(3) $\Pi_{sc}^{(1,1)} > \{\Pi_{sc}^{(1,0)}, \Pi_{sc}^{(0,1)}\} > \Pi_{sc}^{(0,0)}$

命题 2 表明，在两个制造商各自生产互为竞争的全国品牌产品，并通过电子零售商进行分销的代销模式下，同时考虑电子零售商引入自有品牌产品，两个制造商会获得电子零售商的信息共享成为占优策略。直觉上佣金比率高低会影响零售商的信息共享情况，如果佣金率高，电子零售商从制造商销售额中获得的收益比例大，因此电子零售商可能更愿意共享消费者需求信息以提高制造商的销售额，从而增加自己的佣金收入，制造商在高佣金下获得的销量提升也能覆盖佣金成本；如果佣金率低，电子零售商可能不愿意共享消费者需求信息。但命题 2 发现无论佣金比率高低，共享永远是占优策略，即信息共享在固定佣金比率下具有"双赢"属性，能够同时提升电子零售商和制造商的利润，并增加供应链整体效率。这是因为当佣金比率固定时，无论佣金比率高低，只要电子零售商信息共享，便既能增加制造商利润，也能增加电子零售商利润。因此从管理学角度看，电子零售商可以考虑固定佣金比率，实现制造商和电子零售商的双赢，双方也可以签订利润共享协议，明确信息共享带来的额外收益分配比例。政策制定者可以推动行业标准的制定，明确信息共享的利益分配机制。

3.3 RA 模式

在 RA 模式中，制造商 1 生产全国品牌产品 NB_1，并以批发价 w_1 将产品销售给电子零售商，电子零售商再转售给消费者；而制造商 2 通过电子零售商销售全国品牌产品 NB_2，并向电子零售商支付一定比例的佣金，佣金费率为 $\lambda(0 < \lambda < 1)$。在电子零售商的信息共享策略下，首先考虑电子零售商

和制造商2的最优销售价格决策；然后，分析制造商1的最优批发价决策。在电子零售商获取需求信号条件下，电子零售商的利润为：

$$\pi_R^{RA}(p_1, p_2, p_s \mid Y) = (p_1 - w_1)\left(\frac{1}{2+\alpha}\left[1 - p_1 + \frac{\beta}{2}(p_2 - p_1) + \frac{\delta_1}{2}(p_s - p_1)\right] + E[\theta/Y]\right)$$

$$+ \lambda p_2\left(\frac{1}{2+\alpha}\left[1 - p_2 + \frac{\beta}{2}(p_1 - p_2) + \frac{\delta_2}{2}(p_s - p_2)\right] + E[\theta/Y]\right)$$

$$+ p_s\left(\frac{1}{2+\alpha}\left[\alpha - p_s + \frac{\delta_1}{2}(p_1 - p_s) + \frac{\delta_2}{2}(p_2 - p_s)\right] + E[\theta/Y]\right)$$

由于 π_R^{RA} 是关于 p_s，p_1 的凹函数，故分别令其一阶导数为0，可得自有品牌产品的最优销售价格为：$p_s = \dfrac{2\alpha + 2\beta p_1 + \beta(1+\lambda)p_2 - w_1\beta + 2(2+\alpha)E[\theta \mid Y]}{4+4\beta}$，全国品牌产品 NB_1 的最优销售价格为：

$$p_1 = \frac{2 + 2w_1(1+\beta) + 2\beta p_s + \beta(1+\lambda)p_2 + 2(2+\alpha)E[\theta \mid Y]}{4(1+\beta)}。$$

若电子零售商与制造商2共享消费者需求信息，制造商2的期望利润为：$\pi_{M_2}^{RA} = (1-\lambda)p_2 E[D_1/Y]$，由于 $\pi_{M_2}^{RA}$ 是关于 p_2 的凹函数，故令 $\dfrac{\partial \pi_{M_2}^{RA}}{\partial p_2} = 0$，可得全国品牌产品 NB_2 的销售价格为：

$$p_2 = \frac{2 + (p_1 + p_s)\beta + 2(2+\alpha)E[\theta \mid Y]}{4+4\beta}；$$ 若电子零售商不与制造商2共享消费者需求信息，则制造商2的期望利润为：$\pi_{M_2}^{RA} = (1-\lambda)p_2 E[D_1]$，可得全国品牌产品 NB_2 的销售价格为：$p_2 = \dfrac{2 + (E[p_1] + E[p_s])\beta}{4+4\beta}$。由此在不同信息共享策略下通过联立求解得出全国产品和自有品牌产品的最优销售价格，接着分析制造商1的最优批发价决策。

若电子零售商不与制造商1共享消费者需求信息，则制造商1的期望利润为：$\pi_{M_1}^{RA} = w_1 E[D_1]$，由于 $\pi_{M_1}^{RA}$ 是关于 w_1 的凹函数，可得全国品牌产品 NB_1 的最优批发价格为：$\bar{w}_{RA} = \dfrac{4\beta(\lambda - 7) - (\alpha(1-\lambda) - 5\lambda + 9)\beta^2 - 16}{(3\lambda - 11)\beta^3 + 2(\lambda - 29)\beta^2 - 80\beta - 32}$；若电子零售商与制造商1共享消费者需求信息，则制造商1的期望利润为：$\pi_{M_1}^{RA} = w_1 E[D_1/Y]$，同理可得全国品牌产品的 NB_1 最优批发价格为：$w_1 = \bar{w}^{RA} + \dfrac{2(2+\alpha)((3\lambda - 5)\beta^2 + 2(\lambda - 7)\beta - 8)E[\theta \mid Y]}{(3\lambda - 11)\beta^3 + 2(\lambda - 29)\beta^2 - 80\beta - 32}$。

最终，求解得到不同信息共享策略下制造商和电子零售商的最优事前期望利润。然后，在 RA 模式下，比较不同信息共享策略下制造商和电子零售商的最优期望利润，由此命题3给出了不同条件下制造商和电子零售商的信息共享偏好。

命题3 RA 模式下：

（1）制造商和电子零售商的信息共享偏好为：

条　件	电子零售商偏好	制造商偏好
$0 < \beta < \beta_1$ 或 $\beta_1 < \beta \leqslant 1$ 且 $0 < \lambda < \lambda_{R1}$	$\Pi_R^{(0, 0)} > \Pi_R^{(0, 1)} > \Pi_R^{(1, 1)} > \Pi_R^{(1, 0)}$	$\Pi_{M_1}^{(1, 1)} > \Pi_{M_1}^{(1, 0)} > \Pi_{M_1}^{(0, 0)}$
$\beta_1 < \beta \leqslant \beta_2$ 且 $\lambda_{R1} < \lambda < 1$ 或 $\beta_2 < \beta < 1$ 且 $\lambda_{R1} < \lambda < \lambda_{R2}$	$\Pi_R^{(0, 1)} > \Pi_R^{(0, 0)} > \Pi_R^{(1, 1)} > \Pi_R^{(1, 0)}$	且
$\beta_2 < \beta < 1$ 且 $\lambda_{R2} < \lambda < 1$	$\Pi_R^{(0, 1)} > \Pi_R^{(1, 1)} > \Pi_R^{(0, 0)} > \Pi_R^{(1, 0)}$	$\Pi_{M_2}^{(1, 1)} > \Pi_{M_2}^{(0, 1)} > \Pi_{M_2}^{(0, 0)}$

（2）整条供应链的信息共享偏好为：

条　件		整条供应链偏好
$0 < \beta < \beta_1$		$\Pi_{sc}^{(0, 0)} > \Pi_{sc}^{(0, 1)} > \Pi_{sc}^{(1, 1)} > \Pi_{sc}^{(1, 0)}$
$\beta_1 < \beta \leqslant \beta_3$	$0 < \lambda < \lambda_{SC1}$	
	$\lambda_{SC1} < \lambda < 1$	$\Pi_{sc}^{(0, 1)} > \Pi_{sc}^{(1, 1)} > \Pi_{sc}^{(0, 0)} > \Pi_{sc}^{(1, 0)}$
$\beta_3 < \beta \leqslant \beta_4$		
$\beta_4 < \beta \leqslant \beta_5$	$\lambda_{SC2} < \lambda < 1$	
	$0 < \lambda < \lambda_{SC2}$	$\Pi_{sc}^{(0, 1)} > \Pi_{sc}^{(0, 0)} > \Pi_{sc}^{(1, 1)} > \Pi_{sc}^{(1, 0)}$
$\beta_5 < \beta < 1$		

命题 3 的利润比较指出在一个制造商生产全国品牌产品，并以批发价将产品销售给电子零售商，电子零售商再转售给消费者，而另一个制造商通过电子零售商销售全国品牌产品，并向电子零售商支付一定比例佣金的混合销售模式下，同时考虑电子零售商引入自有品牌产品进行销售，从制造商角度看，两个制造商都获得消费者需求信息，优于只有一个制造商获得消费者需求信息，优于两个制造商都没有获得消费者需求信息。而零售商的信息共享偏好受产品竞争和佣金率的影响，在竞争较弱的环境中，零售商可能更倾向于保护自身利益，因此不向两个制造商共享信息将成为占优策略；而高佣金率可能激励零售商共享信息，以获取更多利润，当制造商 2 向零售商支付的佣金率较高时，零售商只向制造商 2 共享消费者信息将成为占优策略。

总而言之，不同销售模式下，电子零售商的需求信息共享策略存在显著差异。在转售模式下，电子零售商倾向于限制信息共享以维持自身的信息优势，信息共享无法持续。而在代销模式下，无论佣金比率高低，信息共享都成为占优策略，能够同时提升电子零售商和制造商的利润，实现双赢。混合销售模式下，信息共享的效果则取决于产品竞争强度和佣金率，高佣金率可能激励零售商共享信息，但竞争较弱时零售商更倾向于保护自身利益。因此从管理学角度看，电子零售商和制造商应根据具体模式选择合适的策略，政策制定者也应推动行业标准的制定，明确信息共享的利益分配机制，以实现供应链整体效率的提升和帕累托改进。

4. 结语

本文将电子零售商引入自有品牌的研究扩展到电子零售商拥有信息优势的情形，还综合考虑品牌间的多种竞争形式（包括制造商和电子零售商之间以及制造商与制造商之间的品牌竞争），并在分销模式和代销模式下，研究了电子零售商的信息共享决策。研究结果表明：不同销售模式下，电子零售商的需求信息共享策略存在显著差异，在两个制造商各自生产互为竞争的全国品牌产品，并以批发价将产品销售给同一电子零售商的分销模式中，同时考虑电子零售商引入自有品牌产品，垂直信息共享将无法持续，两个制造商都不会获得电子零售商的信息共享将成为占优策略；而信息共享在固定佣金比率下具有"双赢"属性，能够同时提升电子零售商和制造商的利润，并增加供应链整体效率。本文研究结论对拥有自有品牌的电子零售商面对竞争性制造商的供应链管理问题具有一定的管理意义。其一，电子零售商引入自有品牌会加剧竞争，削弱信息共享意愿；其二，在代销模式下，固定佣金比率可以激励信息共享，提升供应链效率，因此电子零售商和制造商可以尝试探索此类合作机制。

本文仅考虑下游电子零售商拥有需求信息时引入自有品牌后的信息共享行为，实际中，上游制造商拥有产品质量信息，而电子零售商和消费者并不知晓，这值得进一步思考。此外，本文假定全国品牌和自有品牌的生产成本相等且为零，而生产成本随科技进步和企业创新等因素动态变化，在未来的研究中，可以对这些因素进行进一步的探讨。

◎ 参考文献

[1] 曹宗宏，刘文先，周永务. 引入自有产品对零售商主导的供应链成员决策的影响[J]. 中国管理科学，2014，22(1).

[2] 范合君，郑铮. 数字资产配置、管理创新与成本黏性[J]. 济南大学学报(社会科学版)，2024，34(1).

[3] 高航，周明生. 数字化转型何以提升企业韧性——基于动态能力理论和企业技术应用情境的考察[J]. 科学管理研究，2024，42(3).

[4] 焦豪，王林栋. 数字平台生态系统治理——理论逻辑、行动框架与模式划分[J]. 山东大学学报(哲学社会科学版)，2024(4).

[5] 李凯，孙建华，严建援. 间接和混合渠道下零售商引入自有品牌的影响分析[J]. 运筹与管理，2017，26(1).

[6] 李三希，林心仪，兰森. 数据要素市场化：数据交易平台建设路径探析[J]. 江西社会科学，2024，44(10).

[7] 刘竟，傅科，徐佳焱. 不对称信息下权力结构对自有品牌引入的影响[J]. 系统工程理论与实践，2021，41(8).

[8] 欧阳日辉. 数据要素驱动中国式服务业数字化[J]. 贵州社会科学，2024(7).

［9］ 王鹏，王要玉，王建才. 零售电子零售商自有品牌与制造商渠道策略的竞合博弈分析［J］. 中国管理科学，2024，32(9).

［10］ 许明辉，孙康泰，杨东升. 竞争性制造商成本削减下的信息共享策略研究［J］. 管理学报，2018，15(12).

［11］ 杨东升，许明辉. 供应商竞争性广告下零售商的信息共享策略研究［J］. 珞珈管理评论，2019(2).

［12］ 喻冬冬，罗春林，田歆，等. 电商电子零售商自有品牌引入与定价时序选择［J］. 管理评论，2023，35(6).

［13］ 喻冬冬，罗春林，徐杰. 平台使能会促进自有品牌引入？［J］. 系统工程学报，2024，39(6).

［14］ 喻冬冬，罗春林，万谧宇，等. 滋养你的竞争对手？——考虑电商电子零售商自有品牌的电子零售商需求信息共享策略［J］. 中国管理科学，2024，32(1).

［15］ 俞立平，胡甲滨，赵宇轩，等. 数字经济对全国统一大市场建设的影响机制研究［J/OL］. ［2025-07-29］. 重庆大学学报 (社会科学版)，http：//kns. cnki. net/kcms/detail/50. 1023. c. 20241127.1837.002.html.

［16］ 张喜征，梁家莉，曹帅，等. 知识溢出效应下供应链合作创新博弈模型研究［J］. 华东经济管理，2017，31(10).

［17］ 朱鹏颐，李霖芝. 我国生鲜农产品冷链物流效率评价研究——基于三阶段 DEA 模型和 Malmquist 指数［J］. 海岳学刊，2023(1).

［18］ PLMA. PLMA's 2025 private label report［R］. New York：Private Label Manufacturers Association.

［19］ Alzoubi, H., Yanamandra, R. Investigating the mediating role of information sharing strategy on agile supply chain［J］. Uncertain Supply Chain Management, 2020, 8 (2).

［20］ Balasubramanian, G., Maruthasalam, A. P. P. Substitution effect of retailer store brand and manufacturer encroachment［J］. International Journal of Production Economics, 2021, 231.

［21］ Choi, S., Fredj, K. Price competition and store competition：Store brands vs. national brand［J］. European Journal of Operational Research, 2013, 225(1).

［22］ Gielens, K., Ma, Y., Namin, A., et al. The future of private labels：Towards a smart private label strategy［J］. Journal of Retailing, 2021, 97(1).

［23］ Ha, A. Y., Tong, S., Zhang, H. Sharing demand information in competing supply chains with production diseconomies［J］. Management Science, 2011, 57 (3).

［24］ Ha, A. Y., Tian, Q., Tong, S. Information sharing in competing supply chains with production cost reduction［J］. Manufacturing & Service Operations Management, 2017, 19 (2).

［25］ Jiang, L., Hao, Z. Y. Incentive-driven information dissemination in two-tier supply chains［J］. Manufacturing & Service Operations Management, 2016, 18 (3).

［26］ Jin, Y., Wu, X., Hu, Q. Interaction between channel strategy and store brand decisions［J］. European Journal of Operational Research, 2017, 256(3).

［27］ Li, L., Zhang, H. Confidentiality and information sharing in supply chain coordination［J］. Management Science, 2008, 54 (8).

［28］ Liu, P., Zhang, R., Wang, Y., et al. Manufacturer's sales format selection and information sharing strategy of platform with a private brand［J］. Journal of Business & Industrial Marketing, 2024, 39

（2）.

[29] Ru, J., Shi, R., Zhang, J., et al. Does a store brand always hurt the manufacturer of a competing national brand？ [J]. Production & Operations Management, 2015, 24(2).

[30] Sayman, S., Hoch, S. J., Raju, J. S. Positioning of store brands [J]. Marketing Science, 2002, 21 (4).

[31] Shang, W., Ha, A. Y., Tong, S. Information sharing in a supply chain with a common retailer [J]. Management Science, 2015, 62 (1).

[32] Shi, C. L., Geng, W. To introduce a store brand or not：Roles of market information in supply chains [J]. Transportation Research Part E：Logistics and Transportation Review, 2021, 150.

[33] Wang, L., Chen, J., Song, H. Manufacturer's channel strategy with retailer's store brand [J]. International Journal of Production Research, 2021, 59(10).

[34] Yu, D. D., Luo, C. L., Xu, J., et al. To share or not to share：Strategic information sharing with store brand encroachment in platform markets [J]. Transportation Research Part E：Logistics and Transportation Review, 2024, 150.

[35] Zheng, Q., Jang, H., Pan, X. A. Store-brand introduction and multilateral contracting [J]. Manufacturing & Service Operations Management, 2022, 24(1).

Information Sharing Strategy for an E-tailer with Store Brand

Xu Minghui　Tang Juanhong　Li Li

（Economics and Management School, Wuhan University, Wuhan, 430072）

Abstract：In a supply chain consisting of one e-tailer with a store brand and two competing manufacturers, where the market demand information is privately held by the e-tailer, we study the e-tailer's optimal information sharing strategy, considering competition both between the manufacturers and between the manufacturers and the e-tailer. The research findings indicate that the e-tailer's demand information sharing strategies significantly differ across various sales models. In a distribution model where two manufacturers each produce competing national brand products and sell them to the same e-tailer at wholesale prices, while considering the e-tailer's introduction of a store brand product, vertical information sharing cannot be sustained. In this scenario, neither manufacturer will receive information sharing from the e-tailer, making this the dominant strategy. Conversely, under a fixed commission rate, information sharing exhibits a "win-win" attribute, simultaneously enhancing the profits of both the platform and the manufacturers, and improving overall supply chain efficiency.

Key words：Supply chain；Store brand；Information sharing；Competing manufacturers

责任编辑：路小静

珞珈管理评论
2025 年卷第 5 辑（总第 62 辑）

Luojia Management Review
No. 5, 2025（Sum. 62）

机器人共情对消费者不道德行为的抑制效应：
社会判断的中介作用[*]

● 李晓飞

（首都经济贸易大学工商管理学院　北京　100070）

【摘　要】本文探讨机器人共情对消费者不道德行为是否存在抑制效应及其影响机制和边界条件。基于消费者感知视角，通过三项实验检验感知机器人共情对消费者不道德行为的负向影响（即抑制效应），以及社会判断的中介作用，并将社会阶层和印象管理动机作为该抑制效应的边界条件。研究表明：（1）感知机器人共情有效降低了消费者不道德行为的可能性。（2）社会判断在感知机器人共情对消费者不道德行为的抑制效应中起部分中介作用。（3）社会阶层（高 vs. 低）调节了感知机器人共情对消费者不道德行为的负向影响。感知机器人共情对消费者不道德行为的抑制效应在高社会阶层群体中显著，而在低社会阶层群体中不显著。（4）印象管理动机显著调节了感知机器人共情对消费者不道德行为的负向影响。当消费者启动印象管理动机时，感知机器人共情对消费者不道德行为的抑制效应显著，反之则不显著。

【关键词】感知机器人共情　消费者不道德行为　社会判断　社会阶层　印象管理动机

中图分类号：C93　　　文献标识码：A

1. 引言

近年来，我国人工智能技术的突破性进展为机器人在服务行业的应用注入了新的活力。基于人工智能技术的服务机器人以其卓越的效率和对程序变化的快速适应能力逐渐取代了部分人工服务，被广泛应用于餐饮、旅游、医疗等服务场景中。机器人从根本上改变了原有的服务模式，使之成为服务营销领域最为引人注目的变化之一（崔常琪等，2022；Mende et al., 2019）。机器人综合应用了先进的机器人技术、人工智能和机器学习技术，能高效地提供服务，提升企业的运营效率和管理效

* 基金项目：国家自然科学基金青年项目"服务机器人拟人化的双刃剑效应：机制、边界及干预策略"（项目批准号：72202146）；国家自然科学基金青年项目"人工智能移情对个体决策模式的双面效应研究"（项目批准号：72302011）；国家自然科学基金面上项目"NFT 如何赋能实体营销？多级市场流转视角下 NFT 对消费者实体产品购买行为的影响研究"（项目批准号：72372010）。

率（Mende et al., 2019）。虽然机器人在企业运营中具有诸多优势，但是相比人类员工，机器人的应用会导致消费者不道德行为的增加（Petisca et al., 2022）。例如，在全季酒店，有的机器人被顾客多次故意挡住去路，导致其在原地徘徊、无法正常工作。奥地利科技博览会上的伴侣机器人萨曼莎经历了多次性骚扰事件（Moye, 2017）。学术界也已经有学者探讨了机器人和消费者不道德行为之间的关系，并得出了较为一致的结论：相比人类员工，机器人增加了消费者不道德行为的可能性。例如，Mubin 等（2020）和 Petisca 等（2020）的研究表明，当与机器人互动时，人们更倾向于欺骗它们。Giroux 等（2022）和 Kim 等（2020）指出，当消费者对人工智能产品做出不道德行为时，他们的罪恶感会减轻。Petisca 等（2022）发现机器人成为不道德行为受害者的概率要远远高于人类。因此，如何减少消费者在使用机器人时的不道德行为成为扫清服务机器人应用障碍的关键问题之一。

近年来，得益于情感计算技术的加持（Asada, 2015），机器人具备共情能力成为现实。例如，HumeAI 公司 2024 年发布的聊天机器人 EVI，通过分析人类言语和声音，能够检测到用户包括快乐、悲伤、愤怒、害怕在内的 53 种不同的情绪，并据此进行情感表达。在此背景下，营销学者也加快了对机器人共情的研究，希望以此提高消费者对机器人的使用意愿，扫清机器人在服务行业落地应用的障碍。在数量有限的关于机器人共情的研究中，学者们得出了较为一致的结论：机器人共情能够促使消费者产生积极反应。例如，Schepers 等（2022）发现，具备共情能力的人工智能产品可以提升个体的积极情绪。De Kervenoael 等（2020）进一步指出共情会增强用户对智能机器人的信任感以及人机交互时的融入感和舒适感，并减轻交互时的焦虑和压力，提升用户对机器人的接受度和满意度。最新的研究指出，机器人的主动感知和情绪感知可以降低消费者的欺骗倾向（Petisca et al., 2022；Ahmad et al., 2021）。这为通过赋予机器人共情能力来减少机器人使用过程中消费者不道德行为提供了新的研究视角。但是，还未有学者研究机器人共情和消费者不道德行为之间的关系。机器人共情能力是否能够有效减少消费者的不道德行为、其中的机制及边界条件又是什么，以上问题需要研究给出答案。

为了弥补相关研究的缺失，解决上述实践问题，本研究以社会认同理论为基础，基于消费者感知的视角，通过三项实验系统检验了消费者感知到的机器人共情能力（下文简称感知机器人共情）对消费者不道德行为的抑制效应及边界条件，并进一步探究社会阶层和印象管理动机对上述效应影响的边界条件。本研究的理论贡献如下：第一，研究结论补充和扩展了机器人共情积极效应的相关理论，本文发现感知机器人共情会对消费者不道德行为产生抑制作用。第二，研究揭示了感知机器人共情对不道德行为的影响机制，既丰富了机器人对顾客行为影响的认知范畴，也为学者探索如何通过机器人设计降低不道德行为提供实证依据。第三，本研究发现社会阶层和印象管理动机在感知机器人共情对消费者不道德行为影响过程中存在调节效应，揭示了感知机器人共情对消费者不道德行为影响的边界条件。本文的研究结论具有重要的实践意义，可以帮助服务行业在应用服务机器人时采取合适的设计策略，通过增加机器人的共情力，甚至根据不同特质的顾客采取差异化的干预方式，进而降低消费者不道德行为的产生。

2. 文献回顾和研究假设

2.1 机器人和消费者不道德行为

不道德行为是指"任何非法的或不被大多数人在道德上所接受的行为"（杨伟等，2012），包括但不限于偷窃、欺骗、说谎、作弊、逃税、腐败、违背承诺、犯罪等违反道德规范或准则（无论是否合法）的行为。虽然大多数人认为自己是有道德、诚实的，但事实上他们的行为却并不总是遵循道德（Bazerman & Gino，2012）。在市场营销文献中，不道德行为受到了广泛关注，如功能失调行为、偏差行为和机会主义行为（Fisk et al.，2010）。消费者不道德行为包括从轻微的道德违规（如不文明的举止和言行）到更严重的非法行为（如入店行窃）等一系列行为（Kim et al.，2023）。研究指出，社会因素是除个人因素和环境因素外影响消费者不道德行为的主要因素（喻英豪，2023），比如遭遇社会排斥的个体更有可能做出不道德行为（Kouchaki & Wareham，2015）。

先前的研究发现人类特征与不道德行为之间存在一定的联系（Rotman et al.，2017）。当受害者是机器人而不是人类时，个体认为针对机器人的不道德行为的道德败坏程度较低（Petisca et al.，2020）。Petisca 等（2022）发现，人工智能成为消费者不道德行为的受害者的可能性远高于人类。综合以上文献可以得出，相比人类员工，消费者更容易在机器人面前做出一些不道德行为，比如在公共场合的攻击性行为（Moye，2017），表现出不诚实行为（LaMothe & Bobek，2020），甚至出现作弊行为而不内疚（Hoffman et al.，2015）。因此，如何降低机器人应用中消费者的不道德行为成为急需解决的问题。

2.2 机器人共情

机器人共情的概念根植于人际关系中的共情。共情是指个体理解、共享他人情感的一种能力（Wieseke et al.，2012）。在营销领域，学者已经证实了共情的重要性，例如，共情可以提高消费者的满意度和忠诚度（Wieseke et al.，2012），可以增进消费者对一线员工的信任感（Weibhaar & Huber，2016）。研究者普遍接受共情包含情感成分和认知成分的理论划分（侯悍超等，2024），情感共情描述一种情感反应，这与对他人的关注和关怀的感觉有关，能够理解他人的感受或情感状态，以及由此过程衍生的一切情感体验；认知共情则指个人理解他人的感受和想法并采取相应行动。情感共情和认知共情并非完全独立，两者间存在一个共同激活过程（Schurz et al.，2021）。

共情是人类与生具有的能力，但是当人类与机器人这类人工智能产品互动时，机器人却不能天然地与人类共情。以往的研究表明，人们不愿意使用机器人执行那些带有主观性、直觉性和情感性的任务，原因在于人们认为机器人缺乏执行这些任务所需要的同理心（黄劲松等，2022）。基于此，营销学者开始研究如何将共情融入机器人的设计，希望以此提高人们对机器人的使用意愿（Huang & Rust，2018）。学者将人工智能共情定义为人工智能主体识别和响应用户认知需求与情绪状态的能力

（Asada，2015），表现为情绪模仿、共情关注和情绪感染（Pentina et al.，2023）。这一过程涉及人工智能理解人类个体的情绪状态，并以关心和情感协调的方式做出反应（Asada，2015）。从学者对人工智能共情的定义可以看出，人工智能共情依然包含情感成分和认知成分。在机器人领域，本文基于已有文献将机器人共情界定为机器人识别、理解他人情感并做出响应的能力，包含情感共情和认知共情，前者代表机器人能够识别、理解消费者的感受和情感，后者指机器人不仅能够识别、理解消费者的感受和情绪，还能采取让对方感受到温暖、被理解和支持的行为（Asada，2015）。

目前，对人工智能共情的研究多从消费者感知视角采用自我报告法，从情感和认知视角对消费者共情展开研究（Hall & Schwartz，2019）。Lv 等（2022）从情感共情的角度研究了服务失败情境下机器人带有情感的回复对消费者继续购买意愿有积极影响。De Kervenoael 等（2020）指出，共情会增强用户对智能机器人的信任感以及人机交互时的融入感和舒适感，提升用户对机器人的接受度和满意度。从认知共情的角度，Priya 和 Sharma（2023）发现，在机器人回复中增加让对方感受到温暖、被理解和支持的行为描述，被试认为机器人表现出更高的共情水平，积极地影响其行为。Tojib 等（2023）研究表明，当服务机器人无法完全满足客户需求时，表现出共情能力的机器人被认为更有帮助，用户体验也更好。Mari 等（2024）从认知共情的角度发现，具有同理心的人工智能代理提出的建议更易被采纳。上述研究均是从消费者感知视角研究机器人共情，并发现感知机器人共情能够积极地影响消费者的心理和行为。Ahmad 等（2021）和 Petisca 等（2022）的研究指出，机器人的主动感知和情绪感知可以降低消费者的欺骗倾向，这表明机器人的共情能力有可能抑制消费者的不道德行为。因此，本文将从消费者感知的视角，研究感知机器人共情（即消费者感知的机器人共情能力）是否可以减少消费者的不道德行为的问题。

2.3 感知机器人共情对消费者不道德行为的抑制效应

已有研究讨论了人类特征与不道德行为之间的关系（Rotman et al.，2017）。随着新兴技术的发展，学者们逐渐扩大了对人工智能代理在服务和营销中作用的研究。先前的研究表明，当受害者是机器人而不是人类时，被试的不道德行为被认为道德败坏程度较低（Petisca et al.，2020）。消费者在与人工智能互动时更倾向于淡化自己的道德意图（Giroux et al.，2022），这可能会导致对人工智能代理的不道德行为增加。也就是说，机器人比人类员工更容易受到道德风险的影响（Kim et al.，2023）。随着人工智能领域将情感计算技术植入机器人，使之具有类人的感受、感觉以及情感共鸣能力，使机器人被感知到的人性化感知更高。已有研究表明，与类似人的人工智能互动能够激发个体的人类图式（Blut et al.，2021），增加个体的道德约束感。与具有共情能力的机器人互动还会激发个体的同情心、同理心，从而促使个体关注他人、关注社会（Baek et al.，2021）。当消费者感知到机器人具备较高的共情能力时，消费者会感受到更高的道德约束，促使消费者更加谨慎，从而减少消费者不道德行为的可能性，即感知机器人共情对消费者不道德行为产生抑制效应。因此，提出如下假设：

H1：感知机器人共情对消费者不道德行为产生负向影响。

2.4 社会判断的中介作用

社会认同理论认为，人们希望被外界接受和认同，他人的评价成为确认自我价值的重要指标（Hogg & Reid，2006）。人们通过与他人的交往和互动建立社会身份，这个社会身份可以通过他人的评价来获得肯定，当他人的评价与其自我认同相符时，他们会感到满足和愉悦（Edelmann，1987）。由于人们关心他人对自己的评价，人们会努力维持一个令人满意的自我形象，消极的社会判断会对他们的自我形象产生威胁，破坏其社会认同（Edelmann，1987）并影响其后续行为决策（Grace，2009）。基于上述研究，消费者尽可能地避免他人的社会评判，以保护自己的社会身份。例如，Holthwer 和 Van Doorn（2022）发现，在尴尬服务情境中消费者为避免社会判断，会倾向于选择机器人提供服务而非人类。

使用机器人代替人类服务提供者实现自动化时，消费者感受到社会判断的不舒服的感觉会减少。这是因为对于机器人而言，由于缺乏社会性，消费者会认为机器人无法对自己的行为产生社会判断，减轻了被社会评判的担忧（Edelmann，1987；Miller，1996），这导致机器人应用中消费者产生不道德行为的可能性。但是，已有研究表明，社会互动并不是人类独有，机器人可以模仿人类外观和行为与人类互动（Caic et al.，2020），这种互动通常被描述为准社会互动。具有共情能力的机器人通过模拟人类的共情能力来感知、理解和回应人类想法、感受、行为和体验，是机器人社会性的体现（Caic et al.，2020）。当消费者感知机器人共情能力越强，消费者感知到机器人的人性化程度越高，采取不道德行为时可能会被社会评判的感觉加强。为了保护自己的社会身份和形象不受威胁，人们会倾向于遵守社会规范和期望，避免被社会评判，从而减少自身的不道德行为。相比之下，当与低共情机器人交互时，消费者感知到机器人的共情能力较低，消费者因其低社会性感觉不到社会判断的威胁，消费者采取不道德行为的可能性提高。因此，提出如下假设：

H2：社会判断在感知机器人共情对消费者不道德行为的负向影响中起中介作用。

2.5 社会阶层和印象管理动机的调节作用

社会认同理论的核心概念包含社会分类和社会比较等（Hogg & Reid，2006）。社会分类指人们将自己和他人分入不同的社会群体，并为之提供自我认同的源泉。社会阶层是由具有相同或类似社会地位的社会成员组成的相对持久的群体，是当今最深刻的群体差异特征的体现（Carey & Markus，2016）。社会阶层类似的群体具有相似性的知觉，而不同社会阶层的群体则存在差异性的知觉。在面对相同水平的机器人共情时，不同社会阶层的社会判断感知不同，进而有可能影响其后续的不道德行为。社会认同理论中的另一核心概念——社会比较是指为了提高自己的社会地位，人们经常同其他群体进行比较，来提升自己的社会地位，增强个人自尊（Hogg & Reid，2006）。而印象管理动机的核心正是为了谋求相应社会价值从而采取的一种展示策略，符合社会比较的内涵（Hogg & Reid，2006）。具有高印象管理动机的个体希望建立一个符合期望的印象，从而保护和提升自我价值（Bolino & Kacmar，2008）。因此，具有高印象管理动机的个体在面对共情的机器人时，其感知到的社会判断与低印象管理动机的个体不同，进而影响其后续的不道德行为。因此，基于社会认同理论的视角，本文选择社会阶层和印象管理动机作为感知机器人共情对消费者不道德行为抑制效应的调节变量。

社会阶层是指个人获得物质资源和对个人相对社会地位的自我认知的组合，反映了权力、财富、财务状况、文化资本和社会资源的个体差异（Carey & Markus，2016）。社会阶层涵盖客观和主观两个层面。客观的社会阶层包括收入、教育、职业等，主观的社会阶层是个体对自身社会经济地位的看法和判断。根据已有研究，主观社会阶层对个体心理过程和心理特征的影响更加显著（Manstead，2018），因此本文聚焦于消费者的主观社会阶层，因为主观社会阶层相比客观社会阶层能更清晰地反映到个体认知、情感和行为上。作为文化和心理建构，社会阶层深刻影响个体的思维方式、移情多样性、道德判断、产品评估、多样性寻求以及亲社会行为（Carey & Markus，2016）。高社会阶层群体掌控的资源较为丰富，享有较高的等级和社会地位带来的好处，他们会积极维持自己的社会身份，积极寻求更高的社会地位（孙庆洲等，2023）。研究指出，高社会阶层采取内升型的社会知觉模式（Piff & Robinson，2017）：更关注自己的内在状态、目标或愿望。高社会阶层的消费者具有追求个人目标的实现和自我价值体现的社会动机（胡汉玉等，2024），其更注重自己的社会身份。为了避免自己的社会身份被社会批判，在与高共情机器人互动时，高社会阶层的消费者对社会判断的感知更敏感，感知到若采取不道德行为将威胁自己的社会形象和身份。因此，面对高共情的机器人，高社会阶层群体会尽可能避免采取不道德行为。因此，提出如下假设：

H3：社会阶层调节了社会判断到消费者不道德行为的路径。对于高社会阶层群体，社会判断对消费者不道德行为的影响增强，即感知机器人共情对消费者不道德行为的抑制效应加强。

Goffman（1959）提出的印象管理理论强调了个人如何利用言语、姿势、手势和其他行为来塑造其希望给他人留下的印象。当个体的目标是呈现积极的自我形象时，他们会参与印象管理行为（Bolino & Kacmar，2008）。印象管理是自我调节的一个重要方面，也包括与他人的社会互动，是自我认知观点的核心和人类的一种基本动机，是个体不论在组织内部还是组织外部都渴望被别人积极看待、避免被别人消极看待的做法。因此，印象管理建立在个体拥有一种对认可和包容的内在渴望的前提之上，激励个体采用特定的策略（Goffman，1959）。这促使个体将自己的行为与社会规范和个人标准保持一致。伦理决策的研究表明，个人意识到其他人会根据自己的决策形成印象，从而促使他们进行行为策略调整，以留下特定的印象，并实现他们的印象管理目标（Li et al.，2024）。本文假设印象管理动机的变化会影响社会判断到不道德行为之间的路径。有强烈印象管理动机的人会表现出对别人如何评价自己的高度关注。他们期望从他们的旁观者处得到正面评价，并渴望得到他人的喜爱和尊敬。因此，他们的目标是以一种与受众所支持的价值观相一致的方式呈现自己（Li et al.，2024）。在这种情况下，当与具有高共情能力的机器人交互时，具有高印象管理动机的消费者对社会判断的感知更为敏感，在与高共情机器人的互动中更加谨慎和遵循道德规范，因为他们希望塑造积极的形象并获得认可，避免遭受社会批判。因此，提出如下假设：

H4：印象管理动机调节了社会判断到消费者不道德行为的路径。对于启动印象管理动机的消费者，社会判断对消费者不道德行为的影响增强，即感知机器人共情对消费者不道德行为的抑制效应加强。

本文的研究模型如图 1 所示。

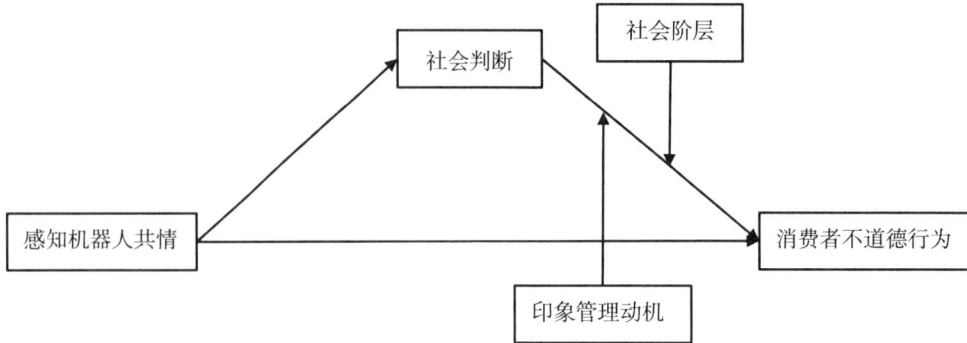

图 1　研究模型

3. 研究设计与数据分析

对感知机器人共情的操控是本研究开展的关键，现有研究对机器人共情的操控主要从顾客感知角度展开（Hall & Schwartz，2019）。现有文献主要从情感共情和认知共情视角启动感知机器人共情，参考 De Kervenoael 等（2020）的研究，实验一将从情感共情的角度对感知机器人共情进行操控；参考 Priya 和 Sharma（2023）的研究，实验二和实验三将从认知共情的角度启动感知机器人共情。

3.1　实验一

实验一的目的有两个：一是初步检验感知机器人共情对消费者不道德行为的负向影响以及社会判断的中介效应，即检验 H1 和 H2；二是排除消费者对不道德行为的归因、自我建构以及不道德行为严重性对数据分析结果的干扰。李雪等（2023）发现消费者的自我建构水平会影响其不道德行为。归因理论指出，归因影响人们的感知，进而影响人们的情绪体验和行为（Settle & Golden，1974）。消费者可能会将不道德行为的产生进行不同的归因，干扰本文的研究结论，因此将自我建构水平、消费者对不道德行为的归因纳入控制变量。张艳（2023）指出，消费者对不道德行为后果的判断有可能会影响其行为，因此本文将消费者不道德行为严重性作为控制变量，以排除其影响。实验一采用单因素（感知机器人共情：高 vs. 低）的组间实验设计。

3.1.1　样本和程序

通过 Credamo 平台共招募了 143 名有效被试，平均年龄 31.50 岁，其中女性占 54.3%。被试被随机分配到两个实验场景之一。为了排除机器人外观拟人化对假设检验结果的干扰（林子筠等，2021），本研究通过三项实验控制机器人的外观拟人化水平。实验一中被试观看的是低外观拟人化的图片，实验二中被试观看的是中度外观拟人化的图片，实验三中被试观看的是高度外观拟人化的图片。机器人外观拟人化的设计参考了 Mende 等（2019）的研究，在低外观拟人化水平下，机器人只有身体和方形的头部；在中外观拟人化水平下，机器人有人类四肢和圆形头部以及五官；在高外观拟人化水平下，机器人是仿真人型的机器人，有人类四肢、外形、五官、头发，不同水平拟人化的机器人图片见图 2。在正式研究开始前，本研究通过 Credamo 平台邀请了 100 名被试进行预调研，以测试机器人外观拟人化的三个水平操控是否成功。单因素方差分析结果显示，机器人外观拟人化程度操控成功（$M_高 = 6.81$，SD = 1.78；$M_中 = 5.92$，SD = 1.77；$M_低 = 4.57$，SD = 1.64，F（2，206）= 31.22，$p<0.001$）。

低外观拟人化机器人　　　　中外观拟人化机器人　　　　高外观拟人化机器人

图 2

实验一的实验程序如下：首先，请被试想象前往某超市购买速溶咖啡并向机器人导购进行咨询。参考 De Kervenoael 等（2020）的研究，从情感共情的角度对机器人共情进行操控，操控材料中包含机器人对被试的情感理解。在高感知机器人共情组中，被试看到的机器人回复是"这款速溶咖啡价格 68 元，是罗布斯塔豆拼配阿拉比卡豆，品质香浓。看到您眉头紧皱，有些许犹豫，我理解您的顾虑，您放心，这款咖啡是低糖配方哦，让您在享受咖啡的同时也不用担心身材发胖哦"。在低感知机器人共情组中，被试看到的机器人回复为"这款速溶咖啡价格 68 元，是罗布斯塔豆拼配阿拉比卡豆，品质香浓"。随后被试拿起这款速溶咖啡仔细观察，但不小心把速溶咖啡的外包装撕破了。在阅读完实验材料后，请被试回答不道德行为和感知机器人共情的测量题项。对不道德行为的测量参考 Li 等（2024）的量表，采用"我会假装什么也没发生，将商品放回原处"一个测量条目。对感知机器人共情（$\alpha=0.876$）的测量主要借鉴了 Jolliffe 和 Farrington（2006）的量表，包括"这个机器人在服务时考虑到了我的特定需求"共四个测量条目。对社会判断（$\alpha=0.837$）的测量借鉴 Miller（1996）的量表，包括"我担心别人会以一种不受欢迎的方式评价我"共三个测量条目。自我建构包括独立型自我建构（$\alpha=0.738$）和互依型自我建构（$\alpha=0.717$），参考王裕豪等（2008）的量表，分别采用两个条目测量独立型自我建构和互依型自我建构。参考已有文献，消费者不道德行为归因和严重性分别采用一个条目测量（Settle & Golden，1974；张艳，2023）。最后请被试填写人口统计信息。所有的题项均采用 7 点李克特量表形式测量。

3.1.2 数据分析结果

（1）操控检验。单因素方差分析结果表明，高感知机器人共情组比低感知机器人共情组感受到的共情程度更高（$M_{低共情} = 4.87$，$M_{高共情} = 5.65$，$F(1, 141) = 23.685$，$p < 0.000$），这表明对感知机器人共情的操纵成功。

（2）主效应分析。以消费者不道德行为为因变量，进行单因素方差分析。结果表明，感知机器人共情对消费者不道德行为的负向影响显著（$M_{高共情} = 2.22$，$M_{低共情} = 2.76$，$F(1, 141) = 12.965$，$p < 0.000$），相比低感知机器人共情组，高感知机器人共情组的不道德行为较低（如图 3 所示），数据分析结果初步支持 H1，说明感知机器人共情能够减少消费者的不道德行为。

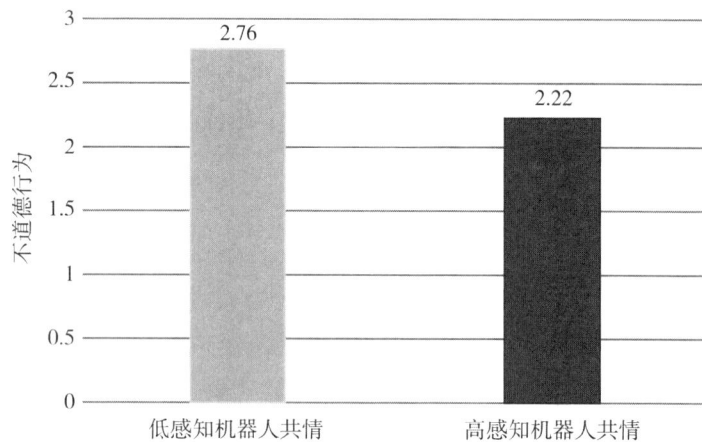

图 3　感知机器人共情对消费者不道德行为的影响（实验一）

（3）中介效应检验。使用 Process 插件，采用 Bootstrap 方法，选择 5000 样本量和 95% 的置信区间。将感知机器人共情作为自变量，消费者不道德行为作为因变量，社会判断作为中介变量，不道德行为归因和严重性、独立型自我建构和互依型自我建构以及年龄、性别、职业、教育水平作为控制变量，选择模型 4，进行中介效应分析。结果表明，感知机器人共情到消费者不道德行为的直接路径显著（$\beta = -0.456$，$SE = 0.150$，$CI = [-0.752, -0.160]$），社会判断的间接路径显著（$\beta = -0.070$，$SE = 0.049$，$CI = [-0.191, -0.001]$），总效应显著（$\beta = -0.568$，$SE = 0.147$，$CI = [-0.859, -0.277]$），H2 得到支持，说明社会判断在感知机器人共情对消费者不道德行为的负向影响中起部分中介作用。

3.2　实验二

实验二的目的有三个：一是再次验证感知机器人共情对消费者不道德行为的负向影响及其中介效应，即验证 H1 和 H2。二是检验社会阶层的调节作用。由于社会阶层与不道德行为存在一定的关系，第三个目的是排除此影响。胡汉玉等（2024）指出，主观社会阶层与道德判断存在紧密联系，高社会阶层的群体有着更加严厉的道德判断，因此实验二将道德判断作为控制变量。实验二采用 2（感知机器人共情：高 vs. 低）×2（社会阶层：高 vs. 低）的组间实验设计。

3.2.1 样本和程序

通过 Credamo 平台共招募了 410 名有效被试，平均年龄 30.53 岁，其中女性占 73.4%。被试被随机分配到四个实验场景之一。首先，借鉴 Sun 等（2023）的研究，通过角色扮演游戏操纵被试的主观社会阶层感知。高社会阶层群体将扮演"企业家"的角色，而低社会阶层群体将扮演"雇员"的角色。主要提示如下："想象一下，您在一家有企业家和公司员工的公司里，您扮演着企业家（或雇员）的角色。企业家拥有公司，可以任命和解雇员工，并为他们的工作支付适当的报酬。您的行为会被整个公司注意到（员工为企业家工作，从企业家那里获得报酬，并且无权拒绝。在这样的职位上，整个公司没有人会关注您的行为）。"然后，请被试想象一个由中度拟人化的机器人提供服务的无线耳机购物情景，参考 Priya 和 Sharma（2023）的研究，从认知共情的角度对感知机器人共情进行操控，操控材料中既包含情感理解又包含行为支持。在高感知机器人共情组，机器人回复为"看来您是一位资深的跑步爱好者，热爱生活的您值得我为您点赞！我已经理解您的需求了。站在提升跑步体验的角度给您推荐这款耳机，这款耳机上耳不勒不痛，剧烈运动也不会掉落，音质清晰可降噪，续航可达 4 天，可以说是您完美的跑步搭子"。在低感知机器人共情组，机器人回复为"给您推荐这款耳机，这款耳机上耳不勒不痛，剧烈运动也不会掉落，音质清晰可降噪，续航可达 4 天"。之后，被试阅读"您拿起这款耳机仔细观察、试戴，但您不小心把耳机摔到了地上，试听时发现耳机摔坏了"的场景。

在阅读完实验场景后，请被试回答消费者不道德行为、社会判断、道德判断、不道德行为归因、不道德行为严重性、独立型自我建构、互依型自我建构、感知机器人共情的操纵题项和社会阶层操控的测量题项。道德判断的测量参考胡汉玉等（2024）的研究，采用一个测量题项。感知机器人共情（$\alpha = 0.805$）、社会判断（$\alpha = 0.912$）、消费者不道德行为、独立型自我建构（$\alpha = 0.776$）、互依型自我建构（$\alpha = 0.769$）、不道德行为归因、不道德行为严重性的测量题项同实验一。最后请被试填写人口统计信息。所有的题项均采用 7 点李克特量表形式测量。

3.2.2 假设检验

（1）操控检验。单因素方差分析结果表明，高感知机器人共情组比低感知机器人共情组感受到的共情程度更高（$M_{低共情} = 5.06$，$M_{高共情} = 5.61$，$F(1, 408) = 39.867$，$p < 0.000$），这表明对感知机器人共情的操纵成功。另外，高社会阶层组的感知社会阶层显著高于低社会阶层组（$M_{高阶层} = 6.10$，$M_{低阶层} = 5.33$，$F(1, 257) = 23.728$，$p < 0.000$），这表明对社会阶层的操纵成功。

（2）主效应检验。以消费者不道德行为为因变量，进行单因素方差分析。结果表明，感知机器人共情对消费者不道德行为的影响显著，结果见图 4。相比低感知机器人共情，高感知机器人共情更能降低消费者的不道德行为（$M_{高共情} = 2.32$，$M_{低共情} = 2.63$，$F(1, 408) = 5.464$，$p = 0.02$）。数据分析结果再次支持了 H1，即感知机器人共情对消费者不道德行为具有抑制效应。

（3）中介效应检验。使用 Process 插件，采用 Bootstrap 方法，选择 5000 样本量和 95% 的置信区

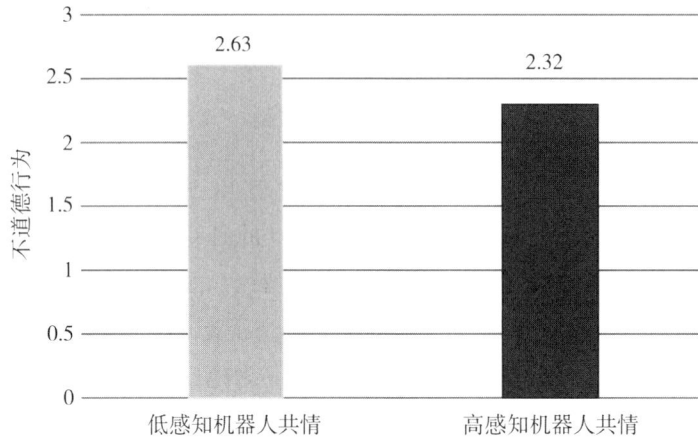

图 4　感知机器人共情对消费者不道德行为的影响（实验二）

间。将感知机器人共情作为自变量，消费者不道德行为作为因变量，社会判断作为中介变量，独立型自我建构、互依型自我建构、道德判断、不道德行为归因、不道德行为严重性以及年龄、性别、职业、教育水平作为控制变量，选择模型 4，进行中介效应分析。结果表明，感知机器人共情到消费者不道德行为的直接路径显著（$\beta=-0.251$，SE $=0.124$，CI $=[-0.494，-0.008]$），社会判断的间接路径显著（$\beta=-0.065$，SE $=0.032$，CI $=[-0.137，-0.011]$），总效应显著（$\beta=-0.316$，SE $=0.125$，CI $=[-0.562，-0.070]$），说明社会判断在感知机器人共情对消费者不道德行为的影响中起部分中介作用。

（4）社会阶层调节效应检验。通过 Process 模型，使用 Bootstrap 方法对社会阶层的调节效应进行检验，样本量为 5000，选择 95% 的置信区间。将感知机器人共情作为自变量，社会阶层作为调节变量，消费者不道德行为作为因变量，社会判断作为中介变量，独立型自我建构、互依型自我建构、道德判断、不道德行为归因、不道德行为严重性以及年龄、性别、职业、教育水平作为控制变量，选择模型 14，进行调节效应分析。结果表明，感知机器人共情到消费者不道德行为的直接路径显著（$\beta=-0.276$，SE $=0.118$，CI $=[-0.509，-0.044]$）。数据分析结果说明，社会阶层调节了社会判断到消费者不道德行为的路径。具体而言，当社会阶层较高时，"感知机器人共情→社会判断→消费者不道德行为"路径显著为负（$\beta=-0.045$，SE $=0.029$，CI $=[-0.111，-0.001]$）。当社会阶层较低时，"感知机器人共情→社会判断→消费者不道德行为"路径不显著（$\beta=-0.039$，SE $=0.028$，CI $=[-0.105，0.001]$）。数据分析结果支持了 H3。

3.3　实验三

实验三的目的有三个：一是再次检验 H1 和 H2。二是通过测量被试主观社会阶层的方式再次检验社会阶层的调节作用，即再次检验 H3。三是检验当启动印象管理动机时，感知机器人共情对消费者不道德行为的影响是否存在差异，即验证 H4。实验三采用 2（感知机器人共情：高 vs. 低）×2（印象管理动机：高 vs. 低）的组间实验设计。

3.3.1　样本和程序

通过 Credamo 平台共招募了 285 名有效被试，平均年龄 31.07 岁，其中女性占 74.4%。被试被随机分配到四个实验场景之一。首先，请被试想象自己前往某公司的咖啡水吧购买咖啡的情境。对于印象管理动机的操控，已有研究表明，加强人际评价的重要性促使人们关注印象管理（Bolino et al.，2008），因此，本文借鉴 Li 等（2024）对印象管理动机操控方法，通过强化人际评价的重要性来操控印象管理动机。在高印象管理动机组中，被试看到的情景为"前往公司参加面试"并强调"给别人留下一个好印象是非常重要的"；在低印象管理动机组中，被试看到的情景为"前往公司参观"并强调"要听从自己的内心，不要考虑别人的看法"。然后，观看外观高度拟人化的机器人的图片并阅读关于机器人的描述。实验三同实验二类似，从认知共情的视角操控机器人共情。在高感知机器人共情组中，机器人回复为"您看起来有些紧张呢，希望这杯美味的咖啡能让您放松心情，一切美好都会如约而至，一共是 20 元，请您支付。咖啡有些烫，我给您拿个杯托，方便您拿取"。在低感知机器人共情组中，机器人回复为"一共是 20 元，请您支付"。然后，被试将阅读到"您扫码支付咖啡钱时发现因为优惠价格设置错误，价格变成了 0 元"的场景。在阅读完实验场景后，请被试回答社会判断、道德判断、不道德行为归因、不道德行为严重性、独立型自我建构、互依型自我建构、感知机器人共情的操纵题项以及印象管理动机的操控题项。在借鉴已有研究的基础上，实验三从主观层面对社会阶层进行测量。借鉴 Adler 等（2000）的方法对被试主观社会阶层进行测量，向参与者展示梯子的图片，并告知它代表了人们在社会中的地位，梯子水平表示人们地位的高度，梯子越高表示社会阶层越高。然后参与者被告知，处于阶梯顶端代表了高社会阶层环境，拥有高收入、高学历和最体面的工作，而阶梯底部代表了社会阶层的底层，收入低，受教育程度低，工作最不体面。要求参与者在 10 分的李克特量表上选择他们的排名，表明他们感知到的社会阶层。感知机器人共情（$\alpha = 0.884$）、社会判断（$\alpha = 0.867$）、消费者不道德行为、独立型自我建构（$\alpha = 0.721$）、互依型自我建构（$\alpha = 0.727$）、道德判断、不道德行为归因、不道德行为严重性的测量同实验二。印象管理动机的测量量表来自 Li 等（2024）的量表，使用单条目测量。最后请被试填写人口统计信息。所有的题项均采用 7 点李克特量表形式测量。

3.3.2　假设检验

（1）操控检验。单因素方差分析结果表明，高感知机器人共情组比低共情组感受到的共情程度更高（$M_{低共情} = 4.63$，$M_{高共情} = 5.51$，$F(1, 283) = 43.928$，$p < 0.000$），这表明对感知机器人共情的操纵成功。高印象管理动机组的感知印象管理动机显著高于低印象管理动机组（$M_{高} = 5.21$，$M_{低} = 4.87$，$F(1, 283) = 5.308$，$p = 0.022$），这表明对印象管理动机的操纵成功。

（2）主效应检验。以消费者不道德行为为因变量，进行单因素方差分析。结果表明，感知机器人共情对消费者不道德行为的负向影响显著，结果见图 5。相比低感知机器人共情，高感知机器人共情更能降低消费者的不道德行为（$M_{高共情} = 2.51$，$M_{低共情} = 3.02$，$F(1, 283) = 9.062$，$p = 0.003$）。数据分析结果再次支持了 H1，即感知机器人共情对消费者不道德行为具有抑制效应。

（3）中介效应检验。使用 Process 插件，采用 Bootstrap 方法，选择 5000 样本量和 95% 的置信区

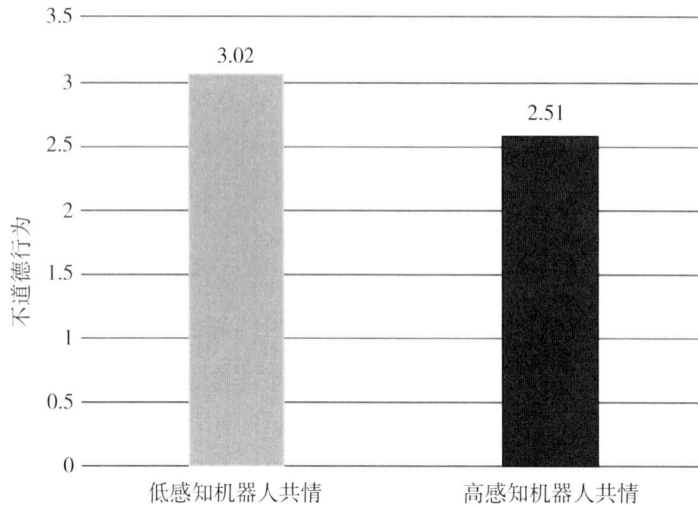

图 5　机器人共情对消费者不道德行为的影响（实验三）

间。将感知机器人共情作为自变量，消费者不道德行为作为因变量，社会判断作为中介变量，独立型自我建构、互依型自我建构、道德判断、不道德行为归因、不道德行为严重性以及年龄、性别、职业、教育水平作为控制变量，选择模型 4，进行中介效应分析。结果表明，感知机器人共情到消费者不道德行为的直接路径显著（$\beta=-0.315$，SE$=0.155$，CI$=[-0.619, -0.011]$），社会判断的间接路径显著（$\beta=-0.091$，SE$=0.050$，CI$=[-0.203, -0.004]$），总效应显著（$\beta=-0.406$，SE$=0.150$，CI$=[-0.701, -0.112]$），说明社会判断部分中介了感知机器人共情对消费者不道德行为的负向影响。

（4）印象管理动机和社会阶层调节效应检验。通过 Process 模型，使用 Bootstrap 方法对印象管理动机和社会阶层的调节效应进行检验，样本量为 5000，选择 95% 的置信区间。将感知机器人共情作为自变量，分别将印象管理动机和社会阶层作为调节变量，社会判断作为中介变量，独立型自我建构、互依型自我建构、道德判断、不道德行为归因、不道德行为严重性以及年龄、性别、职业、受教育水平作为控制变量，选择模型 14，进行调节效应分析。印象管理动机的数据分析结果显示，感知机器人共情到消费者不道德行为的直接路径显著（$\beta=-0.387$，SE$=0.167$，CI$=[-0.716, -0.058]$）。印象管理动机调节了社会判断到消费者不道德行为的路径。具体而言，当印象管理动机较高时，"感知机器人共情→社会判断→消费者不道德行为" 路径显著为负（$\beta=-0.125$，SE$=0.059$，CI$=[-0.257, -0.030]$）。当印象管理动机较低时，"感知机器人共情→社会判断→消费者不道德行为" 路径不显著（$\beta=-0.092$，SE$=0.061$，CI$=[-0.221, 0.015]$）。社会阶层的数据结果表明，感知机器人共情到消费者不道德行为的直接路径显著（$\beta=-0.372$，SE$=0.168$，CI$=[-0.702, -0.041]$）。社会阶层调节了社会判断到消费者不道德行为的路径。具体而言，当社会阶层较高时，"感知机器人共情→社会判断→消费者不道德行为" 路径显著为负（$\beta=-0.144$，SE$=0.064$，CI$=[-0.287, -0.035]$）。当社会阶层中等时，"感知机器人共情→社会判断→消费者不道德行为" 路径显著为负（$\beta=-0.122$，SE$=0.051$，CI$=[-0.234, -0.037]$）。当社会阶层较低时，"感知机器人共情→社会判断→消费者不道德行为"路径不显著（$\beta = -0.067$，SE $= 0.072$，CI $= [-0.080，0.013]$）。以上数据分析结果再次支持了 H3 和 H4。

4. 讨论

本文通过三项实验探讨了感知机器人共情对消费者不道德行为的抑制效应及其影响机制和边界条件。主要结论如下：（1）感知机器人共情可以有效减少消费者的不道德行为。（2）感知机器人共情对消费者不道德行为的抑制效应是通过社会判断的中介作用实现的。消费者感知到的机器人共情能力引发人们的社会判断感知，进而减少其不道德行为，社会判断在其中起到了部分中介作用。这可能是由于基于社会认同理论的视角，人们希望获得外部认同，消费者感知到具备共情能力的机器人可能产生社会判断从而约束其不道德行为。社会判断的部分中介效应也说明感知机器人共情到消费者不道德行为的影响路径中还存在其他可能的中介变量。比如，基于归因理论的视角，责任归因经常被用于判断和解释他人或自己的行为的动机（Heider，2013），共情机器人通过模拟人类情感反应，让消费者更清晰地认识到自身不道德行为可能对他人产生的负面影响，从而增强自身责任感，让消费者意识到不道德行为的后果需要由自己承担，从而降低其不道德行为的可能性。此外，个性化互动相关研究指出，共情机器人在与消费者的互动中将消费者视为独特的个体给予关注，当消费者感受到被关注时，消费者更关注自身行为（Maslowska，Smit，& Bas，2016），从而减少其不道德行为。（3）社会阶层显著调节了感知机器人共情对消费者不道德行为的抑制效应。感知机器人共情对消费者不道德行为的抑制效应对高社会阶层群体显著，而对于低社会阶层群体则不显著。（4）印象管理动机显著调节了感知机器人共情对消费者不道德行为的抑制效应。当消费者启动印象管理动机时，感知机器人共情对消费者不道德行为的抑制效应显著，反之则不显著。

本研究的理论贡献在于：首先，本文聚焦于感知机器人共情对消费者不道德行为的抑制效应，尝试解决服务机器人应用现状中存在的引发消费者不道德行为的问题。现有关于机器人共情的研究主要聚焦于机器人共情对消费者使用行为的促进作用。本文的结论补充和扩展了 Scheper 等（2022）、De Kervenoael 等（2020）发现的机器人共情的积极效应，本研究发现感知机器人共情会对消费者不道德行为产生抑制作用。其次，探究了感知机器人共情对消费者不道德行为抑制效应的路径机制。一方面将社会判断引入机器人营销的情境，另一方面强调了机器人共情在服务机器人领域减少不道德行为的应用和考虑。最后，研究发现社会阶层和印象管理动机在机器人共情对消费者不道德行为影响过程中存在调节效应，证明了社会阶层和印象管理动机在机器人共情研究中的重要性，同时也为探究机器人共情影响的边界条件提供了新思路。

本研究的实践启示为：首先，企业在应用服务机器人的过程中，应合理运用机器人共情策略减少消费者的不道德行为。虽然采用机器人会降低企业的运营成本和提高效率，但有可能引发消费者的不道德行为。本研究发现，感知机器人共情能够显著降低消费者的不道德行为。对服务机器人的设计者而言，应当恰当地赋予机器人所缺乏的"软能力"——共情能力，这依赖于神经网络、生成式 AI 与大模型等技术领域的进步，使机器人具备一定的情感识别能力，以便在与消费者互动时表现出关心和理解，让消费者感知到机器人具备共情能力从而减少可能的不道德行为。对于使用服务机器人的商家而言，应当警惕可能出现的消费者不道德行为，可以通过设计优化机器人的话术来提高消费者感知的机器人共情能力，从而既能提高消费者的使用意愿又能降低消费者的不道德行为，实现一举多得的效果。对消费者而言，应当意识到虽然机器人不是人类员工，但因其具备共情能力同样会让消费者产生社会判断的感知，因此应当约束其行为。其次，本文发现，通过提高机器人共情能力减少消费者不道德行为对高社会阶层群体有效。因此，采用服务机器人要结合消费者社会阶层结构，对消费者潜在类型进行识别定位，采取差异化的干预措施。针对低社会阶层的群体，应注意其可能出现的不道德行为，比如增加人类员工的不定时巡视以减少这类消费者的不道德行为。最后，本研究发现消费者的印象管理动机调节了机器人共情对消费者不道德行为的影响，商家在应用机器人时，可以启动消费者的印象管理动机通过机器人共情减少消费者的不道德行为，比如在机器人服务领域张贴标语"给别人留下好印象十分重要"来启动消费者的印象管理动机。

本研究尚有一定的局限性：（1）在实验材料上主要通过文字和图片的静态方式操纵机器人共情、社会阶层和印象管理动机，因此研究结果的外部生态效度欠佳。在未来研究中可以采用视频、语音等材料进行刺激，或者通过田野实验的方式增加研究结果的真实性和稳健性。（2）本研究没有将情境因素纳入研究。比如服务失败是否会影响感知机器人共情对消费者不道德行为的影响，仍需进行深入研究。（3）社会判断在感知机器人共情到消费者不道德行为的路径中起部分中介作用，这说明还存在其他的中介变量，未来学者可以基于归因理论视角或个性化视角对机器人共情影响消费者不道德行为的中介机制作进一步研究。

◎ **参考文献**

[1] 胡汉玉，彭明，陈天龙.主观社会阶层与道德判断的关系：独立型自我构念与零和博弈信念的链式中介作用 [J].心理科学，2024，47（3）.

[2] 李雪，朱厘，张伟.认知视角下身份宽度对旅游消费者不道德行为的影响研究 [J].管理学报，2023，20（11）.

[3] 王裕豪，袁庆华，徐琴美.自我建构量表（SCS）中文版的初步试用 [J].中国临床心理学杂志，2008，16（6）.

[4] 杨伟，刘益，王龙伟，刘婷.国外企业不道德行为研究述评 [J].管理评论，2012，24（8）.

[5] 喻英豪.人工智能拟人化对个人不道德行为的影响研究 [D].武汉：中南财经政法大学，2023.

[6] 张艳.社会可接受性、情境感知和内疚对消费者不道德行为的影响 [D].济南：山东师范大学，2023.

[7] Adler, N. E., Epel, E. S., Castellazzo G., Ickovics J. R. Relationship of subjective and objective social status with psychological and physiological functioning: Preliminary data in healthy, white women [J]. Health Psychology, 2000, 19（6）.

[8] Ahmad, M. I., Adeola, E. S., Mubin, O. Towards the applicability of the social robot in the role of an invigilator [C]. Proceedings of the 9th International Conference on Human-Agent Interaction, 2021.

［9］Asada, M. Development of artificial empathy ［J］. Neuroscience Research, 2015, 90.

［10］Baek, T. H., Bakpayev, M., Yoon, S., Kim, S. Smiling AI agents: How anthropomorphism and broad smiles increase charitable giving ［J］. International Journal of Advertising, 2021, 41 (5).

［11］Bazerman, M. H., Gino, F. Behavioral ethics: Toward a deeper understanding of moral judgment and dishonesty ［J］. Annual Review of Law and Social Science, 2012, 8.

［12］Blut, M., Wang, C., Wünderlich, N. V., et al. Understanding anthropomorphism in service provision: A meta-analysis of physical robots, chatbots, and other AI ［J］. Journal of the Academy of Marketing Science, 2021, 49 (4).

［13］Bolino, M. C., Kacmar, K. M., Turnley, W. H., et al. A multi-level review of impression management motives and behaviors ［J］. Journal of Management, 2008, 34 (6).

［14］Caic, M., Avelino, J., Mahr, D., et al. Robotic versus human coaches for active aging: An automated social presence perspective ［J］. International Journal of Social Robotics, 2020, 12.

［15］Carey, R. M, Markus, H. R. Understanding consumer psychology in working class contexts ［J］. Journal of Consumer Psychology, 2016, 26 (4).

［16］De Kervenoael, R., Hasan, R., Schwob, A., et al. Leveraging human-robot interaction in hospitality services: Incorporating the role of perceived value, empathy, and information sharing into visitors' intentions to use social robots ［J］. Tourism Management, 2020, 78 (6).

［17］Edelmann, R J. The psychology of embarrassment ［M］. Hoboken: John Wiley & Sons, 1987.

［18］Fisk, R., Grove, S., Harris, L. C., et al. Customers behaving badly: A state of the art review, research agenda and implications for practitioners ［J］. Journal of Services Marketing, 2010, 24 (6).

［19］Giroux, M., Kim, J., Lee, J. C., Park, J. Artificial intelligence and declined guilt: Retailing morality comparison between human and AI ［J］. Journal of Business Ethics, 2022, 178 (4).

［20］Goffman, E. The presentation of self in everyday life ［M］. New York: Penguin Books, 1959.

［21］Hall, J. A., Schwartz, R. Empathy present and future ［J］. The Journal of Social Psychology, 2019, 159 (3).

［22］Holthwer, J., Van Doorn, J. Robots do not judge: Service robots can alleviate embarrassment in service encounters ［J］. Journal of the Academy of Marketing Science, 2023, 51.

［23］Hoffman, G., Forlizzi, J., Ayal, S., et al. Robot presence and human honesty: Experimental evidence ［C］. Proceedings of the Tenth Annual Acm/Ieee International Conference on Human-Robot Interaction, 2015.

［24］Huang, M. H., Rust, R. T. Artificial intelligence in service ［J］. Journal of Service Research, 2018, 21 (2).

［25］Jolliffe, D., Farrington, D. P. Development and validation of the basic empathy scale ［J］. Journal of Adolescence, 2006, 29 (4).

［26］Kim, T. W., Duhachek, A. Artificial intelligence and persuasion: A construal-level account ［J］. Psychological Science, 2020, 31 (4).

［27］ Kim, T., Lee, H., Kim, M. Y., et al. AI increases unethical consumer behavior due to reduced anticipatory guilt ［J］. Journal of the Academy of Marketing Science, 2023, 51 （4）.

［28］ Kouchaki, M., Wareham, J. Excluded and behaving unethically: Social exclusion, physiological responses, and unethical behavior ［J］. Journal of Applied Psychology, 2015, 100 （2）.

［29］ LaMothe, E., Bobek, D. Are individuals more willing to lie to a computer or a human? Evidence from a tax compliance setting ［J］. Journal of Business Ethics, 2020, 167 （2）.

［30］ Li, T., Zhang, C B., Chang, Y. Zheng, W. The impact of AI identity disclosure on consumer unethical behavior: A social judgment perspective ［J］. Journal of Retailing and Consumer Services, 2024, 76.

［31］ Lv, X., Liu, Y., Luo, J., et al. Does a cute artificial intelligence assistant soften the blow? The impact of cuteness on customer tolerance of assistant service failure ［J］. Annals of Tourism Research, 2021, 87.

［32］ Manstead, A. S. R. The psychology of social class: How socioeconomic status impacts thought, feelings, and behaviour ［J］. British Journal of Social Psychology, 2018, 57 （2）.

［33］ Mari, A., Mandelli, A., Algesheimer, R. Empathic voice assistants: Enhancing consumer responses in voice commerce ［J］. Journal of Business Research, 2024, 175.

［34］ Mende, M., Scott, M. L., Van Doorn, J., et al. Service robots rising: How humanoid robots influence service experiences and elicit compensatory consumer responses ［J］. Journal of Marketing Research, 2019, 56 （4）.

［35］ Miller, R. S. Embarrassment: Poise and peril in everyday life ［M］. The Guilford Press, 1996.

［36］ Petisca, S., Leite, I., Paiva, A., Esteves, F. Human dishonesty in the presence of a robot: The effects of situation awareness ［J］. International Journal of Social Robotics, 2022, 14 （5）.

［37］ Piff, P. K, Robinson, A. R. Social class and prosocial behavior: Current evidence, caveats, and questions ［J］. Current Opinion in Psychology, 2017, 18.

［38］ Priya, B., Sharma, V. Exploring users' adoption intentions of intelligent virtual assistants in financial services: An anthropomorphic perspectives and socio-psychological perspectives ［J］. Computers in Human Behavior, 2023, 148.

［39］ Rotman, J, D., Khamitov, M., Connors, S. Lie, cheat, and steal: How harmful brands motivate consumers to act unethically ［J］. Journal of Consumer Psychology, 2017, 28 （2）.

［40］ Schepers, J., Belanche, D., Casaló, L. V., Flavián, C. How smart should a service robot be? ［J］. Journal of Service Research, 2022, 25 （4）.

［41］ Schurz, M., Radua, J., Tholen, M. G., et al. Toward a hierarchical model of social cognition: A neuroimaging meta-analysis and integrative review of empathy and theory of mind ［J］. Psychological Bulletin, 2021, 147 （3）.

［42］ Sun, J. X., Ma, B. L., Wei, S. M. Same gratitude, different pro-environmental behaviors? Effect of the dual-path influence mechanism of gratitude on pro-environmental behavior ［J］. Journal of

Cleaner Production, 2023, 45.

［43］ Tojib, D., Abdi, E., Tian, L., et al. What's best for customers: Empathetic versus solution-oriented service robots ［J］. International Journal of Social Robotics, 2023, 15.

［44］ Wieseke, J., Geigenmüller, A., Kraus, F. On the role of empathy in customer employee interactions ［J］. Journal of Service Research, 2012, 15 （3）.

The Inhibitory Effect of Robot Empathy on Consumer Unethical Behavior: The Mediating Role of Social Judgment

Li Xiaofei

(College of Business Administration, Capital University of Economics and Business, Beijing, 100070)

Abstract: This paper investigates whether robot empathy has a restraining effect on consumer unethical behavior, and its influencing mechanism and boundary conditions. Three experiments were conducted to examine the negative effects of robot empathy on consumer unethical behavior and the mediating role of social judgment. Social class and impression management motivation were used as the boundary conditions for this inhibition effect. The results show that: （1）Robot empathy reduces the likelihood of unethical consumer behavior. （2）social judgment mediates the relationship between robot empathy and consumer unethical behavior. （3）Social class （high vs. low）moderates the negative impact of robot empathy on consumer unethical behavior. The inhibitory effect of robot empathy on consumer unethical behavior is significant in the group of high social class, but not significant in the group of low social class. （4）Impression management motivation significantly moderates the negative impact of robot empathy on consumer unethical behavior. When consumers start impression management motivation, robot empathy has a significant inhibitory effect on consumer unethical behavior, and vice versa.

Key words: Robot empathy; Consumer unethical behavior; Social judgment; Social class; Impression management motivation

专业主编：寿志钢

珞珈管理评论

2025 年卷第 5 辑（总第 62 辑）

Luojia Management Review

No. 5, 2025（Sum. 62）

虚拟影响者还是真人明星？代言人类型
对地位消费行为的影响[*]

● 聂　烜　许基南　沈鹏熠　孟　淼

（江西财经大学工商管理学院　南昌　330013）

【摘　要】人工智能、机器学习算法等技术的进步使虚拟影响者越来越普遍，但在地位消费中消费者更青睐虚拟影响者代言还是真人明星代言仍知之甚少。本研究基于解释水平理论、叙事传输理论，通过 1 项预实验和 3 项正式实验，探究了代言人类型对地位消费行为的影响及其内在机制、作用边界。结果表明，相比虚拟影响者代言，真人明星代言更能提升消费者的地位消费行为；叙事传输起到中介作用，即真人明星（vs. 虚拟影响者）更能激发消费者的叙事传输状态，进而使其更愿意进行地位消费；产品类型（流行款 vs. 经典款）的调节效应显著，即当地位产品为流行款时，虚拟影响者代言会显著增强叙事传输，而当地位产品为经典款时，真人明星代言能带来更强的叙事传输，进而增强地位消费。本研究为奢侈品等地位品牌提供了代言人选择启示，并丰富了虚拟影响者及地位消费的文献。

【关键词】虚拟影响者　真人明星　代言人类型　地位消费　叙事传输

中图分类号：C93　　　文献标识码：A

1. 引言

聘请名人代言是奢侈品等地位品牌营销推广的重要手段。现实中也涌现了许多成功的奢侈品代言人，如罗杰·费德勒为劳力士代言、凯拉·奈特莉为香奈儿代言等。聘请名人代言能提升品牌知名度，引起更广泛受众的关注（Song & Kim, 2020）。随着人工智能、机器学习算法、计算机生成图像等技术的发展，虚拟影响者在社交媒体中受到热捧。根据 Grand View Research 的一项新研究，到 2030 年，全球虚拟影响者市场规模预计将达到 458.2 亿美元，2023—2030 年的复合年增长率为

---

* 基金项目：国家社会科学基金一般项目"新媒体环境下'网红'代言对品牌价值的影响机制及治理对策研究"（20BGL118）。

通讯作者：许基南，E-mail：jxcdxjn@126.com。

38.9%。虚拟影响者具有灵活性、自由性等优点 (Zhou,2020),能够与人类影响者一样有效吸引消费者 (Stein et al.,2022),因而也成为地位品牌的代言合作伙伴选择对象,如 Shudu 为 Balmain、Bvlgari 代言,Imma 为 Dior、Calvin Klein、Posche 代言,Lil Miquela 为 Chanel、Prada、Balenciaga 代言等。然而,虚拟影响者也存在真实性较低、社会经济地位不明确等不足 (Mouritzen et al.,2024;Ozdemir et al.,2023),这些方面的特征对奢侈品等地位品牌却是至关重要的。因此,虚拟影响者代言地位品牌能和真人明星一样有效吗? 现有研究在一般产品代言、社交媒体互动和目的地营销等领域关注了虚拟影响者和人类影响者代言效应对比 (Franke et al.,2023;Mirowska & Arsenyan,2023;Meng et al.,2025),但并未在地位消费领域探究虚拟影响者和真人明星的作用比较。

过往研究基于心智感知理论、一致性理论、信源可靠性理论等探究虚拟影响者与人类影响者的代言效力,认为虚拟影响者的感官知觉能力、与品牌或产品的匹配程度、可靠性不如人类影响者,因此代言效果也相对较差 (Li et al.,2023;Ozdemir et al.,2023;Liu & Lee,2024)。然而,地位品牌往往具有悠久的历史,会刻意塑造与消费者之间的时间距离 (Butcher & Pecot,2021)。与真人明星相比,虚拟影响者是人工智能等新一代技术的产物,与消费者的时间距离更近 (Byun & Ahn,2023),这可能会对地位消费意愿产生不利影响,但前述理论无法对这一问题进行有效的解释,而解释水平理论则涉及个体对不同物体距离一致性的感知 (Liberman & Trope,2008)。因此,本文基于解释水平理论,从时间距离视角切入,对真人明星 (vs. 虚拟影响者) 对地位消费的影响进行解释。

对于虚拟影响者 (vs. 人类影响者) 影响消费者的作用机制,现有文献关注了真实性、可靠性、心智感知等的中介作用 (Ozdemir et al.,2023;Liu & Lee,2024;Volles et al.,2024)。然而,地位品牌具有独特的社会和文化叙事 (Wang,2022),因此常使用叙事广告进行品牌推广,并由代言人呈现品牌故事,但现有文献并未从叙事角度关注代言人类型的影响机制。而叙事传输理论指出,叙事传输的先决条件之一是消费者对地位品牌叙事广告中人物、叙事的认同度 (Van Laer et al.,2014),而叙事传输又是消费者积极态度的重要影响因素。因此,本文基于叙事传输理论,探究叙事传输在真人明星 (vs. 虚拟影响者) 对地位消费影响中的中介作用。

进一步,虚拟影响者 (vs. 真人明星) 在地位消费中是否能有效提升代言效力? 过往研究关注了产品类型 (功利 vs. 享乐)、信息类型 (理性 vs. 感性) 的调节作用,并发现虚拟影响者在代言功利型或功能型产品、传递理性信息时效果更好 (Yi & Lee,2024;Belanche et al.,2024)。针对地位消费,地位品牌会推出不同类型的产品,如按推出的时间可分为流行款与经典款 (Diaz & Cruz,2023),虚拟影响者是否更适合代言流行款地位产品,现有文献并未对这一问题给出答案。因此,本文探究产品类型 (流行款 vs. 经典款) 的作用边界效应,以探究虚拟影响者产生积极效应的条件。

综上,本研究引入解释水平理论、叙事传输理论,开展了一项预实验和三项正式实验,调查了代言人类型 (虚拟影响者 vs. 真人明星) 对地位消费的影响,以及叙事传输的中介效应、产品类型 (流行款 vs. 经典款) 的调节效应。本文的主要贡献在于:第一,从时间距离视角切入,就代言人类型对地位消费的影响进行解释,拓展了解释水平理论的应用范围。第二,从叙事传输着手,明确了真人明星 (vs. 虚拟影响者) 提升地位消费的作用机制,丰富了叙事传输理论的相关研究。第三,引入产品类型 (流行款 vs. 经典款) 作为调节变量,首次在代言文献中关注了产品类型 (流行款 vs. 经典款) 的作用。

2. 文献回顾与假设提出

2.1 虚拟影响者与真人明星

聘请代言人推广品牌已成为企业常用的营销策略之一，不同时期分别涌现出多种不同类型的代言人，以明星、专家、企业家为代表的传统名人和以主播、社交媒体平台博主为代表的网红，分别在不同时期受到企业的青睐，不同类型代言人的代言效果也大相径庭（Knoll & Matthes，2017）。而随着元宇宙概念的兴起和人工智能技术的发展，虚拟影响者在营销领域的大量应用逐渐受到学者关注。虚拟影响者是指使用电脑三维动画和机器学习算法生成的数字人物（Mirowska & Arsenyan，2023；Miao et al.，2022），如美国的 Lil Mequila、中国的柳夜熙等。与真人明星相似，虚拟影响者拥有自己的社交媒体账号，并能通过社交媒体发布日常生活内容，并与粉丝互动（Mirowska & Arsenyan，2023），其灵活性和自由性也能使虚拟影响者与粉丝建立亲密的准社会互动（Zhou，2020），但其几乎不会卷入丑闻（Thomas & Fowler，2021）。El Hedhli 等（2023）也发现拟人化的虚拟影响者能增强消费者的感知温暖，进而提升其遵循虚拟影响者建议的意愿。然而，虚拟影响者缺乏真实性、透明度和感官体验能力，进而导致其可信度较低（Lou et al.，2022；Li et al.，2023）。

虚拟影响者和真人明星各有优缺点，如何权衡虚拟影响者的优劣势、选用何种类型的代言人成为企业和诸多学者关注的问题。近期研究表明，由于消费者对虚拟影响者的感知感官能力、感知可靠性更低，虚拟影响者的代言效果不如真人影响者（Li et al.，2023；Ozdemir et al.，2023）。然而，当虚拟影响者的感官线索较为明显、与代言产品的契合度更高、使用理性语言或处于虚拟环境中时，这一效应会被弱化，虚拟影响者的积极影响得到提升（Franke et al.，2023；Ozdemir et al.，2023；Qu & Baek，2024）。此外，Mirowska 和 Arsenyan（2023）发现共情能力强的人关注虚拟影响者的意愿更强，且认为虚拟影响者比相似的真人影响者更有社会吸引力。

2.2 代言人类型与地位消费

地位消费是指购买商品或服务以提高社会地位或声望的倾向，消费者使用奢侈品和地位品牌或产品来实现和反映他们的社会地位（Eastman & Iyer，2012）。聘请代言人是地位品牌营销推广的重要手段，生产地位产品的企业会通过聘请虚拟影响者、真人明星等类型的代言人以刺激消费者的奢侈品购买等地位消费行为。然而，虚拟影响者和真人明星在个性特征、社会地位方面具有不同特征。一方面，虚拟影响者具有较强的灵活性，作为一种消费者认知中的新技术（Kim & Baek，2024），其创新性特质能使用户产生更强的感知新颖性；而真人明星的个性特质相对比较稳定，其打造的"人设"相对更持久，且作品（如歌曲、电视剧、体育赛事成绩等）使真人明星"人设"的内涵更加丰富（Kayet al.，2020）。另一方面，虚拟影响者作为人工智能、虚拟现实等新技术的产物，数字化特性使其在人类的社会阶层分布中找不到合适的定位（Ozdemir et al.，2023），而真人明星的社会影响力较大，在某些与其相契合的领域中作为意见领袖而存在，社会经济地位较高（何昊和郭锐，2019）。

从地位消费的角度来看，地位品牌往往拥有悠久的历史，注重打造稳定且持久的品牌个性，具有独特的社会和文化叙事（Wang，2022），体现了上流与精英阶层的生活方式和意识形态（Vigneron & Johnson，2004）。消费者在进行地位消费时往往还注重寻求独特体验和人情味，但地位品牌使用人工智能技术会削弱消费者对人情味的感知（Goncalves et al.，2024）。由于虚拟影响者的主要支持技术为人工智能，地位品牌使用虚拟影响者同样会弱化消费者所看重的人情味。此外，根据解释水平理论，个体的主观距离体验与思维方式之间存在关系，即一个物体离自己越远（vs. 越近），其对该物体的建构就越抽象（vs. 越具体）（Liberman & Trope，2008）。地位品牌建立在距离概念上，这意味着并非每个人都可以拥有或接触到这些品牌，由此体现其奢侈价值（Park et al.，2020）。这种距离可以通过时间来体现，时间距离是体现地位品牌吸引力的重要指标，地位品牌在叙事中往往会体现其悠久的历史，进而强化其稳定持久的特质（Butcher & Pecot，2021）。而简单地将新旧融合，尤其是结合高科技元素到地位品牌中，可能会模糊地位品牌的时间距离，削弱其中的人情味。虚拟影响者是在新技术的支撑下产生的，有更强的现代感（Byun & Ahn，2023），地位品牌聘请虚拟影响者代言使二者产生时间距离上的冲突，虚拟影响者会掩盖地位品牌的悠久历史和独特文化叙事，进而降低其奢侈价值。相比之下，真人明星有更独特的个人经历和更高的社会地位（何昊和郭锐，2019），更适合阐述地位品牌的独特文化叙事，进而在时间距离上和地位品牌保持一致（Belanche et al.，2024）。根据解释水平理论，刺激物与个体的感知距离之间存在一致性时，消费者会产生更积极的反应（Liberman & Trope，2008）。因此，相比虚拟影响者，真人明星在时间距离上能与地位品牌保持一致，更能刺激消费者的地位消费意愿。综上，本文提出：

H1：相比虚拟影响者代言，真人明星代言会提升消费者的地位消费意愿。

2.3　叙事传输的中介作用

由于地位品牌具有独特的文化叙事，其在品牌推广过程中往往会采用叙事广告的形式，以故事形式呈现地位品牌的历史内涵（Huang et al.，2018）。叙事广告会引发一种名为叙事传输的现象，叙事传输构念以叙事传输理论为基础，是一个人沉浸在故事中与人物及故事环境产生关联，同时与物理环境脱节的过程（Green & Brock，2000）。叙事传输与心流体验类似，但后者是由与计算机介导环境的主动交互引发，而前者则是由观看故事引发（Dessart，2018）。对发布叙事广告的企业而言，叙事传输是一种有益的状态。根据叙事传输理论的相关研究，叙事传输有助于增强消费者的品牌态度、口碑传播意愿和行为意图，使消费者产生积极情感（Jain et al.，2024）。因此，叙事传输也被应用在地位消费和影响者营销领域。

地位品牌注重叙事广告的投放，Huang 等（2018）发现在奢侈品牌的社交媒体叙事广告中，信息传递者的理解流畅性、想象流畅性和信息接收者的传输性都会积极影响叙事传输，进而使消费者产生积极情感、有利的品牌态度和访问意愿。可见，信息传递者是影响叙事传输的重要因素，而叙事广告要实现引人入胜的关键要素是主角，主角有助于建立消费者与叙事广告之间的关联，进而增强叙事广告的说服力（Escalas & Stern，2003）。因此，企业会聘请各类人物作为品牌代言人，使其出现在叙事广告中，或由其发布叙事广告。例如，企业聘请网红发布叙事广告能充分利用网红的意见领袖作用，并使其粉丝产生社会认同，进而叙事广告的说服力得到增强（Farivar & Wang，2022）。

在地位消费中，真人明星和虚拟影响者也会出现在地位品牌的叙事广告中，但二者的效力可能存在差异。根据叙事传输理论，叙事传输的先决条件之一是叙事广告中的人物，特别是消费者对叙事广告中人物的认同度（Van Laer et al.，2014）。一方面，相比没有真实生命的虚拟影响者，真人明星的真实存在能使地位品牌的叙事广告看起来更加真实，也更有助于消费者与地位品牌产生关联，并理解地位品牌的文化叙事（Woodside，2010；Dessart，2018）。另一方面，地位品牌具有独特的社会和文化叙事，其发布的叙事广告也注重体验感的营造和文化叙事的表达，相比虚拟影响者，真人明星具有丰富的感官能力、较高的社会地位和更丰富的人生经历，更能提升消费者对地位品牌叙事广告中人物、叙事的认同度（Van Laer et al.，2014），进而使消费者沉浸于叙事广告，产生叙事传输（Mo & Wang，2024）。消费者面对地位品牌产生的叙事传输，则能使其产生积极的情感和品牌态度，进而使其更愿意购买该品牌或产品（Thomas & Grigsby，2024）。此外，Glase 等（2023）也发现叙事广告人物类型（非名人 vs. 名人）会通过叙事传输对品牌态度产生影响，且名人能使消费者产生更强烈的叙事传输，进而其品牌态度得到有效提升。基于以上分析，本文提出如下假设：

H2：叙事传输在代言人类型（虚拟影响者 **vs.** 真人明星）与地位消费意愿之间发挥中介作用。

2.4 产品类型的调节作用

与传统奢侈消费的排他性、稀缺性不同，新奢侈消费的特点在于可及性、自我实现和可持续，而这也在近些年引起了学者的关注（Soni & Kumar，2024）。但是，传统奢侈消费和新奢侈消费主要分别体现在不同的品牌中，而传统和新的区别也可以体现在同一地位品牌的不同产品中，同一地位品牌分别存在着流行款产品和经典款产品（Desmichel et al.，2020）。流行款产品是新颖且不断变化的，由地位品牌根据每季的流行趋势设计并推出，或者和其他品牌进行跨界合作（Diaz & Cruz，2023），例如 LV 与村上隆推出联名产品，将"三彩"装点在包袋上，法拉利 2024 年 6 月推出全新超跑车型 12 Cilindri。经典款产品体现了地位品牌文化的传承，具有象征意义，符合消费者对地位品牌在文化叙事、经典风格方面的期待，例如 LV 的经典保值款 Multi Pochette Accessoires 系列包袋、劳斯莱斯幻影等。流行款和经典款的区别在社交媒体平台的推广中可以通过推文的美学设计体现，Kusumasondjaja（2019）发现地位品牌在社交媒体推文中使用富有表现力的美学比古典美学更能吸引用户的参与。在地位产品中，相比经典款产品的恒久，流行款产品具有短暂性，只在短时间内存在，更能从当下的潮流文化中汲取灵感，因此也更能体现创造力（Diaz & Cruz，2023）。

根据前述内容，地位品牌具有独特的文化叙事，由真人明星在叙事广告中代言地位品牌更为合适。然而，具体到地位品牌的不同类型产品，特别是新颖性、时尚性较强的流行款产品和具有创新性、灵活性特质的虚拟影响者可能更契合。根据叙事传输理论，叙事广告中主角和叙事内容的契合度能提升受众的理解流畅性和叙事传输，进而增强叙事广告的说服力（Escalas & Stern，2003）。虚拟影响者能带来更高的广告新颖性（Franke et al.，2023），这与流行款产品的短暂性特点、在广告中要表达的潮流时尚叙事相一致。真人明星能增强消费者的感知独特性（Volles et al.，2024），这与经典款产品的恒久性特点、在广告中要表现的独特文化叙事相一致。类似地，朱华伟等（2022）也发现虚拟影响者代言突破性创新产品、真人明星代言渐进性创新产品更能增强消费者的加工流畅度，进而提升购买意愿。地位品牌的流行款产品往往敢于打破品牌传承的禁锢，符合突破性创新的特点，而经典款产品坚持品牌文化传承，与渐进性创新的特点接近。因此，本文认为虚拟影响者代言流行款地位产品、真人明星代言经典款地位产品，更能增强消费者在叙事广告中的传输体验，进而消费意愿得到增强。综上，本文提出如下假设：

H3：产品类型调节代言人类型（虚拟影响者 vs. 真人明星）对地位消费意愿的影响。具体而言，当地位产品为流行款时，虚拟影响者代言会显著增强叙事传输，进而提升地位消费意愿；当地位产品为经典款时，真人明星代言能带来更强的叙事传输，进而提升地位消费意愿。

综上，本研究的理论模型如图 1 所示。

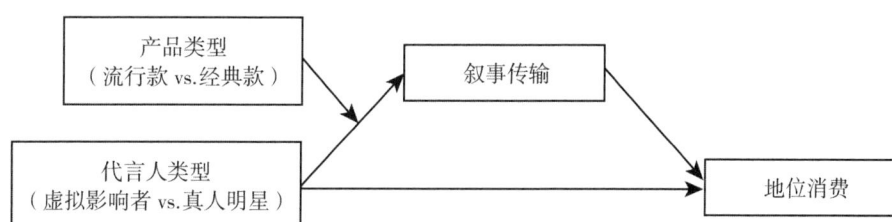

图 1　理论模型

3. 实验设计与结果分析

本研究设计和实施了 1 项预实验和 3 项正式实验对上述假设进行验证。预实验旨在对代言人及地位产品/品牌进行初步筛选，明确 3 项正式实验使用的代言人及地位产品/品牌刺激材料。实验 1 使用单因素（代言人类型：虚拟影响者 vs. 真人明星）组间实验设计，将实验情景设定为消费者在网络购物平台搜索相关商品，使用真实的代言人和真实的地位品牌作为刺激材料，旨在验证代言人类型对地位消费行为的主效应。实验 2 使用单因素（代言人类型：虚拟影响者 vs. 真人明星）组间实验设计，将实验情景设定为消费者在社交媒体平台浏览相关广告，使用虚构的代言人和虚构的地位品牌作为刺激材料，旨在重复验证主效应，并检验叙事传输的中介作用。实验 3 使用 2（代言人类型：虚拟影响者 vs. 真人明星）×2（产品类型：流行款 vs. 经典款）组间实验设计，将实验情景设定为消费者在线下商场看到海报广告，旨在验证产品类型的调节作用。综上，3 个实验通过变换地位产品、变换代言人/地位品牌的性质、更迭情景，为验证研究假设提供了稳健的实证证据。

3.1 预实验

为确保正式实验中所选取的刺激产品或品牌能较好地代表地位消费，参考孙国辉等（2020）的做法，本研究对 35 位大学生进行了预实验。

在预实验的第一部分，被试首先被告知地位消费的定义，之后被要求回答两个问题，即："根据地位消费的定义，你认为最能代表地位消费行为的产品包括哪五类？""在以上五类中，你认为哪些品牌最能体现地位（每一类说两个）？"结果表明，出现次数最多的五类产品分别为手表（23）、车（22）、包（22）。其中，手表中出现次数最多的品牌为劳力士（15），车出现次数最多的品牌为劳斯莱斯（16），包出现最多的品牌为 LV（15）。为提升研究结果的外部效度，结合预实验结果，本研究在三个实验中分别使用包、手表、车作为地位产品刺激材料，其中，实验 1 为真实品牌，实验 2、实验 3 则使用虚构品牌。

在预实验的第二部分，本研究根据虚拟影响者的讨论度，筛选出目前较为知名的 5 位虚拟影响者（柳夜熙、天妤、洛天依、初音未来、小冰），依照性别、社交媒体平台的粉丝数量等要素选择与虚拟影响者相似的 5 位真人明星（高叶、谭松韵、宋轶、赵今麦、张慧雯）。预实验向被试展示了 5 位虚拟影响者和 5 位真人明星的照片，并要求被试对其熟悉度、喜爱度进行评价。结果表明，洛天依和高叶的熟悉度、喜爱度无显著差异，因此将洛天依、高叶分别作为实验 1 的虚拟影响者、真人明星代言人刺激材料。此外，实验 2、实验 3 使用虚构的代言人作为刺激材料。

3.2 实验 1：代言人类型对地位消费行为的主效应

3.2.1 实验目的与设计

实验 1 采用单因素（代言人类型：虚拟影响者 vs. 真人明星）组间实验设计，参考金晓彤等（2017）的做法，将因变量设为消费者对地位产品的购买意愿，旨在检验代言人类型（虚拟影响者 vs. 真人明星）对消费者地位消费行为的影响。实验 1 从见数（Credamo）平台招募了 140 位被试，剔除未通过注意力检测和答题时间过短的样本后，最终获得有效样本 132 份。其中，虚拟影响者组 69 份，真人明星组 63 份；男性 64 人（48.5%），女性 68 人（51.5%）；47 名（35.6%）被试的年龄区间为 18~25 岁，69 名（52.3%）被试的年龄区间为 26~35 岁。

3.2.2 实验材料与流程

根据预实验结果，地位产品刺激材料选定为 LV 的男女同款旅行包，虚拟影响者刺激材料选定为洛天依，真人明星刺激材料选定为高叶。选择网上两张关于洛天依、高叶的图片作为素材，加入 LV 旅行包及 LV 品牌标识，设计了两张代言海报，两张海报的色调、身体朝向相似（见图 2）。

所有被试被随机分配到两个实验组（虚拟影响者 vs. 真人明星），两组被试看到的指导用语相同：想象您近期打算购买一款能彰显身份地位的旅行包，并为此准备了充足的资金，且正在天猫平台上搜索，看到某家店铺的 LV 旅行包商品图片，图片中的旅行包为男女同款包，且图片中还包含其形象大使；该男女同款包售价为 24800 元。随后，分别给被试呈现不同的代言海报：虚拟影响者组的被试看到以洛天依为元素的海报，真人明星组的被试看到以高叶为元素的海报。紧接着，被试完成对代言人/品牌的熟悉度、喜爱度评价（1＝非常不熟悉/不喜欢，7＝非常熟悉/喜欢）。此外，向被试提供了地位消费的定义，并要求被试评价刺激产品代表地位消费的程度（"您认为这个品牌在多大程度上能代表地位消费"，1＝非常不能代表，7＝非常能代表）。然后，被试完成了购买意愿的三个题项（"我会考虑该款旅行包""我购买该款旅行包的可能性很大""我购买该款旅行包的意愿很强"，1＝非常不同意，7＝非常同意，Cronbach's α＝0.924），题项改编自 Dodds 等（1991）。最后，被试报告了基本人口信息（性别、年龄段、月收入、受教育程度）。

图 2　实验 1 代言海报刺激材料

3.2.3　实验结果

（1）操纵检验。一方面，两组被试的代言人熟悉度/喜爱度（代言人熟悉度：$M_{虚拟影响者}$＝5.33，SD＝1.615，$M_{真人明星}$＝5.51，SD＝1.595，$F(1,130)$＝0.390，p＝0.534；代言人喜爱度：$M_{虚拟影响者}$＝5.80，SD＝1.346，$M_{真人明星}$＝5.71，SD＝1.224，$F(1,130)$＝0.136，p＝0.713）、品牌熟悉度/喜爱度（品牌熟悉度：$M_{虚拟影响者}$＝5.80，SD＝1.208，$M_{真人明星}$＝5.81，SD＝1.281，$F(1,130)$＝0.003，p＝0.954；品牌喜爱度：$M_{虚拟影响者}$＝5.70，SD＝1.102，$M_{真人明星}$＝5.63，SD＝1.261，$F(1,130)$＝0.087，p＝0.768）不存在显著差异，这表明对代言人、品牌的刺激材料操纵有效。另一方面，两组被试的感知地位消费程度（$M_{虚拟影响者}$＝5.75，SD＝1.322，$M_{真人明星}$＝6.00，SD＝0.842，$F(1,130)$＝1.596，p＝0.209）同样不存在显著差异，这表明对地位产品/品牌的刺激材料操纵有效。

（2）主效应分析。代言人类型对消费者购买意愿有显著影响（F（1，130）= 7.323，p = 0.008，η_p^2 = 0.053），真人明星组被试的购买意愿明显高于虚拟影响者组被试（$M_{虚拟影响者}$ = 5.03，SD = 1.605，$M_{真人明星}$ = 5.66，SD = 0.943）。参考 Desmichel 和 Rucker（2024）的做法，加入代言人熟悉度（p = 0.011）、代言人喜爱度（p = 0.015）、品牌熟悉度（p = 0.044）、品牌喜爱度（p = 0.073）以及性别（p = 0.021）等变量作为协变量后，代言人类型对地位消费的影响依旧显著（F（1，130）= 12.959，p < 0.001，η_p^2 = 0.096），而年龄（p = 0.290）、学历（p = 0.485）和月收入（p = 0.224）不影响地位消费意愿。这表明 H1 得到支持。

3.3 实验 2：叙事传输的中介作用

3.3.1 实验目的与设计

实验 2 采用单因素（代言人类型：虚拟影响者 vs. 真人明星）组间实验设计，因变量为消费者对地位品牌的购买意愿，旨在重复验证代言人类型对地位消费的主效应，并检验叙事传输的中介作用。实验 2 从见数（Credamo）平台招募了 150 位被试，剔除未通过注意力检测和答题时间过短的样本后，最终获得有效样本 140 份。其中，男性 66 名（47.1%），女性 74 人（52.9%）；被试的平均年龄为 33 岁。

3.3.2 实验材料与流程

代言人刺激材料的设计遵照 Qu 和 Baek（2024）的做法，选择一张国外男性人物作为真人明星，其身份被设定为知名运动员；通过人工智能绘画与图片生成器 Whee 将该男性人物照片生成为虚拟影响者风格的照片，将其身份设定为知名虚拟影响者；代言人姓名被虚构为"Lancer Smith"。此外，参考预实验的结果，选择男女同款腕表作为刺激品牌/产品，使用虚构品牌"TrE"，并通过文字材料及产品价格体现其地位品牌的特点。实验情景设定为消费者在社交媒体平台（微博）浏览相关广告，参考 Mo 和 Wang（2024）的做法，微博页面中的叙事内容仿照真实品牌微博发布的内容设计（见图 3）。

所有被试被随机分配到两个实验组，且看到相同的指导用语：想象您近期打算购买一款能彰显身份地位的高端腕表，并为此准备了充足资金。此时您正在浏览微博，看到您关注的 Lancer Smith 发布了一条佩戴奢侈手表品牌 Tre 产品的推文及图片；该款手表为男女同款。随后，被试看到微博相关内容和代言图片，微博内容为"昼夜交替，月相盈亏。#TrE#时光神韵主题作品将神话栩栩重现于时针之上，用心揣摩，沉浸腕间的分秒韵致#TrE"。虚拟影响者/真人明星组的被试看到说明"Lancer Smith 为知名虚拟影响者/运动员，在社交媒体平台拥有众多粉丝"。为虚拟影响者组的被试提供了有关虚拟影响者的定义：虚拟影响者是使用计算机三维动画和机器学习算法创建的逼真人脸渲染的数字化身。

接下来，所有被试被告知该款手表的价格，"经查询，该款产品售价为 18 万元人民币"，并提供了地位消费的定义，要求被试评价刺激产品代表地位消费的程度（"您认为这个品牌在多大程度上能代表地位消费"，1 = 非常不能，7 = 非常能），被试还回答了感知人性的题项（"您觉得图片中的代言

图 3　实验 2 代言海报刺激材料（左：真人明星，右：虚拟影响者）

人看起来是"，七级语义差异量表，1＝人造/人工/合成，7＝类人/自然/真实，Cronbach's $\alpha=0.832$），用于对代言人类型的操纵检验，题项改编自 Ho 和 MacDorman（2010）。然后，被试回答了地位消费题项（与实验 1 相同，Cronbach's $\alpha=0.916$），以及改编自 Green 和 Brock（2000）的叙事传输题项（"我感觉自己沉浸在这条推文中""当我想到这条推文的时候，我能轻易描绘其所呈现的内容""我可以把自己置身这条推文所描绘的情境之中"，Cronbach's $\alpha=0.891$）。上述两个构念采用七级李克特量表（1＝"非常不同意"，7＝"非常同意"）。最后，被试报告了基本人口信息。

3.3.3　实验结果

（1）操纵检验。虚拟影响者组和真人明星组被试的感知地位消费程度（$M_{虚拟影响者}=5.90$，SD＝0.82，$M_{真人明星}=6.01$，SD＝0.73；$F(1, 138)=0.757$，$p=0.386$，$\eta_p^2=0.005$）不存在显著差异，这表明实验 2 对地位品牌的刺激材料操纵有效；真人明星组的感知人性比虚拟影响者组明显更高（$M_{虚拟影响者}=4.09$，SD＝1.50，$M_{真人明星}=5.60$，SD＝1.02；$F(1, 138)=43.807$，$p<0.001$，$\eta_p^2=0.241$），这表明实验 2 对代言人类型的刺激材料操纵有效。

（2）主效应分析。与实验 1 结果相似，代言人类型对地位消费有显著影响，真人明星组被试的地位消费意愿明显高于虚拟影响者组被试（$M_{虚拟影响者}=4.79$，SD＝1.41，$M_{真人明星}=5.44$，SD＝1.02，$F(1, 138)=9.861$，$p=0.002$，$\eta_p^2=0.067$）。加入性别（$p=0.021$）等人口统计变量作为协变量后，代言人类型对地位消费的影响依旧显著（$F(1, 138)=10.989$，$p=0.001$，$\eta_p^2=0.076$），而年龄（$p=0.288$）、学历（$p=0.141$）和月收入（$p=0.162$）不影响地位消费意愿。H1 再次得到支持。

（3）中介效应分析。采用 Process 程序中的 Model 4 来检验叙事传输在代言人类型和地位消费之间的中介作用（Hayes，2017），并控制人口统计变量（如性别、年龄、学历、月收入）的影响。结果表明，代言人类型通过叙事传输对地位消费产生显著影响（$B = 0.4248$，SE $= 0.1446$，95% CI [0.1495，0.7249] 不包括0），而直接效应值为 0.2434，95% CI [-0.0464，0.5332] 包括0。因此，叙事传输的中介效应显著，且为完全中介效应（见图 4），H2 得到支持。

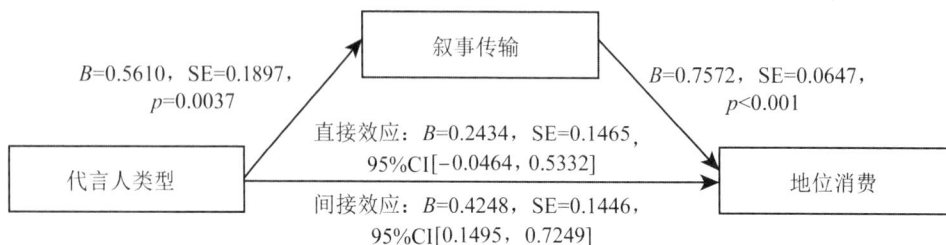

图 4　实验 2 中介效应检验

3.4　实验 3：产品类型的调节作用

3.4.1　实验目的与设计

实验 3 采用 2（代言人类型：虚拟影响者 vs. 真人明星）×2（产品类型：流行款 vs. 经典款）组间实验设计，因变量为地位消费意愿（即消费者对地位产品的购买意愿），旨在验证产品类型的调节作用。实验 3 从见数（Credamo）平台招募了 260 位被试，剔除未通过注意力检测和答题时间过短的样本后，最终获得有效样本 236 份。其中，男性 109 人（46.2%），女性 127 人（53.8%）；所有被试平均年龄为 32 岁。

3.4.2　实验材料与流程

代言人刺激材料的设计与实验 2 相同，真人明星的身份被设定为知名歌手，虚拟影响者的身份被设定为知名虚拟歌手，虚拟影响者照片由豆包 AI 生成，真人明星与虚拟影响者的姓名被虚构为"慕阳"。产品类型的操纵参考 Desmichel 等（2020）的做法，将经典款（vs. 流行款）地位产品在广告中标注为"经典"或"新一代"。此外，实验 3 选择虚构品牌"幻耀"的豪车作为刺激产品。实验情景设定为消费者在线下商场看到海报广告。

具体而言，所有被试看到指导用语：想象一下，您近期打算购买一辆能彰显身份地位的跑车，并为此准备了充足资金。此时您正在商场中闲逛，看到您关注的幻耀品牌悬挂的广告海报（见图 5）。其中，虚拟影响者组被试看到虚拟影响者代言海报，而真人明星组被试看到真人明星代言海报，两组被试还分别看到补充说明：慕阳为知名虚拟歌手（vs. 知名歌手），在社交媒体平台拥有众多粉丝。经典款条件下的被试看到海报中的广告语为"岁月沉淀经典，世代传承荣耀；幻耀经典超跑，驾驭非凡人生"，流行款条件下的被试看到的广告语则为"创新为刃，冲破传统边界；幻耀新一代超跑，开启非凡篇章"。此外，所有被试被告知海报中的豪车售价为 150 万元人民币。

看完实验情景材料后，与实验 2 相同，要求被试评价刺激产品代表地位消费的程度以及感知人

图 5　实验 3 代言海报刺激材料

性题项（Cronbach's α＝0.900）；此外，参考 Desmichel 等（2020）的做法，要求被试回答产品类型操纵检验题项（"您认为该豪车的特点"，七级语义差异量表，Cronbach's α＝0.790，1＝恒久性/传统性，7＝变化性/新颖性）。然后，所有被试还回答了叙事传输（Cronbach's α＝0.907）和购买意愿（Cronbach's α＝0.903）的相关题项，题项均与实验 2 相同。最后，被试报告了基本人口信息。

3.4.3　实验结果

（1）操纵检验。虚拟影响者组和真人明星组被试的感知地位消费程度（$M_{虚拟影响者}$＝5.80，SD＝0.95，$M_{真人明星}$＝5.88，SD＝1.01；$F(1, 234)$＝0.444，p＝0.506，η_p^2＝0.002）不存在显著差异。真人明星组的感知人性比虚拟影响者组明显更高（$M_{虚拟影响者}$＝4.64，SD＝1.71，$M_{真人明星}$＝5.57，SD＝1.30；$F(1, 234)$＝21.973，$p<0.001$，η_p^2＝0.086）。流行款和经典款条件下的参与者报告的感知产品特点也存在显著差异（$M_{流行款}$＝5.53，SD＝1.07，$M_{经典款}$＝4.57，SD＝1.71；$F(1, 234)$＝26.813，$p<0.001$，η_p^2＝0.103）。这表明实验 3 对地位消费、代言人类型和产品类型的操纵是有效的。

（2）主效应分析。与前述实验结果相似，代言人类型对地位消费有显著影响，真人明星组被试的地位消费意愿明显高于虚拟影响者组被试（$M_{虚拟影响者}$＝4.83，SD＝1.38，$M_{真人明星}$＝5.23，SD＝1.37，$F(1, 234)$＝5.055，p＝0.025，η_p^2＝0.021）。这表明代言人类型对地位消费行为的主效应显著，H1 再次得到支持。加入月收入（p＝0.027）等人口统计变量作为协变量后，代言人类型对地位消费的影响依旧显著（$F(1, 138)$＝6.056，p＝0.015，η_p^2＝0.026），而性别（p＝0.579）、年龄

（$p=0.919$）和学历（$p=0.271$）不影响地位消费意愿。H1 再次得到支持。

（3）中介效应分析。采用 Process 程序中的 Model 4 来检验叙事传输在代言人类型和地位消费之间的中介作用（Hayes，2017），并控制人口统计变量（如性别、年龄、学历、月收入）的影响。结果表明，代言人类型通过叙事传输对地位消费产生显著影响（$B = 0.3148$，SE = 0.1404，95% CI [0.0322，0.5883] 不包括 0），而直接效应值为 0.1325，95% CI [-0.0904，0.3555] 包括 0。因此，叙事传输的正向中介效应显著，且为完全中介效应，H2 得到支持。

（4）调节效应分析。产品类型对地位消费的影响不显著（$M_{流行款} = 4.97$，SD = 1.46，$M_{经典款} = 5.10$，SD = 1.38，$F(1, 234) = 0.546$，$p = 0.461$，$\eta_p^2 = 0.002$）。以代言人类型为自变量、产品类型为调节变量、叙事传输为因变量进行双因素方差分析，加入人口信息作为控制变量，结果表明代言人类型与产品类型的交互效应显著（$F(1, 234) = 30.333$，$p < 0.001$，$\eta_p^2 = 0.019$）。简单效应分析结果表明，当地位产品为流行款时，虚拟影响者组被试的购买意愿显著高于真人明星者组被试（$M_{虚拟影响者} = 5.48$，SD = 0.16，$M_{真人明星} = 4.98$，SD = 0.16，$F = 4.808$，$p = 0.029$）；当地位产品为经典款时，真人明星组被试的购买意愿显著高于虚拟影响者组（$M_{虚拟影响者} = 4.42$，SD = 0.16，$M_{真人明星} = 5.70$，SD = 0.16，$F = 31.008$，$p < 0.001$）。这表明，产品类型的调节效应显著（见图 6）。

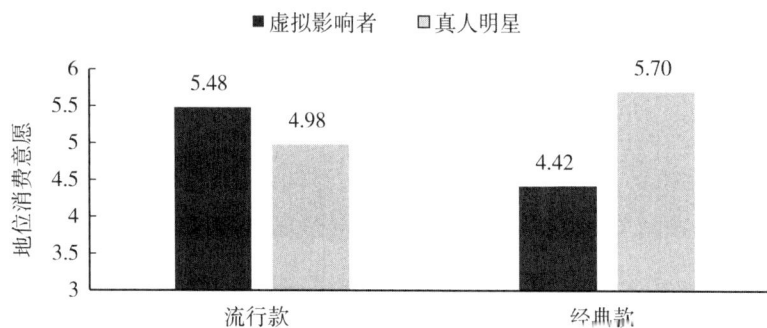

图 6　产品类型的调节效应图

进一步采用 Process 程序中的 Model 7 对有调节的中介效应进行检验（Hayes，2017）。结果表明，流行款的间接效应为 -0.4150，95% CI [-0.7661，-0.0738] 不包括 0，说明其间接效应显著；经典款的间接效应为 1.0731，95% CI [0.6900，1.4706] 不包括 0，其间接效应也显著；有调节的中介效应值为 1.4881，95% CI [0.9614，2.0215] 不包括 0，说明有调节的中介效应显著。综上，H3 得到支持。

4. 结论与讨论

4.1　研究结论

本研究基于解释水平理论、叙事传输理论，通过一个预实验和三个正式实验探讨了代言人类型

（虚拟影响者 vs. 真人明星）对地位消费的影响，以及叙事传输的中介作用，产品类型（流行款 vs. 经典款）的调节作用。结果表明，相比虚拟影响者代言，真人明星代言更能提升消费者的地位消费意愿；真人明星（vs. 虚拟影响者）更能激发叙事传输，进而使消费者更愿意进行地位消费；产品类型（流行款 vs. 经典款）的调节效应显著，即当地位产品为流行款时，虚拟影响者代言会显著增强叙事传输，进而提升地位消费意愿；当地位产品为经典款时，真人明星代言能带来更强的叙事传输，进而提升地位消费意愿。

4.2　理论贡献

第一，本研究创新性地基于解释水平理论，从时间距离角度解释了真人明星（vs. 虚拟影响者）对地位消费的积极影响，丰富了虚拟影响者与地位消费行为领域的研究。一方面，过往文献主要从心智感知理论、一致性理论、信源可靠性理论等角度解释了人类影响者（如网红博主）相比虚拟影响者的代言优势（Li et al.，2023；Ozdemir et al.，2023；Liu & Lee，2024），但本研究从解释水平理论出发，认为虚拟影响者的新颖性会破坏地位品牌的远时间距离，损害其奢侈价值，进而降低消费者的购买意愿，而真人明星的高社会经济地位、独特个人经历使其更适合表达地位品牌的独特文化叙事，有利于保持地位品牌的远时间距离。因此，本研究将解释水平理论用于解释真人明星（vs. 虚拟影响者）对地位消费的影响机制，从时间距离的新视角深化了对代言人类型作用机制的理解。

第二，本研究从叙事传输视角揭示了代言人类型对地位消费的影响机制。以往研究认为人类影响者（vs. 虚拟影响者）能够通过真实性、可靠性、心智感知等对消费者的购买意愿、品牌态度产生积极影响（Ozdemir et al.，2023；Qu & Baek，2024；Volles et al.，2024），但这些研究关注的是一般产品或品牌，没有关注这些影响机制是否适用于地位品牌，特别是没有关注地位品牌或产品在文化叙事方面的特殊性。本研究关注到地位品牌或产品具有独特的文化叙事，相比虚拟影响者，真人明星出现在地位品牌的叙事广告中更能让消费者沉浸其中，即产生叙事传输，而叙事传输又能显著提升消费者的地位消费意愿。由此，本研究将叙事传输理论用于代言人类型与地位消费领域，拓展了叙事传输理论的应用范围。

第三，本研究从产品类型角度分析了代言人类型影响地位消费行为的边界条件。过往研究在一般产品代言情境下发现虚拟影响者更适合代言功利（vs. 享乐）产品、突破性（vs. 渐进性）创新产品（朱华伟等，2022；Belanche et al.，2024），并在代言中使用理性（vs. 感性）语言更能唤起消费者的积极态度（Yi & Lee，2024）。相比之下，本研究关注了地位产品的两种类型，即流行款和经典款，并认为虚拟影响者的新颖特质使其更适合流行款地位产品的创新叙事，而真人明星的稳定特质使其更适合经典款地位产品的恒久叙事，进而使消费者更易产生叙事传输。综上，本研究引入产品类型（经典款 vs. 流行款）作为调节变量，在虚拟影响者日渐盛行的背景下，加深了对虚拟影响者积极影响地位消费的理解。

4.3　实践启示

第一，本研究为地位品牌/产品从业者选择代言人提供了依据。虽然迪奥、保时捷和华伦天奴等诸多地位品牌为了迎合年轻人的审美和文化需求，已和 Imma、Miquela、Ayayi 等虚拟影响者开展合作，但仍面临许多挑战，例如有网友曾评论虚拟影响者代言奢侈品牌化妆品容易产生违和感，难以展现真实人类的肤质和肤色。本研究的结果也表明，相比虚拟影响者，真人明星代言对地位消费的积极影响更显著。因此，对于地位品牌而言，应尽可能选用个性特质稳定、感官体验能力强、与普通消费者距离较远的真人明星作为代言人，例如劳力士一直坚持聘请罗杰·费德勒等高水平运动员作为代言人，而未曾选用过虚拟影响者。

第二，本研究为奢侈品企业提供了增强虚拟影响者代言效果的策略。许多地位品牌一方面持续售卖最能代表其品牌内涵和传统美学设计的经典款产品，另一方面也根据当下潮流推出符合现代审美的流行款产品。例如，法国奢侈品品牌爱马仕的经典款包袋包括 Kelly 系列、Bolide 系列等，流行款包袋包括 Le Plume、与 MycoWorks 合作推出的蘑菇包等。企业可以为两种类型的产品分别选用不同的代言人。本研究的结果表明，虚拟影响者更适合代言流行款地位产品，而真人明星更适合代言经典款地位产品。因此，奢侈品企业在推出新款产品时可以考虑选用创新特质较强的虚拟影响者作为代言人，而选用具有稳定个性的真人明星作为经典款产品代言人。

第三，本研究为未来虚拟影响者的设计和应用策略提供了进一步的指导。真人明星代言地位品牌之所以能比虚拟影响者有更好的效力，原因在于虚拟影响者的新颖性会破坏地位品牌的时间距离效应，而真人明星更能在时间距离上与地位品牌保持一致。因此，从事虚拟影响者开发与运营的企业不应出于经济利益而盲目代言产品，而应注重长期效应，在运营虚拟影响者方面要久久为功，致力于为虚拟影响者打造稳定且持久的个性特质，努力提升消费者对虚拟影响者的叙事能力感知。

4.4 局限性与未来研究展望

首先，未关注虚拟影响者的细节。本研究关注两种代言人类型的整体比较，未关注两种类型代言人特征的细节比较，如虚拟影响者的呈现形式（2D vs. 3D）等可能对研究结果产生不同的影响，未来还可就虚拟影响者的其他属性（如语言风格、诞生时间、专业性和情感性等）对地位消费的影响进行探究。其次，尚不清楚研究结果是否适用于地位消费的不同类型和表现。根据过往研究，地位消费有不同的类型（金钱支配型、声望获取型）和表现形式（如炫耀性消费、非炫耀性消费），未来可进一步探索本研究结果是否对不同类型或表现形式的地位消费仍然适用。再次，许多虚拟影响者被越来越多的企业选为代言人，特别是部分企业会为特定产品同时聘请虚拟影响者和真人明星作为代言人，未来研究可以探讨两类代言人同时出现在代言中会对品牌产生何种影响。最后，许多消费者出于地位动机（如高地位个体的维持动机、低地位个体的提升动机）而购买地位品牌或产品，而虚拟影响者是否会唤起消费者的地位动机，未来研究也可对此进行深入探讨。

◎ 参考文献

[1] 何昊，郭锐. 环境保护广告的代言效果研究——代言人的社会地位、社会规范诉求以及消费者权力感知的影响 [J]. 珞珈管理评论，2019（1）.

［2］金晓彤，赵太阳，崔宏静，等. 地位感知变化对消费者地位消费行为的影响 ［J］. 心理学报，2017，49 （2）.

［3］孙国辉，梁渊，李季鹏. 社会排斥对地位消费行为倾向的影响 ［J］. 经济管理，2020，42 （4）.

［4］朱华伟，苏羽，冯靖元. 代言人类型和产品创新类型对创新产品购买意愿的交互影响 ［J］. 南开管理评论，2022，25 （6）.

［5］Belanche, D., Casaló, L. V., Flavián, M. Human versus virtual influences: A comparative study ［J］. Journal of Business Research, 2024, 173.

［6］Butcher, J., Pecot, F. Visually communicating brand heritage on social media: Champagne on Instagram ［J］. Journal of Product & Brand Management, 2022, 31 （4）.

［7］Byun, K. J., Ahn, S. J. A systematic review of virtual influencers: Similarities and differences between human and virtual influencers in interactive advertising ［J］. Journal of Interactive Advertising, 2023, 23 （4）.

［8］Desmichel, P., Ordabayeva, N., Kocher B. What if diamonds did not last forever? Signaling status achievement through ephemeral versus iconic luxury goods ［J］. Organizational Behavior and Human Decision Processes, 2020, 158.

［9］Desmichel, P, Rucker, D. D. Dominance versus prestige hierarchies: How social hierarchy base shapes conspicuous consumption ［J］. Journal of Consumer Research, 2024, 50 （5）.

［10］Dessart, L. Do ads that tell a story always perform better? The role of character identification and character type in storytelling ads ［J］. International Journal of Research in Marketing, 2018, 35 （2）.

［11］Diaz, R. C., Cruz, A. G. B. Unconventional luxury brand collaborations: A new form of luxury consumption among young adults in China ［J］. International Marketing Review, 2023, 40 （7）.

［12］Eastman, J. K., Iyer, R. The relationship between cognitive age and status consumption: An exploratory look ［J］. Marketing Management Journal, 2012, 22 （1）.

［13］El Hedhli, K., Zourrig, H., Al Khateeb, A., Alnawas, I. Stereotyping human-like virtual influencers in retailing: Does warmth prevail over competence? ［J］. Journal of Retailing and Consumer Services, 2023, 75.

［14］Escalas, J. E., Stern, B. B. Sympathy and empathy: Emotional responses to advertising dramas ［J］. Journal of Consumer Research, 2003, 29 （4）.

［15］Farivar, S., Wang, F. Effective influencer marketing: A social identity perspective ［J］. Journal of Retailing and Consumer Services, 2022, 67.

［16］Franke, C., Groeppel-Klein, A., Müller, K. Consumers' responses to virtual influencers as advertising endorsers: Novel and effective or uncanny and deceiving? ［J］. Journal of Advertising, 2023, 52 （4）.

［17］Glaser, M., Reisinger, H., Florack, A. You are my friend, but we are from different worlds: Actor-type effects on audience engagement in narrative video advertisements ［J］. Journal of Advertising, 2023, 15.

［18］Goncalves, A. R., Costa, P. D., Shuqair S., et al. The paradox of immersive artificial intelligence

（AI）in luxury hospitality: How immersive AI shapes consumer differentiation and luxury value [J]. International Journal of Contemporary Hospitality Management, 2024, 36 (11).

[19] Green, M. C., Brock, T. C. The role of transportation in the persuasiveness of public narratives [J]. Journal of Personality and Social Psychology, 2000, 79 (5).

[20] Hayes, A. F. Introduction to mediation, moderation, and conditional process analysis: A regression-based approach [M]. Guilford Publications, 2017.

[21] Ho, C. C., MacDorman K. F. Revisiting the uncanny valley theory: Developing and validating an alternative to the godspeed indices [J]. Computers in Human Behavior, 2010, 26 (6).

[22] Huang, R., Ha, S., Kim, S. H. Narrative persuasion in social media: An empirical study of luxury brand advertising [J]. Journal of Research in Interactive Marketing, 2018, 12 (3).

[23] Jain, R., Schuster, L., Luck, E., Jin, H. S. Influencer marketing, narrative transportation, and consumer well-being: An exploration of how virtual influencers impact followers' well-being [J]. International Journal of Consumer Studies, 2024, 48 (6).

[24] Kay, S., Mulcahy, R., Parkinson, J. When less is more: The impact of macro and micro social media influencers' disclosure [J]. Journal of Marketing Management, 2020, 36 (3-4).

[25] Kim, M., Baek, T. H. Are virtual influencers friends or foes? Uncovering the perceived creepiness and authenticity of virtual influencers in social media marketing in the United States [J]. International Journal of Human-Computer Interaction, 2024, 40 (18).

[26] Kusumasondjaja, S. Exploring the role of visual aesthetics and presentation modality in luxury fashion brand communication on Instagram [J]. Journal of Fashion Marketing and Management: An International Journal, 2019, 24 (1).

[27] Li, H., Lei, Y., Zhou, Q., Yuan, H. Can you sense without being human? Comparing virtual and human influencers endorsement effectiveness [J]. Journal of Retailing and Consumer Services, 2023, 75.

[28] Liberman, N., Trope, Y. The psychology of transcending the here and now [J]. Science, 2008, 322 (5905).

[29] Liu, F., Lee, Y. H. Virtually authentic: Examining the match-up hypothesis between human vs virtual influencers and product types [J]. Journal of Product & Brand Management, 2024, 33 (2).

[30] Lou, C., Kiew, S. T. J., et al. Authentically fake? How consumers respond to the influence of virtual influencers [J]. Journal of Advertising, 2023, 52 (4).

[31] Miao F., Kozlenkova I. V., Wang H., Xie, T., Robert, W. An emerging theory of avatar marketing [J]. Journal of Marketing, 2022, 86 (1).

[32] Mirowska, A., Arsenyan, J. Sweet escape: The role of empathy in social media engagement with human versus virtual influencers [J]. International Journal of Human-Computer Studies, 2023, 174.

[33] Ozdemir, O., Kolfal, B., Messinger, P. R., Rizvi, S. Human or virtual: How influencer type shapes brand attitudes [J]. Computers in Human Behavior, 2023, 145.

[34] Park, M., Im, H., Kim, H. Y. "You are too friendly!" The negative effects of social media marketing on value perceptions of luxury fashion brands [J]. Journal of Business Research, 2020, 117.

[35] Qu, Y., Baek, E. Let virtual creatures stay virtual: Tactics to increase trust in virtual influencers [J]. Journal of Research in Interactive Marketing, 2024, 18 (1).

[36] Soni, N., Kumar, S. What drives new luxury consumption? Application of schema congruity theory and heuristic systematic framework [J]. Asia Pacific Journal of Marketing and Logistics, 2024, 36 (9).

[37] Stein, J. P., Linda, Breves P., Anders, N. Parasocial interactions with real and virtual influencers: The role of perceived similarity and human-likeness [J]. New Media & Society, 2022, 26 (6).

[38] Thomas, V. L., Fowler, K. Close encounters of the AI kind: Use of AI influencers as brand endorsers [J]. Journal of Advertising, 2021, 50 (1).

[39] Van Laer, T., De Ruyter, K., Visconti, L. M., Wetzels M. The extended transportation-imagery model: A meta-analysis of the antecedents and consequences of consumers' narrative transportation [J]. Journal of Consumer Research, 2014, 40 (5).

[40] Vigneron, F., Johnson, L. W. Measuring perceptions of brand luxury [J]. Journal of Brand Management, 2004, 11 (6).

[41] Volles, B. K., Park, J., Van Kerckhove, A., Geuens, M. How and when do virtual influencers positively affect consumer responses to endorsed brands? [J]. Journal of Business Research, 2024, 183.

[42] Wang, Y. A conceptual framework of contemporary luxury consumption [J]. International Journal of Research in Marketing, 2022, 39(3).

[43] Yi, M. R., Lee, H. A study on the regulatory fit effects of influencer types and message types [J]. International Journal of Human-Computer Interaction, 2024, 40(18).

[44] Zhou, Q., Li, B., Li, H., Lei, Y. Mere copycat? The effects of human versus human-like virtual influencers on brand endorsement effectiveness: A moderated serial-mediation model [J]. Journal of Retailing and Consumer Services, 2024, 76.

[45] Zhou, X. Virtual Youtuber Kizuna AI: Cocreating human-non-human interaction and celebrity audience relationship[D]. Sweden: Lund University, 2020.

Virtual Influencer or Celebrity? The Impact of Endorser Type on Status Consumption Behavior

Nie Xuan　Xu Jinan　Shen Pengyi　Meng Miao

(School of Business Administration, Jiangxi University of Finance and Economics, 330013)

Abstract: Advances in technologies such as artificial intelligence and machine learning algorithms have made virtual influencers more and more common. However, in status consumption, whether consumers prefer endorsements by virtual influencers or celebrities is still poorly understood. Based on construal level theory and narrative transportation theory, this study investigates the impact of endorser type on status consumption as well as its underlying mechanisms and boundary conditions through one pilot experiment and three formal experiments. The results show that compared to endorsements by virtual influencers, endorsements by celebrities can significantly improve consumers' status consumption behavior. Narrative transportation plays a mediating role, i. e., celebrities (vs. virtual influencers) are more able to stimulate consumers' state of narrative transportation, which in turn makes them more willing to engage in status consumption. The moderating effect of product type (popular vs. classic) is significant, i. e., when the status product is popular, the endorsement by virtual influencers significantly enhances narrative transportation, while when the status product is classic, the endorsement by celebrities leads to stronger narrative transportation, which in turn enhances status consumption. This study provides implications for endorser selection for status brands such as luxury goods, and enriches the literature on virtual influencers and status consumption.

Key words: Virtual influencer; Celebrity; Endorser type; Status consumption; Narrative transportation

专业主编：寿志钢